Les transformations du droit
de la comptabilité publique au Cameroun

Hamadou ISSA

Les transformations du droit de la comptabilité publique au Cameroun

Préface de Gérard Martin PEKASSA NDAM

Postface de Boubakari OUMAROU

L'Harmattan
Cameroun

5-7, rue de l'Ecole-Polytechnique - 75005 Paris
http://www.editions-harmattan.fr
ISBN : 978-2-336-54396-3
EAN : 9782336543963

À mes feus parents ***Issa et Fadimatou***

« *Si tu ne sais pas là où tu vas, rappelle-toi d'où tu viens* » ;
proverbe africain.

LISTE DES ABRÉVIATIONS ET SIGLES

ACCT :	Agence Comptable Centrale du Trésor ;
AFD :	Agence Française de Développement ;
AFROSAI :	Organisation Africaine des Institutions Supérieures de Contrôle des Finances publiques ;
Al. :	Alinéa ;
Alii :	Avec d'autres auteurs ;
ANIF :	Agence Nationale d'Investigation Financière ;
ANTILOPE :	Application Nationale pour le Traitement Informatique et Logistique du Personnel de l'État ;
BM :	Banque Mondiale ;
BAD:	Banque Africaine de Développement ;
BCE :	Banque Centrale Européenne ;
BEAC :	Banque des États de l'Afrique Centrale ;
BIRD:	Banque Internationale pour la Reconstruction et le Développement ;
BOP :	Budget Opérationnel de Programme ;
CADRE :	Comptabilité Auxiliaire des Dépenses et des Recettes ;
CDC/CSC :	Chambre des Comptes de la Cour Suprême du Cameroun ;
CEDEAO :	Communauté Économique des États d'Afrique de l'Ouest ;
CEEAC :	Communauté Économique des États d'Afrique Centrale ;
CEMAC :	Communauté Économique et Monétaire de l'Afrique Centrale ;
Cf. :	Confère ;
CJC :	Cour de Justice Communautaire ;
CONAC :	Commission Nationale Anti–Corruption ;
CONSUPE :	Contrôle Supérieur de l'État ;
CTD :	Collectivité Territoriale Décentralisée ;
CUT:	Compte Unique du Trésor ;
DGBCP :	Décret portant Gestion Budgétaire et Comptable Publique ;

DGTCFM :	Direction Générale du Trésor, de la Coopération Financière et Monétaire ;
DSRP :	Document de Stratégie pour la Réduction de la Pauvreté ;
DSCE :	Document de Stratégie pour la Croissance et l'Emploi ;
FONDAFIP :	Association pour la Fondation Internationale des Finances publiques ;
EDS:	État de Développement de Solde ;
FEC :	Facilité Elargie de Crédit ;
FMI :	Fonds Monétaire International ;
GAR:	Gestion Axée sur les Résultats ;
Ibid. :	Ici même et du même auteur ;
IDA :	International Development Association ;
IFAC:	International Federation of Accountants ;
IFI :	Institution Financière Internationale ;
Infra. :	Plus bas ;
INTOSAI :	Organisation Internationale des Institutions Supérieures de Contrôle des finances publiques ;
IPSASB	International Public Sector Accounting Standard Board;
ISC :	Institution Supérieure de Contrôle des Finances publiques ;
ISSAI :	Normes Internationales des Institutions Supérieures de Contrôle des finances publiques ;
IST :	Inspection des Services du Trésor ;
LOLF :	Loi organique relative aux Lois de Finances ;
LR :	Loi de Règlement ;
MINFI :	Ministère des Finances ;
NMP :	Nouveau Management Public ;
OCDE :	Organisation de Coopération et de Développement Économiques ;
OHADA :	Organisation pour l'Harmonisation en Afrique du Droit des Affaires ;
ONG :	Organisation Non Gouvernementale ;
Op. Cit. :	Opere citato (cite plus haut) ;
PAGFI :	Programme d'Appui à la Gouvernance Financière ;
PAP :	Projet Annuel de Performance ;
PAS :	Programme d'Ajustement Structurel ;

PATRIOT:	Programme Appliqué pour le Traitement Informatique des Opérations du Trésor ;
PCE :	Plan Comptable de l'État ;
PIB :	Produit Intérieur Brut ;
PPTE :	Pays Pauvres Très Endettés ;
PUC :	Presses Universitaires du Cameroun ;
PUF :	Presses Universitaires de France ;
RADP :	Revue Africaine de Droit public ;
RAFiP :	Revue Africaine des Finances publiques ;
RASJ :	Revue Africaine des Sciences Juridiques ;
RFFP :	Revue Française de Finances Publiques ;
RGCP :	Règlement Général de la Comptabilité Publique ;
RM:	Receveur Municipal ;
RONC :	Rapport d'Observation sur les Normes et les Codes ;
RSF :	Revue de Science Financière ;
SIGIPES :	Système Intégré de Gestion Informatique du Personnel de l'État et de la Solde ;
SYDONIA :	Système Douanier Automatisé ;
SYGMA :	Système des Gros Montants Automatisés ;
SYSTAC :	Système de Traitement Automatique des Comptabilités ;
T :	Tome ;
TCS :	Tribunal Criminel Spécial ;
TGI :	Tribunal de Grande Instance ;
TOFE :	Tableau des Opérations Financières de l'État ;
TPG :	Trésorier Payeur Général ;
UCAC :	Université Catholique d'Afrique Centrale ;
UO :	Unité Opérationnelle ;
V. :	Voir.

SOMMAIRE

PRÉFACE

Comme prolongement de sa thèse de doctorat/Ph. D. en droit public intitulé « Les transformations du droit de la comptabilité publique au Cameroun », soutenue avec brio à l'Université de Maroua en 2024, le docteur Hamadou ISSA commet aujourd'hui un ouvrage destiné à un public qui déborde les cercles universitaires. L'élargissement du public cible a nécessité un allègement du volume, sans conséquence sur la pertinence de l'analyse juridique.

Le propos porte sur une branche spécifique du droit public financier, le droit de la comptabilité publique. L'ouvrage identifie et analyse les figures des transformations qu'a connues le droit de la comptabilité publique au Cameroun. D'une part, l'auteur démontre que les transformations du droit de la comptabilité publique sont formellement inachevées. Ici, on a les transformations normatives par la mutation des sources qui contiennent en elles des limites inhérentes à leur nature, puis les transformations structurelles qui concernent la reconfiguration des structures comptables. D'autre part, l'auteur soutient l'idée des transformations matérielles plutôt avancées. La mutation du paradigme de la comptabilité publique a permis le déclassement du paradigme classique et l'adoption d'un nouveau paradigme. Puis la mutation des techniques de la comptabilité publique a été effectuée par le réaménagement des techniques classiques et l'aménagement des techniques spécifiques.

Au total, l'ambitieuse entreprise est manifestement une réussite, tant le docteur Hamadou ISSA a apporté un éclairage substantiel et tracé des pistes directrices. Une certaine dimension historique de l'étude permet de mettre en exergue le contexte d'édiction du droit de la comptabilité publique au Cameroun. Aussi, trois vagues sont identifiables.

L'on observe l'existence d'un certain droit de la comptabilité publique dès l'accession du Cameroun à la souveraineté internationale. Grâce à l'accord de coopération signé en novembre 1960 entre la France et le nouvel État indépendant, ce dernier implémente le modèle comptable français. Le mimétisme juridique, diversement apprécié, est en œuvre ici comme dans les autres États africains antérieurement sous domination française.

La dégradation de l'environnement économique au milieu des années 1980 et le programme d'ajustement structurel établi par le FMI et la Banque mondiale dans les années 1990 vont entrainer des réformes comptables au

Cameroun. Mais, le nouveau corpus comptable très ambitieux et fortement inspiré du modèle français contient les germes de son applicabilité relative : la rigidité et la complexité du système comptable favorisent le recours aux pratiques dérogatoires, fragilisant ainsi ledit système.

Le conditionnement promu par les partenaires technique et financier, plus communément appelés « bailleurs des fonds », et le développement d'une législation communautaire dans le domaine des finances publiques (notamment les directives CEMAC de 2011) ouvrent la vague réformatrice récente du droit de la comptabilité publique. Au Cameroun, cette discipline connaît résolument une sorte de privatisation ; l'emprunt des principes gestionnaires issus du privé a gagné du terrain.

En effet, l'auteur prend soin de situer son ouvrage dans la mouvance du renforcement de la gouvernance financière au Cameroun. La comptabilité publique n'est point dissociable de la rationalité gestionnaire ou managériale. La conception classique du droit de la comptabilité publique comme un dispositif de contrôle pour surveiller la manipulation des deniers publics subit une transformation profonde. Historiquement construite autour de notions classiques liées à la régularité, à la responsabilité et au contrôle des deniers publics, la comptabilité publique vise aussi l'efficacité et la performance de l'environnement financier des personnes publiques.

En somme, il y a une dynamique intradisciplinaire du droit des finances publiques, et la rareté des travaux universitaires sur le droit de la comptabilité publique ne doit pas nous conduire à minimiser l'importance de cette discipline. De manière caricaturale, une fois acquise l'autorisation des budgets des personnes publiques, traduisant le magistère du droit budgétaire, encore faudrait-il que le droit de la comptabilité publique concrétise leur exécution. L'approche holistique semble dominer les changements de paradigme en droit public financier camerounais. Les transformations du droit de comptabilité publique doivent contribuer, au même titre que la nouvelle gouvernance financière et la transformation structurelle de l'économie, à la vision présidentielle pour l'émergence du Cameroun en 2035. Dans cette perspective, une mise en garde de Pierre Mendès France, Homme d'État français, centrée sur la comptabilité publique mérite notre attention : « *Les comptes en désordre sont la marque des nations qui s'abandonnent* ».

Gérard Martin PEKASSA NDAM

Agrégé des Facultés de Droit

Professeur Titulaire des Universités

INTRODUCTION GÉNÉRALE

Si nous « *ne sommes jamais tout à fait contemporains de notre présent* », pour reprendre l'expression de Régis DEBRAY[1], c'est parce que nous ne mesurons pas toujours avec précision, célérité et acuité les mutations qui traversent nos sociétés et les réponses qu'elles impliquent. Les finances publiques[2] ont connu des formes de perfectionnement tout au long de l'histoire, allant vers une plus grande précision pour ne plus laisser place à l'arbitraire[3].

En réalité, toutes les sociétés, développées ou en développement, sont confrontées à la réforme de leurs finances publiques. Or le fait « *que notre matière soit en perpétuelle adaptation relève de l'évidence et de la nécessité : aucun droit ne peut rester figé quand les rapports sociaux (au sens large) ne cessent de se modifier*[4] ». C'est dans ce sillage que s'inscrit la réflexion sur ***les transformations du droit de la comptabilité publique au Cameroun***. Il convient, afin de l'aborder, de présenter tour à tour, le cadre contextuel (**paragraphe I**), la définition des concepts (**paragraphe II**) et la problématique (**paragraphe III**).

Paragraphe I - Le cadre contextuel de l'étude

La présente étude s'inscrit dans un double cadre contextuel précis. Au Plan national, la comptabilité publique subit l'influence de l'instabilité de l'environnement économique. Déjà le 13 novembre 1960, le Cameroun reconduit le modèle comptable français grâce à l'accord de coopération signé entre les deux États à Yaoundé. En 1988, la crise économique entraîna le recours au FMI et à la Banque mondiale qui placèrent l'État du Cameroun sous ajustement structurel. En août 1997, le pays a conclu avec le FMI un accord de facilité d'ajustement structurel renforcée, en appui au programme économique élaboré par les autorités camerounaises[5]. Le programme

---

[1] DEBRAY (R.), *Révolution dans la Révolution*, Paris, Maspero, coll. « Cahiers libres », 1967, p. 15.

[2] AMSELEK (P.), « Peut-il y avoir un État sans finances ? », *Revue de Droit public et de la Science politique en France et à l'étranger*, n°2, avril 1983, pp. 267-285.

[3] BLONDIO-MONDOLONI (V.), *Finances publiques et Droits fondamentaux. Essai sur les relations entre les finances publiques et les droits fondamentaux,* Thèse de Doctorat en Droit public, Université d'Aix-Marseille, 2014, p. 2.

[4] PHILIP (L.), « La constitutionnalisation du droit budgétaire français », *in Études des finances publiques. Mélanges en l'honneur de Paul Marie GAUDEMET*, Paris, Economica, 1984, p. 49.

[5] MOUAFO NGATOM (S. H.), *L'initiative PPTE et lutte contre la pauvreté au Cameroun : une analyse sociologique*, Mémoire de DEA en Sociologie, Université de Yaoundé 1, 2007, p. 5.

d'ajustement structurel visait la stabilisation des dépenses publiques, devant se traduire par une politique d'austérité budgétaire[6]. Cette situation économique a un impact sur l'évolution des normes.

Le contexte juridique au Cameroun est marqué par des réformes normatives touchant le régime financier de l'État et de nombreux textes complémentaires. Ce corpus juridique précis et ambitieux est fortement inspiré du modèle français, mais n'est pas toujours appliqué. La rigidité et la complexité du système incitent ces derniers à contourner le cadre juridique en recourant massivement à des pratiques dérogatoires[7] qui finissent par fragiliser leur système financier et comptable.

Le contexte juridique est aussi marqué par le dispositif institutionnel des finances publiques. En effet, la centralisation excessive du pouvoir exécutif est un trait dominant du dispositif institutionnel des pays de l'Afrique francophone subsaharienne. En matière financière, une telle centralisation est mise en œuvre par le ministre des Finances au détriment de la participation des ministères dépensiers. Cette longue pratique centralisatrice a de nombreuses répercussions, notamment, une déresponsabilisation des ministères techniques dès lors que le ministre des Finances est le plus souvent ordonnateur unique.

En outre, la prédominance de l'exécutif laisse peu de place au pouvoir législatif. De plus, d'autres facteurs jouent à l'encontre de ce dernier. En effet, le Parlement est composé, le plus souvent, d'une seule chambre, et les moyens humains et financiers mis à sa disposition sont nettement insuffisants. Mais ce dernier est presque toujours accompagné par les institutions juridictionnelles qui comptent elles aussi dans le paysage institutionnel camerounais, comme des acteurs particuliers du système comptable.

Quant aux institutions juridictionnelles, c'est-à-dire le juge administratif, le juge constitutionnel et le juge des comptes, elles disposent également de peu de moyens et leur développement est inégal. Les juridictions chargées du contrôle de constitutionnalité ont de faibles compétences en matière financière. Les juridictions des comptes, quoique plus développées que les autres institutions de contrôle juridictionnel, doivent encore faire face à de nombreuses faiblesses, en particulier en ce qui concerne leur indépendance et les moyens dont elles disposent.

Par ailleurs, le contexte international est marqué par l'influence des bailleurs des fonds et de la CEMAC. En effet, l'évolution d'un droit national est toujours greffée aux normes internationales. En effet, la construction du droit national doit être attachée au droit international et au droit

---

[6] BENGONO (F.), *L'amélioration de la qualité de la dépense publique au Cameroun*, Yaoundé, éditions Clé, 2010, p. 24.
[7] V. Rapport de la mission FMI au Cameroun en 2017 sur les procédures dérogatoires.

communautaire en raison du besoin d'harmonisation des législations. C'est notamment le cas du droit de la comptabilité publique.

Plusieurs raisons peuvent être invoquées pour justifier l'implication des bailleurs de fonds internationaux dans les finances publiques des États. Premièrement, les institutions financières internationales apportent des concours financiers. Deuxièmement, ces institutions aident les autorités nationales à formuler les mesures à prendre pour atteindre leurs objectifs économiques et sociaux. Troisièmement, ces institutions encouragent la mise au point, la diffusion et le respect de normes ou codes de bonne conduite économique et financière reconnus au plan international. Quatrièmement, ces institutions offrent une formation dans de multiples domaines. Cinquièmement, en Afrique et ailleurs, ces institutions collaborent avec les organismes de formation et de recherche régionaux [8]. Ces institutions financières internationales fournissent donc une assistance technique dans le cadre de la définition et de la mise en œuvre des politiques publiques en matière de gestion des finances publiques. Tout ceci passe notamment par la comptabilité publique qui doit être régulière afin d'assurer son efficacité.

Appartenant à l'espace CEMAC, le Cameroun va également faire face au développement d'une législation communautaire qui influence ses finances publiques. En effet, il existe une règlementation financière au plan communautaire. Il s'agit de la directive CEMAC n° 01/11-UEAC-190-CM-22, relative aux lois de finances et de la directive n° 06/11-UEAC-190-CM-22 relative au Code de transparence et de bonne gouvernance. C'est dire que l'intégration juridique est un préalable à l'intégration économique et financière.

Au regard du cadre contextuel, il convient à présent d'appréhender les concepts du sujet pour en saisir le sens.

Paragraphe II- La définition des concepts

Étymologiquement, le mot transformation est dérivé du latin « *Trans* » qui renvoie à « *à travers* », et « *forma* » qui se traduit en français par *« forme ».* Le terme renvoie à première vue à la modification progressive de la forme première de l'existant, le passage d'une forme à une autre[9]. En d'autres termes, la transformation est le processus visant à changer la forme première d'une

---

[8] SALEH NSOULI (M.), « Le renforcement des capacités en Afrique. Rôle des institutions financières internationales », *Finances & Développement,* décembre 2000, p. 35.

[9] FAME NDONGO (J.), « Avant-propos », *in* ONDOA (M.) et ABANE ENGOLO (P.-E.) (dir.), *Les transformations contemporaines du droit public en Afrique*, Actes du colloque organisé à l'Université de Yaoundé-II du 19 au 20 janvier 2017, Paris, L'Harmattan, 2018, p. 13.

chose ou d'une situation en une autre forme. C'est la métamorphose, le changement d'une forme en une autre[10].

En droit, l'expression transformation désigne *la « modification dans la forme d'une institution, d'une prestation »*[11]. Elle désigne aussi le changement de forme d'une société (exemple : transformation d'une SARL en société anonyme) qui n'entraîne pas par elle-même la création d'une personne morale nouvelle, mais est parfois assimilé, sur le plan fiscal, à une cession d'entreprise[12]. Ainsi, la transformation de société en droit des affaires renvoie à la décision des associés de changer la forme d'une société personnifiée (par exemple, de société anonyme en SARL, de société en nom collectif en commandite). Dans les relations internationales, la transformation est plus aléatoire, et équivaut au « *changement de nationalité* » prévu par les textes ou à un transfert de siège avec changement du droit applicable[13].

Dans le cadre de ce travail, il convient de distinguer la « *transformation* » (au singulier) de « *transformations* » (au pluriel). Les deux expressions ayant tendance à être confondues par certains doctrinaires. La transformation ne peut être retenue dans la mesure où elle oblige à s'intéresser à un changement bien déterminé. Le singulier est ici étriqué et s'inscrit dans l'abstrait. Alors que « *transformations* » au pluriel s'inscrit dans la globalité et impose de se pencher sur toutes les modifications.

D'autre part, définir la comptabilité est un exercice périlleux. Certains parlent d'une technique, d'autres d'un art, voire d'une science. Plutôt que d'entrer dans ce débat, nous préférons proposer une définition de la comptabilité centrée sur l'information. La comptabilité peut se concevoir comme un outil susceptible de fournir des informations. Elle constitue ainsi un système formel d'identification, de mesure, de classement et d'enregistrement des transactions opérées par les entités. Son objectif est donc atteint si elle livre des informations.

Mais cette conception donne lieu à des approches différentes, voire opposées, qui se reflètent dans la diversité des techniques comptables[14]. La comptabilité privée, comptabilité de l'entreprise, appelée aussi comptabilité commerciale, poursuit deux objectifs fondamentaux, la description globale de la situation patrimoniale et la mesure du résultat de période. Tandis que la comptabilité publique, instrument d'observation au service de

---

[10] *Dictionnaire de L'Académie française* – 5e éd., p. 3260.

[11] CORNU (G.), *Vocabulaire juridique*, Paris, Puf, 2018, 12e éd., p. 2193.

[12] *Idem.*

[13] GUINCHARD (S.) et DEBARD (T.), *Lexique des termes juridiques*, Paris, Dalloz, 2017-2018, 25e éd., p. 1200.

[14] BOUINOT (J.), « Comptabilité privée, comptabilité publique et comptabilité nationale : comparaison des principes et des concepts », *Économie et statistique*, n°29, décembre 1971, p. 17.

l'administration, a été conçue comme un dispositif de contrôle pour surveiller la manipulation des deniers publics.

La référence à la gestion traduit la nouvelle logique qui préside à la définition de la comptabilité publique depuis plus d'une décennie. Celle-ci serait caractérisée par la prééminence de la rationalité gestionnaire (managériale) sur la rationalité juridique[15]. Cette dernière se traduisait par la nécessité de s'assurer que les décisions financières des acteurs étaient conformes à la légalité budgétaire. Dans ce cadre, les comptes publics étaient élaborés principalement pour renseigner le Parlement sur le respect de l'autorisation budgétaire[16]. Cette comptabilité était basée sur la notion de deniers publics[17]. Le droit de la comptabilité publique, à l'instar de tout le système financier classique, était alors « *organisé afin de mettre en place un véritable contrôle des deniers publics* »[18]. Pour ce faire, une attention particulière a été portée sur le comptable public chargé d'en assurer la sauvegarde[19]. Cet acteur bénéficie d'une exclusivité dans ses opérations, assortie d'un régime de responsabilité spécial. Cette rationalité juridique reposait notamment sur les deux principes fondamentaux de la comptabilité publique à savoir la séparation de l'ordonnateur et du comptable et la responsabilité personnelle et pécuniaire du comptable public.

Il convient de rappeler que la comptabilité publique est une branche des finances publiques. Il ne saurait être assimilé au droit budgétaire qui rassemble les règles relatives à l'autorisation et l'exécution des recettes et des dépenses des administrations publiques, et encore moins au droit fiscal, qui définit le régime juridique des prélèvements obligatoires et les droits et devoirs des contribuables, mais aussi de l'administration fiscale. Toutefois, il faut noter que l'une de ces disciplines fondamentales des finances publiques ne peut être rigoureusement appréhendée sans l'autre. Cela traduit la transdisciplinarité

---

15 AKHOUNE (F.), *La réforme de la gestion budgétaire et comptable publique : commentaire du décret du 7 novembre 2012*, Paris, LGDJ, coll. Systèmes, 2013, pp. 9-10.

16 TONI (M. E.), *L'autorisation budgétaire dans le droit financier ouest-africain francophone*, Thèse de Doctorat en Droit public, cotutelle Université de Jean Moulin-Lyon 3 et Université d'Abomey Calavi, 2015, 588 p.

17 BURCKEL (V.) et DE CREMIERS (C.), *Histoire de la Comptabilité publique*, Paris, Economica, 1997, p. 9.

18 AKHOUNE (F.), *Le statut du comptable en droit public financier*, Paris, LGDJ, Bibliothèque finances publiques et fiscalité, Tome 49, 2008, p. 15.

19 CALMETTE (J.-F.), « La responsabilité du comptable public : une évolution sans fin ? », *La Semaine juridique ACT*, 4 mai 2020, n°2141 ; ASSOULINE (G.), « La responsabilité démocratique des comptables publics dans un contrôle de plus en plus automatisé », *Gestion et finances publiques*, n° 5, 2019, p. 64.

des finances publiques qui apparaît dans l'œuvre de nombreux auteurs[20] et d'ailleurs largement admise à l'heure actuelle.

Il faut relever que la comptabilité publique, en plus de sa dimension technique, est une discipline juridique. Dans ce sens, l'expression « *droit de la comptabilité publique* » désigne la discipline, la science, qui étudie l'ensemble de règles qu'on a appelées « *droit de la comptabilité publique* »[21].

La définition de cette comptabilité se fait alors, selon deux dimensions, l'une juridique et l'autre technique. Dans sa dimension juridique, elle s'identifie comme un ensemble des règles juridiques régissant les opérations financières des entités publiques. À l'origine, la comptabilité publique s'est construite autour de notions classiques liées à la régularité, à l'équilibre, à la responsabilité et au contrôle, ainsi que sur une certaine idée de l'État ; l'État centralisateur, l'État-providence, l'État du service public. Dans sa dimension technique, la comptabilité publique est considérée comme un ensemble des procédures d'enregistrement et de classement des opérations financières des entités publiques. Ainsi, les règles de la comptabilité publique ne sont pas seulement les règles relatives à la manière dont sont tenus les comptes, elles peuvent aussi intervenir dans le circuit de perfectionnement même de l'environnement financier de l'État.

Quoi qu'il en soit, la définition des concepts permet de construire la problématique.

Paragraphe III- La problématique des transformations de la comptabilité publique

Appréhender les transformations du droit de la comptabilité publique nécessite que la question centrale soit celle de savoir : quelles sont les figures des transformations du droit de la comptabilité publique au Cameroun ? Telle est la question principale.

La réponse à la question posée a été construite à partir de la méthode juridique avec ses deux déclinaisons que sont la dogmatique et la casuistique. Les limites de la méthode juridique à rendre compte de la réalité du fait social justifient qu'on y ajoute d'autres méthodes plus pragmatiques comme la méthode sociologique ou le recours au droit étranger.

En conséquence, il convient de distinguer les transformations formelles d'une part, et d'autre part, les transformations matérielles.

---

[20] ORSONI (G.), « Les finances publiques à la recherche de leur identité », intervention lors du *Colloque sur le thème : Les finances publiques, quelle place pour demain ?* Paris, SFFP, 15 janvier 2015.

[21] DAMAREY (S.), *Le droit de la comptabilité publique*, Paris, Lextenso Gualino, sommaire, 2017, p.3.

S'agissant des transformations formelles (**Partie 1**), il convient de souligner qu'elles sont non seulement normatives, mais également structurelles. Les transformations formelles de la CP mettent en évidence les changements significatifs qui ont été amorcés dans ce domaine. Ces transformations comprennent l'adoption de normes comptables internationales, et l'adaptation aux normes comptables nationales, l'utilisation de systèmes informatisés de gestion financière et la mise en place de cadres règlementaires plus stricts. Elles se traduisent par la mutation des sources, mutation qui admet malheureusement des limites. À ce sujet, l'adoption des normes comptables internationales, telles que les normes IPSAS, a permis d'harmoniser les pratiques comptables à l'échelle mondiale. Ces normes ont favorisé la transparence, la comparabilité et la qualité de l'information financière produite par les entités publiques.

Ensuite, l'utilisation croissante de systèmes informatisés de gestion financière a grandement simplifié et automatisé les processus comptables. Ces systèmes permettent notamment une meilleure gestion des données financières, une réduction des erreurs et un gain d'efficacité dans le traitement des transactions.

Enfin, les transformations formelles de la CP se sont traduites par la mise en place de cadres règlementaires plus stricts. Les autorités de régulation ont renforcé leur surveillance et leur contrôle sur les pratiques comptables des entités publiques, afin d'assurer une utilisation transparente et responsable des ressources publiques.

Par ailleurs, des transformations structurelles de la CP se manifestent par la reconfiguration des structures de la CP qui, elle aussi, admet des limites. La CP s'est transformée dans la mesure où il y a eu une reconfiguration des structures. Ainsi dit, l'on a pu constater non seulement la reconfiguration des structures de production, que ce soit les ordonnateurs et comptables ou les régisseurs et responsables des programmes, mais également la dynamisation des structures de contrôles. Il y a eu une densification des organes nationaux et une implication des acteurs internationaux.

Les transformations du DCP sont également limitées sur le plan institutionnel. Les limites touchent non seulement les institutions non juridictionnelles, mais également les institutions juridictionnelles. S'agissant des institutions non juridictionnelles, il a été possible de relever les limites concernant les instances non juridictionnelles qui se heurtent à la souveraineté des États d'une part et aux réalités camerounaises d'autre part. Concernant les organes nationaux, les limites sont relatives aux organes administratifs et politiques. Les instances juridictionnelles tant communautaires que nationales voient leurs compétences difficiles à réaliser. Ces limites formelles n'obstruent pas les transformations matérielles importantes.

S'agissant des transformations matérielles (**Partie 2**), elles concernent la mutation du paradigme d'une part et des techniques d'autre part. Les réformes des institutions financières publiques se dessinent, voire même se décident, aujourd'hui, en grande partie à l'échelon planétaire. Et c'est bien dans ce cadre que l'on doit comprendre les transformations que connaît la CP. Il faut tout aussi souligner que les évolutions dont elle est l'objet ne relèvent pas de simples aménagements techniques. Les normes comptables traduisent en effet une conception générale de l'organisation d'un pays. L'élaboration d'un système comptable ne saurait ainsi se limiter à une architecture relevant d'une logique formelle. Elle est inséparable de la confrontation avec le champ plein d'aléas et d'incertitude qui est celui de la dynamique d'une société. C'est compte tenu de cette importance de la CP que des réformes ont été opérées.

Les transformations matérielles concernent le paradigme, les règles et les techniques comptables. Dans le premier cas, le paradigme sur lequel la comptabilité était assise va changer. La logique de régularité, si elle a été maintenue, a été complétée par la transparence et la performance portées par les valeurs libérales et démocratiques. Dans le second cas, les règles et les techniques comptables ont été remodelées. En effet, il y a eu une consolidation des règles classiques, notamment celles qui concernent l'ordonnateur et celles qui concernent le comptable. Il n'était pas possible de se passer de ces règles et techniques classiques dans la mesure où elles garantissent la fiabilité de l'information comptable. À ces règles et techniques, on a aménagé des règles et techniques spécifiques, notamment le dialogue de gestion et la comptabilité patrimoniale en vue de réduire les atteintes aux opérations financières.

Première partie :

LES TRANSFORMATIONS FORMELLES

Au Cameroun, avant l'accession à l'indépendance, le plus important texte en matière financière était le décret du 30 décembre 1912 portant régime financier des colonies. Dès l'indépendance, l'ordonnance de 1962 a été adoptée. Au-delà de son apport dans la gestion financière, elle avait une triple limite parce qu'elle créait un déséquilibre de compétences en faveur de l'exécutif, ensuite elle définissait de façon imprécise les contours du budget, et enfin, elle contenait des dispositions obsolètes ou inappliquées. C'est donc fort de ces précédents, que le Cameroun va entreprendre certaines réformes dont la plus importante est le régime financier de 2007, puis celui de 2018 visant à arrimer le droit de la comptabilité publique aux exigences communautaires. Ainsi, dans ces différents textes des transformations sont perceptibles. Les unes étant d'ordre normatif (**Titre I**) et les autres d'ordre structurel (**Titre II**).

Titre I :

Les transformations normatives

Le cadre normatif de la comptabilité publique est composé des sources juridiques de la comptabilité publique, épousant l'ensemble de la hiérarchie des normes[22]. Au fil des années, le Cameroun a connu des changements significatifs dans les normes comptables de la comptabilité publique. Ces transformations normatives visent à promouvoir la transparence[23], la fiabilité et l'efficacité de la gestion des ressources publiques. Le pays s'est également engagé dans l'adoption des nouvelles technologies de l'information pour moderniser et automatiser les processus comptables publics. Ainsi, les sources du droit de la comptabilité publique vont connaître des transformations (**Chapitre I**) qui sont toutefois limitées (**Chapitre II**).

---

[22] Kelsen (H.), *Théorie pure du droit*, traduction française Charles Eiserman, Paris, Dalloz, 2e éd., 1962, p.266.

[23] Il s'agit ici de l'élaboration et de l'adoption de la loi n°2018/011 du 11 juillet 2018 portant code de transparence et de bonne gouvernance dans la gestion des finances publiques au Cameroun. Loi elle-même fortement inspirée en cela par la directive CEMAC de 2011 relative à la transparence et à la bonne gouvernance en matière de gestion des finances publiques.

Chapitre I :

La mutation des sources formelles

Un regard jeté sur l'évolution des sociétés contemporaines permet d'établir le constat suivant lequel le phénomène moderne de la mutation des normes et du renouvellement des sources du droit affecte tout particulièrement la matière du droit financier[24]. Il a donc besoin pour cela d'être toujours en accord avec le contexte ambiant, ce qui le rend plus sensible aux transformations touchant à l'ensemble du droit[25]. De fait, en se basant sur le fait que la mutation permet de toucher divers aspects de l'architecture normative, il importe de parcourir les différents niveaux de création du droit pour en ressortir les données exactes. Pour le faire, on observe le phénomène de mutation d'abord à partir de la révision des sources normatives classiques (**Section 1**) puis par l'adjonction des sources spécifiques (**Section 2**).

Section I- La révision des sources classiques

Dans le domaine de la comptabilité publique, certaines règles qualifiées de classiques constituent la matière première de la normativité dans les États contemporains. Leur rôle premier consiste à canaliser « *les attributions respectives (des acteurs) dans la fixation des mesures financières* »[26]. En considération de cet ordre de priorité, il faut analyser tant les mutations des sources internationales (**Paragraphe I**) que nationales (**Paragraphe II**).

Paragraphe I- La mutation des sources internationales

Les premières sources qui seront analysées sont celles d'origine externe à l'État. Il convient donc d'apprécier le développement des sources communautaires (**A**) avant d'en apprécier la portée (**B**).

---

[24] CONSTANTIN (A.), « Les mutations de la norme en droit financier », *in* MARTIAL-BRAZ (N.), RIFFARD (J.-F.) et BEHAR-TOUCHAIS (M.), *Les mutations de la norme. Le renouvellement des sources du droit*, Paris, Economica, 2011, p. 173.

[25] DUGUIT (L.), *Les transformations du droit public*, Paris, Librairie Armand Colin, 1913, 303 p.

[26] JÈZE (G.), *Traité de sciences des finances*, Paris, V. GIARD & E. BRIERE, 1910, p. 254.

A- Le développement des sources communautaires

Elles participent à l'efficacité de la gestion des finances publiques[27] fixée comme objectif depuis le Traité instituant cette zone d'intégration en Afrique centrale (**1**) et relayé par des sources dérivées (**2**).

1- L'apport du traité CEMAC

En tant qu'accord régi par le droit international[28], le traité CEMAC a eu des effets bénéfiques sur le renouvellement des sources de la comptabilité publique qui peuvent être appréciés sous plusieurs angles. Son adoption déjà est une mini-révolution du monde de la comptabilité. En effet, contrairement aux actes constitutifs qui l'ont précédé, celui-ci intègre depuis 1994, des aspects touchant à ce domaine-là. Qu'il s'agisse du texte fondateur de l'Union douanière équatoriale de 1959 périmée en 1961[29] qui ne prenait en compte que l'aspect douanier des relations entre les pays membres ; ou encore de son évolution en Union Douanière des États de l'Afrique Centrale (UDEAC) dont les objectifs initiaux furent concentrés aux échanges douaniers et commerciaux. On cite entre autres l'établissement d'un tarif douanier et fiscal commun à tous les États membres de l'UDEAC, l'interdiction de tout droit et de toute taxe à l'importation et exportation au sein de l'union exigeant l'institution d'une taxe unique. La révision de 1974, en programmant l'aspect finance, donnait le pas à la future CEMAC qui viendra mieux le formaliser.

Ceci dit, on observe que dans le préambule du nouveau traité, les États réaffirment « *leur attachement au respect des principes de démocratie* » et « *de la bonne gouvernance* »[30]. Ce traité se présente donc comme un élément de constatation d'une règle nouvelle, présentant le double avantage de constater à la fois la volonté des parties qui est d'améliorer la législation comptable des États et la règle existante qui en est la matérialisation. C'est alors que ces dernières ont institué un principe servant de base de la « *modernisation de la gestion publique* »[31] qui se traduit par l'exigence de transparence[32].

En effet, il faut dire que cette vision de la modernité du droit comptable a eu un fort relent en droit des finances publiques dans la sous-région de

---

[27]LEIDERER (S.) et WOLFF (P.), « Gestion des finances publiques : une contribution à la bonne gouvernance financière », *Annuaire suisse de politique de développement,* vol. 26, n° 2, 2007, mis en ligne le 22 juin 2009, p. 180.

[28] GUINCHARD (S) et DEBARD (T), *Lexique des termes juridiques*, op cit, p.1841

[29] GROSDIDIER DE MATONS (J.), *Les instruments juridiques internationaux de facilitation du transport et du commerce en Afrique*, Washington, 2014, 2e éd., p. 121.

[30] Préambule du Traité CEMAC révisé.

[31] BOUVIER (M.), « Réhabiliter et refonder. La science des finances publiques », *Mélanges Paul Amselek*, Bruxelles, Bruylant, 2005, p.132 et s.,

[32] MORDACQ (F.), « Modernisation et réforme de l'État, au service des finances publiques », *RFFP* n°10- novembre 2007, p.305.

l'Afrique centrale, conviant les États membres à une réflexion sur l'exigence de transparence dans leurs finances publiques[33]. À cela, il fallait intégrer l'aspect gouvernance participative et transparente en mettant en exergue le volet information du public sur les opérations financières. Il faut noter tout de même que cet aspect reste un véritable défi pour les États membres de la CEMAC. Il faut relever que les données sur les documents financiers, encore moins le maniement des fonds publics ne sont pas mis à la disposition des citoyens. Il manque une orthodoxie méthodique pouvant mettre un terme aux pratiques constatées[34]. Ce qui a nécessité l'élaboration d'instruments dérivés complémentaires.

2- L'apport des sources dérivées

La volonté d'améliorer le cadre normatif communautaire poursuit un objectif comptable noble. Son but est d'arrimer le droit financier des États membres préexistant aux nouvelles données, au renouveau de la gestion des finances publiques. La communauté se fixe alors un objectif d'évolution[35] des pratiques classiques du droit financier et comptable qui ambitionne de contribuer à la modernisation de la gestion des Finances publiques dans chaque État membre.

Reconnaissons de prime abord que la matérialisation est donnée par la création d'une Cour des comptes communautaire autonome et indépendante « *capable de veiller à une gestion financière saine, rigoureuse et efficace des ressources de la Communauté* »[36]. Sa présence vise une saine gestion des comptes dans l'espace communautaire, et sert de premier palier dans l'amélioration du contrôle de la comptabilité publique. On peut également citer la Convention régissant l'UEAC qui prescrit une politique d'harmonisation des législations budgétaires, des comptabilités nationales et des données macroéconomiques des États membres[37]. Celle-ci vise également à « *promouvoir une gestion transparente des affaires publiques et une administration efficace et responsable dans toutes les institutions nationales et communautaires* »[38].

Ensuite, on peut invoquer dans le même domaine de la comptabilité publique, les textes suivants : la Directive relative au Code de transparence et

---

[33] GUÉSSÉLÉ ISSÉMÉ (L. P.), « L'exigence de transparence dans les finances publiques des états de la CEMAC », *in* MÉDÉ (N.) et DEBÈNE (M.), *Les finances publiques entre globalisations dynamiques locales*, *Mélanges en l'honneur de Diarra ELOI et Yonaba SALIFOU*, Dakar, L'Harmattan-Sénégal, 2021, p. 57.

[34] DAMAREY (S.), *Droit public financier*, Paris, Dalloz, 2017, 1re éd., p. 432.

[35] *Ibid.*, p.263.

[36] V. Préambule de la Convention régissant la Cour des comptes communautaire

[37] Art. 56 de la Convention régissant l'Union Économique de l'Afrique Centrale (UEAC), adoptée à Yaoundé le 25 juin 2008.

[38] *Ibid.*, art. 47(d).

de bonne gouvernance dans la gestion des finances publiques[39], la Directive relative à la Nomenclature budgétaire de l'État[40], la Directive relative aux Lois de finances[41], Directive relative au Plan comptable de l'État[42], la Directive relative au Tableau des opérations financières de l'État[43]. Toutes visent à mettre en place une technologie normative adaptée, à construire des systèmes normatifs en réseau[44] qui doivent s'adapter verticalement et peut-être s'harmoniser horizontalement.

B- La portée des sources communautaires

En recherchant les conséquences médiates ou immédiates de la mutation apportée aux sources communautaires du droit de la comptabilité publique camerounaise, on peut déceler plusieurs éléments intéressants, notamment la consécration de leur force juridique **(1)** au plan national et la limitation de leur primauté **(2)**.

1- La force juridique consacrée

À l'observation, force est de constater que l'objectif à travers le processus d'internationalisation et de mutation du droit, c'est de parvenir à un nivellement du droit par son unification grâce aux conventions, directives et autres actes normatifs qui permettent d'éviter des divergences dans l'application du droit communautaire[45] afin de coordonner les actions de développement. La comptabilité publique étant un élément essentiel de cette volonté de développement, il est normal qu'elle attire l'attention au-delà des frontières nationales. En la touchant, ce phénomène légistique la transforme pour qu'elle participe de rationalisation[46] des comportements des autorités comptables au sein de l'État en valorisant l'idée de bonne et saine gouvernance des deniers de l'État et des autres collectivités publiques.

---

[39] Directive n° 06/11-UEAC-190-CM-22 relative au Code de transparence et de bonne gouvernance dans la gestion des finances publiques du 19 décembre 2011.

[40] Directive n° 04/11-UEAC-190-CM-22 relative à la Nomenclature budgétaire de l'État, adoptée à Brazzaville le 11 décembre 2011.

[41]Directive n° 01/11-UEAC-190-CM-22 relative aux Lois de finances, adoptées à Brazzaville le 19 décembre 2011.

[42] Directive n° 03/11-UEAC-195-CM-22 relative au Plan comptable de l'État, adopté à Brazzaville le 19 décembre 2011.

[43] Directive n° 05/11-UEAC-190-CM-22 relative au Tableau des opérations financières de l'État, adopté à Brazzaville le 19 décembre 2011.

[44] OST (F.) et VAN DE KERCHOVE (M.), *De la pyramide au réseau ? Pour une théorie dialectique du droit*, Bruxelles, Presses de l'Université Saint-Louis, 2010, p. 12.

[45] DEWOST (J.-L.), « L'intégration du droit communautaire dans la loi française », *in* DRAGO (R.) (dir.), *La confection de la loi*, Paris, PUF, Coll. « Cahiers des sciences morales et politiques », 2005, p. 81.

[46] DUPRAT (J.-P.), « Genèse et développement de la légistique », *in* DRAGO (R.) (dir.), *La confection de la loi*, Paris, PUF, Coll. « Cahiers des sciences morales et politiques », 2005, p. 13.

En rapport avec le droit national, les répercussions normatives du droit supranational visent à introduire progressivement une dynamique forte et sincère dans le droit des finances publiques nationales. Cette pratique est formellement reliée à la technique des « *limitations constitutionnelles* »[47] des pouvoirs des autorités étatiques en matière financière et comptable. Ainsi, à défaut d'initier l'avènement de nouvelles règles dans le dispositif local, le droit CEMAC sur la transparence et la bonne gestion des comptes publics conduit à l'abrogation de celles incompatibles avec sa philosophie. Le but à ce niveau est d'arrimer le droit national de la comptabilité publique à la nouvelle vision des finances publiques[48]. Pour ce faire, il importe de le synchroniser avec le droit externe par un procédé d'articulation normative[49], pour à terme établir une transparence de toutes les étapes du cycle budgétaire et comptable, ainsi qu'en relevant les composantes fondamentales de la bonne gouvernance financière[50].

Au-delà de l'observation de la consécration de cette force juridique, il est important de reconnaître qu'elle admet des limites.

2- La force juridique limitée

Est-il nécessaire de rappeler que dans la plupart des pays, la politique monétaire et financière en vigueur à la fin des années 1970 et au début des années 1980 reposait principalement sur des méthodes de contrôles directs[51] ? La transformation des institutions internationales et communautaires, l'arrimage de leurs mécanismes de contrôle aux évolutions et à la fluidité des échanges internationaux, le développement des outils de communication et de transfert des données, notamment par la poussée de l'internet a mis en lumière l'urgence de certaines limites inscrites dans les droits qui en sont issus. Ne pouvant toutes être prises en compte dans le cadre de cette recherche, on se limitera aux restrictions apportées à la force juridique et à l'impact réduit de ce dispositif communautaire.

Concernant le premier point, et indépendamment de son caractère dual, il faut dire que le droit international, fût-il communautaire, ne consiste pas dans une volonté générale supérieure aux États, mais se résout en la volonté particulière de chacun d'eux[52]. Celle-ci est manifestée dans le cadre de

---

[47] JÈZE G.), *Traité de sciences des finances*, Paris, V. GIARD & E. BRIERE, 1910, p. 338.

[48] GUÉSSÉLÉ ISSÉMÉ (L. P.), « L'exigence de transparence dans les finances publiques des états de la CEMAC », *op. cit.* p. 60.

[49] DELMAS-MARTY (M.), *Les forces imaginantes du droit : Tome 2, Le pluralisme ordonné*, Paris, Seuil, Coll. « La couleur des idées », 2006, p. 225.

[50] LEIDERER (S.) et WOLFF (P.), « Gestion des finances publiques : une contribution à la bonne gouvernance financière », *op. cit.* p. 182.

[51] SAMBA NDIAYE (G.), *Institutions financières et développement économique*, Thèse de Doctorat en Économies et finances, Université d'Auvergne - Clermont-Ferrand I, 2008, p. 28.

[52] ROMANO (S.), *L'ordre juridique*, Paris, Dalloz, Coll. « Philosophie du droit », 1975, 2e éd., p. 83.

l'adhésion à la communauté par la ratification de son acte constitutif. De la sorte, le droit communautaire n'absorbe pas le droit national, il ne fait que se supposer à lui dans le principe, et être parallèle à lui dans la réalité.

Pour ce qui est du second élément de la limitation de la force juridique des actes communautaires, il est dû à la moindre considération que leur portent les États. La communauté est souvent aperçue comme une main étrangère qui perturbe la souveraineté de l'État, et empêche celui-ci de dévoiler son potentiel. C'est la représentation que s'en faisait Mme Margareth Tchatcher lorsque, parlant de l'Union européenne, elle dira « *La Communauté européenne s'occupe de ce qui ne la regarde pas...* »[53]. Ainsi, elle est soupçonnée de fomenter des machineries parallèles[54] à la volonté de l'État. Aussi, son application est toujours à géométrie variable entre les États. D'où la clause de réciprocité qu'imposent les États au plan communautaire, mais surtout dans leur Constitution[55]. Loin d'être une exclusivité du droit de la comptabilité publique, celui-ci a aussi bénéficié de la mutation de ses sources nationales.

Paragraphe II- La mutation des sources nationales

Il s'agira ici de comprendre comment la norme comptable s'est construite sous l'influence de la culture et des traditions[56] légistiques camerounaises en analysant l'approfondissement observé dans les sources supraréglementaires (**A**), puis dans les sources supralégislatives (**B**).

A- L'approfondissement des sources supraréglementaires

Le droit camerounais de la comptabilité publique a connu une diversification des sources législatives (**1**) qui ont quant à elles connu une modification par ordonnances (**2**).

1- La diversification des sources législatives

La mutation de sources législatives du droit de la comptabilité publique du Cameroun indépendant est un long processus qui a réellement débuté en 1962. C'est ainsi que naquit l'Ordonnance du 7 février 1962 portant régime financier

---

53 Cité par DEWOST (J.-L.), « L'intégration du droit communautaire dans la loi française », *Op. cit.*, p. 80.

54AGUAYO ARMIJO (F.), *La coordination entre organisations internationales en matière de reconstruction post-conflit, Op.cit.*, p. 18.

55 *Cf.* art. 45 de la Constitution camerounaise précitée.

56 OUEDRAOGO (S. M.), « Regard extérieur sur les mutations récentes des administrations fiscales africaines », *in*ONDOA (M.) et ABANE ENGOLO (P. E.) (dir.), *Les transformations contemporaines du droit public en Afrique*, Paris, L'Harmattan, 2018, p. 121.

de la République fédérale du Cameroun[57] qui traçait le cap de la gouvernance financière et comptable du pays. Ce texte a survécu à la fin de la fédération, jusqu'à ce qu'il fût modifié par la loi de 2002 ayant le même objet[58]. La nécessité d'une adaptation s'imposait, au regard du contexte d'alors marqué par un changement de paradigme structurel et politique ; le pays s'était lancé dans l'élaboration du Document stratégique de Réduction de la Pauvreté (DSRP)[59]. De fait, les sources législatives du droit de la comptabilité publique ont évolué dans un canevas et un contexte précis.

Le contexte ayant évolué après cinq années, les résultats de l'ajustement structurel attendu étant disponibles[60], et le Cameroun passant le cap de Pays pauvre très endetté pour celui de Pays en voie de Développement. Ce passage nécessitait une révision du régime financier de l'État afin de l'adapter à sa nouvelle vision de l'émergence à l'horizon 2035 que devait porter le Document stratégique pour la Croissance et l'Emploi (DSCE). C'est alors que fut adoptée la loi du 26 décembre 2007 prévoyant le nouveau régime financier basé sur le budget programme, la triennalité, l'amélioration des mécanismes de gestion et de contrôle des deniers publics[61]. Cette loi cèdera également la place en 2018 à une nouvelle loi, contenant la réévaluation et le réajustement de la politique financière, budgétaire et comptable du Cameroun[62], qui est la plus récente production du Parlement dans ce domaine. Du côté de la décentralisation, la mutation s'est étendue aux sources mêmes des collectivités territoriales décentralisées.

Au niveau des collectivités territoriales décentralisées, les lois de 2004 sur la décentralisation, étant la matérialisation de la volonté du constituant camerounais de réformer la décentralisation[63], ont donné naissance à la loi portant régime financier des collectivités territoriales décentralisées de 2009, considérée comme la charte financière de ces collectivités. Elle regorgeait de nombreuses dispositions relatives au droit de la comptabilité locale[64] que le Grand Dialogue national, avec sa vision réformatrice, viendra intégrer dans un nouveau Code[65]. Cet exercice fut une recodification à droit constant

---

[57] Ordonnance n° 62/0F/4 du 7 février 1962 portant régime financier de la République fédérale du Cameroun.

[58] Loi n° 2002/001 du 19 avril 2002 portant régime financier de la République de l'État.

[59] Document stratégique de Réduction de la pauvreté d'avril 2003.

[60] VALETTE (A.), « L'évaluation des programmes d'ajustement structurel (PAS) : quelques repères sur les outils et méthodes », *in* COURADE (G.) (dir.), *Le village camerounais à l'heure de l'ajustement*, Paris, Karthala, 1994, p. 140.

[61] Loi n° 2007/006 du 26 décembre 2007 portant régime financier de l'État.

[62] Loi n° 2018/012 du 11 juillet 2018 portant régime financier de l'État et des autres entités publiques.

[63] V. notamment art. 1er al. 2 et art. 55 et ss. de la Constitution en vigueur.

[64] *Cf.* Titre IV « De l'exécution du budgetdes collectivités territoriales ».

[65] Loi n° 2019/024 du 24 décembre 2019 portant code général des collectivités territoriales décentralisées.

moyennant tout de même les modifications de forme et de fond nécessaires[66] au contexte social qui l'a suscité. Au-delà de leur diversification, les sources législatives ont aussi connu une modification par ordonnances.

2- La modification des sources législatives par ordonnances

La nomenclature budgétaire et comptable de l'État connaît souvent des modifications en cours d'exécution. Certaines données conjoncturelles peuvent conduire à l'adoption d'un collectif budgétaire de la loi en cours de validité. Reconnue dans le régime financier de l'État[67], la loi de rectification a une triple finalité dont la première est la modification de l'autorisation budgétaire, la deuxième concerne l'approbation des mesures règlementaires prises en cours d'exécution, et la dernière permet l'édiction de mesures législatives nouvelles[68].

Dans son histoire financière, le Cameroun a connu de nombreuses ordonnances de cette catégorie qui mettaient l'exécutif au centre de l'attention. Dans l'impossibilité matérielle de les énumérer toutes, seules deux, des plus récentes, seront invoquées à titre illustratif. On convoque d'abord l'Ordonnance du 3 juin 2020 qui avait pour objet de modifier et de compléter certaines dispositions de la loi de finances de la République du Cameroun pour l'exercice 2020[69]. Elle inséra des « articles bis » dans la loi en exécution, et modifia certains autres articles afin d'arrimer cette loi aux nouveaux impératifs dus entre autres à la situation sanitaire du pays causée par la pandémie à coronavirus, qui impacta tout le tissu économique et financier de l'État.

Avec un objectif similaire sur la forme et la procédure, l'ordonnance de 2021[70] devait, en modifiant et complétant les dispositions identifiées[71], revisiter les conditions générales de l'équilibre budgétaire et financier pour les arrimer au contexte qui s'imposait. Elle touchait également d'autres aspects - tout aussi important - qui permettaient à l'État de ne pas perdre la main sur sa politique budgétaire et financière.

---

[66] KENFACK (P.-É.), « La gestion de la pluralité des systèmes juridiques par les États d'Afrique noire : les enseignements de l'expérience camerounaise », *op. Cit.*, p. 160.

[67] Art. 12 al. 3 de Loi n° 2018/012 du 11 juillet 2018 précitée. Ancien art. 4 de la loi de 2007.

[68] CATTEAU (D.), *Droit budgétaire. Comptabilité publique*, Paris, Hachette supérieure, Coll. « Les fondamentaux », 2016, 3e éd., pp. 66-67.

[69] Ordonnance n° 2020/001 du 3 juin 2020 modifiant et complétant certaines dispositions de la loi n° 2019/023 du 24 décembre 2019 portant loi de finances de la République du Cameroun pour l'exercice 2020.

[70] Ordonnance n° 2021/002 du 26 mai 2021 modifiant et complétant certaines dispositions de la loi n° 2020/018 du 17 décembre 2020 portant loi de finances de la République du Cameroun pour l'exercice 2021.

[71] Art. 1er al. 1 et 2.

Il convient *in fine* de reconnaître que ces ordonnances portant sur des collectifs budgétaires peuvent participer de la mutation des sources du droit comptable de l'État au même titre que les lois, et encore mieux que les actes situés en dessous.

B- L'approfondissement des sources infralégislatives

Les évolutions provoquées par les sources intermédiaires sont reprises et poussées aux détails par les normes qui leur sont inférieures ; cela s'observe tant au niveau des actes règlementaires (**1**) qu'au niveau du droit prétorien (**2**).

1- La source règlementaire

Le droit de la comptabilité publique peut prendre une couche de transformation par l'action des dispositions règlementaires. Cela dit, tandis que certaines d'entre elles servent uniquement à appliquer la loi, d'autres peuvent créer du droit[72] sur la base de référence à la seule Constitution. On parle alors respectivement de règlement d'application de la loi et de règlement autonome pour les distinguer. De même, il est à noter que les règlements ont des domaines d'application bien déterminés.

Concernant les domaines sur lesquels peut porter cette catégorie normative, ils sont très divers. À titre non exhaustif, on constate que certains de ces textes portent sur les organismes qui, directement ou indirectement, sont astreints aux règles de la comptabilité publique, d'autres portent sur les institutions de contrôle de l'activité financière et comptable, de l'utilisation des fonds publics ou encore du blanchiment des capitaux[73]. Outre ces domaines, le comportement des agents participant à la gestion des deniers publics est également visé[74], tout comme la gestion du patrimoine de l'État[75].

Ces quelques exemples choisis parmi un florilège de textes œuvrant à l'amélioration de la qualité et du contenu du droit de la comptabilité publique sont significatifs de toutes les évolutions qui ont été observées au fil des années. Ils démentent l'idée qu'on se faisait sur le caractère immuable des principes de la comptabilité, qui étaient dits valables à toutes les époques et

---

72 CARRE DE MALBERG (R.), *Contribution à la théorie générale de l'État*, t. 1, Paris, Rec. Sirey, 1920, pp. 555 et ss.

73 Décret n° 2005/185 du 31 mai 2005 portant organisation et fonctionnement de l'Agence Nationale d'Investigation financière ; décret N° 2008/028 du 17 janvier 2008 portant Organisation et fonctionnement du conseil de discipline budgétaire et financière.

74 Décret PM du Portant code de déontologie des personnels des Services financiers.

75 Décret n° 78/470 du 3 novembre 1978 relatif à l'apurement des comptes et à la sanction des responsabilités des comptables.

en tout lieu[76]. Au-delà de cette évolution du droit écrit, il convient de préciser que la source jurisprudentielle a également évolué.

2- La source jurisprudentielle

La transformation des sources du droit de la comptabilité publique ne s'est pas limitée aux sources normatives produites par les autorités administratives, législatives ou communautaires. Elle a pénétré le domaine de la jurisprudence, surtout avant que ne soit mise en activité la Chambre des comptes de la Cour suprême en 2003[77] selon les dispositions constitutionnelles de 18 janvier 1996[78].

En effet, l'activité croissante des juridictions est la preuve, s'il en est encore besoin de le démontrer, que le juge peut fabriquer du droit[79]. Et d'après certains auteurs, il n'y a que par son activité qu'il est possible d'assurer ou de restaurer la force de la loi dans la gestion des deniers publics[80]. Dans certains domaines comme en matière d'arrêt provisoire, le juge des comptes a apporté certaines précisions importantes concernant le contrôle du compte de gestion communal[81]. On peut également convoquer sa contribution à l'éclairage des questions d'injonction et de ligne de compte[82], et de mise en débet[83], sur la responsabilité du comptable[84]. Il a également fait une percée sur la détermination de la notion de comptable de fait et sur l'identification de celui-ci dans l'affaire, sieur Eméran MEBENGA.

On note également de l'autre côté l'activité florissante du Tribunal criminel spécial, compétent « *pour connaître, lorsque le préjudice est d'un montant minimum de 50 000 000 FCFA, des infractions de détournements de deniers publics et des infractions connexes prévues par le Code pénal et les Conventions internationales ratifiées par le Cameroun* »[85]. Selon les chiffres disponibles depuis le 16 juillet 2020, on constate que le TCS a enrôlé

---

[76]RICHARD (J.) et COLLETTE (C.), *Comptabilité générale. Système français et normes IFRS*, Paris, Dunod, 2008, 8e éd., p. 66.

[77] Loi n° 2003/005 du 21 avril 2003 fixant les attributions, l'organisation et le fonctionnement de la Chambre des Comptes de la Cour Suprême.

[78] Art. 38 et 41 de la Constitution camerounaise.

[79] LATOUR (B.), *La fabrique du droit. Une ethnographie du Conseil d'État*, Paris, La Découverte, 2004.

[80] NNANGA (H. S.) « La protection juridictionnelle des finances publiques africaines », *RASJ*, vol.6, n° 1, 2009, pp. 211-228.

[81] Arrêt provisoire n° 196/P/S2/CVA du 14 octobre 2010, Commune rurale de Mbouda.

[82] Arrêt N° 71/AD/CSC/CDC/S2 du 29/09/2011.

[83]Arrêt n° 74/AD/S2/CVA du 06/09/2012 Compte de gestion de la commune urbaine de Bertoua.

[84] Arrêt n° 72/D du 14/06/12 du compte de la commune rurale de Biwong Bulu ; arrêts n° 18/D du 29/09/2011 compte de gestion de la commune de JAKIRI ; arrêt n° 187/D/S2 du 22/11/12 compte de gestion de la communauté urbaine de Douala.

[85] Art. 2 de la Loi N°2011/028 du 14 décembre 2011 portant création d'un Tribunal criminel spécial.

225 affaires, desquelles 177 ont été rendues au fonds, et 48 autres rendues par un jugement avant dire droit[86]. Il participe d'une certaine façon à la protection juridictionnelle des finances publiques, même si son action concrète est critiquée au regard des espoirs qui avaient été posés sur lui[87].

L'apport jurisprudentiel des organes juridictionnels dans la construction et l'évolution du droit comptable est notable au regard de la production disponible. Un autre élément qui ressort, c'est le rôle de conseil aux pouvoirs publics et d'assistance que jouent ces instances, surtout la Cour des comptes[88]. Le but ultime étant la recherche d'une plus grande sécurité juridique dans le droit à travers le temps[89]. Il serait tout de même arbitraire de se limiter à la seule mutation observée au niveau des sources classiques, car il touche également avec la même acuité les sources spécifiques.

Section II- L'adjonction des sources spécifiques

À côté des règles classiques de la comptabilité budgétaire, les législations comptables de l'État du Cameroun se sont enrichies de normes spécifiques provenant aussi bien des institutions financières internationales (**Paragraphe 1**) que des organisations internationales non gouvernementales (**Paragraphe 2**).

Paragraphe I- Le développement des normes des Institutions financières internationales

Le développement des normes des institutions financières internationales amène à opérer une distinction nécessaire entre les sources formelles et les sources matérielles, mais avant d'analyser leur mise en œuvre (**B**), il convient au préalable de s'attarder sur les raisons qui ont poussé à leur élaboration (**A**).

A- La justification de l'élaboration des normes des IFI

Il s'agira ici de présenter les crises économiques (**1**) et financières (**2**) qui ont secoué le monde comme les principaux facteurs d'élaboration des normes par les institutions financières internationales.

---

86 Sources FRANCIS Jean, Cameroon Tribune, Journal du 29 juillet 2020.

87 MONEBOULOU MINKADA (H. M.), « Le Tribunal criminel spécial au Cameroun et les grands principes de la justice criminelle : étude comparative sur les Lois de 1961 et 2011 », *Juridical Tribune*, vol. 2, n° 2, décembre 2012, pp. 139-165.

88 GRABIAS (F.), « La Cour des comptes, entre assistance et conseil », contribution au VIIIe Congrès français de droit constitutionnel sur le thème : La circulation du droit constitutionnel, AFDC, Nancy, du 16 au 18 juin 2011, p. 2.

89 CIMAMONTI (S.), « Sécurité juridique et mécanismes d'application du droit dans le temps », *Revue du notariat*, vol, 110, n° 2, septembre 2008, p. 648.

1- Les crises économiques

Le droit camerounais de la comptabilité connaît d'importantes mutations depuis la fin des années quatre-vingt. Cette situation est en grande partie due aux diverses crises économiques qui n'ont cessé de secouer le monde et aux programmes d'ajustement structurel[90]. En effet, ayant traversé sans grandes difficultés la crise pétrolière de 1973[91], le Cameroun était, jusqu'au début des années 1980, parmi les pays les plus prospères du point de vue économique. Cependant, le ralentissement généralisé de l'économie mondiale au cours de la période 1980-1987 va sévèrement frapper l'économie camerounaise spécialisée dans la production des matières premières brutes. L'avènement de la crise économique vers la fin des années 1980[92], induit par l'effondrement des termes de l'échange, couronné par la dévaluation du franc CFA, va entraîner de lourdes conséquences dans le secteur public camerounais. Le taux de croissance du PIB va passer de +4 % par an entre 1984-1985 à -11 % entre 1987-1988. Cette crise va en outre entraîner une hausse des prix, des déficits commerciaux et une perte des recettes publiques. Selon les prévisions de la caisse française de développement[93], ce ralentissement et cette baisse du PIB pourraient rester négatifs jusqu'en 1998.

La crise économique que traverse le Cameroun va mettre à nu les faiblesses de son système de comptabilité publique et contraindre les autorités camerounaises à des réformes économiques importantes, dont la stabilisation financière, la libéralisation et la désétatisation[94]. Toute crise économique transformant le système juridique[95], l'administration publique camerounaise va connaître de nombreuses réformes[96] dont le droit de la comptabilité publique ne sera pas en marge. Il convient à cet effet de préciser que le Cameroun n'est pas le seul pays touché par la crise, l'ensemble du monde est touché. Pour juguler les effets de cette dernière et trouver des solutions pour ne plus y replonger à l'avenir, les institutions de Breton Wood, notamment le FMI et la Banque Mondiale, vont s'atteler à mettre sur pied des normes qui contribuent à réduire les risques de pareilles crises. La Banque mondiale, dont les responsabilités portent sur le développement économique durable et ses aspects financiers de ses pays membres, collabore étroitement avec le secteur

---

[90] ONDOA (M.), « Ajustement structurel et réforme du fondement théorique des droits africains postcoloniaux : l'exemple camerounais », *RASJP*, vol. 2, 2001, p. 76.

[91] ONDOA (M.), « Le droit public des États africains sous ajustement structurel… », *op.cit. p. 3.*

[92] BIAKAN (J.), « La réforme du cadre juridique des finances publiques au Cameroun : la loi portant régime financier de l'État », *in* ONDOA (M.) (dir.), L'administration publique camerounaise à l'heure des réformes, Paris, L'Harmattan, 2010, p.10.

[93] Caisse française de développement (CFD), *Canevas pour une discussion autour des perspectives macroéconomiques à moyen terme du Cameroun*, Paris, CFD, 1993.

[94] EZO'O BIZEME (M.) et KOMON (J.-P.), « La crise économique continue », *op.cit.*, p. 68.

[95] ONDOA (M.), « Le droit public des États africains sous ajustement structurel… », *op.cit.*, p.1.

[96] ONDOA (M.) (dir). *L'administration publique camerounaise à l'heure des réformes*, Paris, L'Harmattan, 2010, 319 p.

financier privé des économies en développement et des pays à marchés émergents. Elle s'intéresse surtout aux normes ayant trait à la solidité financière des banques et des entreprises[97].

2- Les crises financières

Olivier Jeanne fait remarquer que tout comme entre les deux guerres la crise de 1929 avait suscité une génération de théories et de formalisations tant des crises boursières que des crises frappant l'économie internationale. La période contemporaine a suscité un regain d'intérêt pour les crises financières de la part des théoriciens, alors que le phénomène même était quasiment absent de l'analyse macroéconomique comme des théories financières[98]. Ce constat ne s'écarte pas de la réalité, car, ces dernières années, les crises financières se sont multipliées dans le monde et ont secoué presque sans interruption, l'économie mondiale, prenant souvent la forme de crises « *jumelles* »[99]. Ces crises ont été spécialement fréquentes et profondes pour les économies émergentes ou des pays en développement, les plus récemment intégrées aux mouvements financiers internationaux.

Ainsi, la stabilité financière étant devenue un bien public, désormais mondial sous l'effet de la globalisation financière[100], il est apparu, par souci de prévention au lendemain de ces crises financières internationales, la nécessité de mettre en place et d'appliquer des normes et des codes de bonnes pratiques de portée universelle en matière de gestion économique et financière. Ce rôle a été confié principalement au FMI qui, en consultation avec d'autres Institutions, a défini des normes ou des codes de bonnes pratiques[101]. Le Fonds monétaire international et la Banque mondiale ont assuré une grande part du travail sur ce dossier. Ainsi, « *La comptabilité figure parmi les principaux outils qui fondent l'information et la communication financières. Elle évolue en fonction de ses conditions d'application et de ses processus d'opération. La crise mondiale sévissant depuis 2007 a imposé de recourir à des méthodes comptables plus opérationnelles, se basant sur davantage de transparence. Ainsi des notions telles que la gouvernance des entreprises et des administrations publiques, la précision et l'efficacité de traitement des bilans sont apparues. Restait à réunir toutes ces nouvelles notions en un seul document, un référentiel unique pour uniformiser*

---

[97] FMI, « Normes et codes du FMI », 2001.

[98] JEANNE (O.), « Comprendre les crises financières internationales », *in* CARTAPANIS (A.), BENOIT COEURE (B.) et DEBONNEUIL (M.) (dir.), *La gouvernance financière dans le monde*, *Revue d'économie financière*, n° 70, pp. 23-31.

[99] BOYER (R.), DEHOVE (M.) et PLIHON (D.), *Rapport : Les crises financières*, La Documentation française, Paris, 2004, p. 7.

[100] BOYER (R.), DEHOVE (M.) et PLIHON (D.), *Rapport : Les crises financières*, *op.cit.*, p. 7.

[101] Code of Good Practices on Fiscal Transparency, Code of Good Practices on Transparency in Monetary and Financial Policies.

l'ensemble des règles de comptabilité, différentes selon les pays »[102]. Les justifications précisées, il convient d'en apprécier la matérialisation.

B- La matérialisation des normes des IFI

« *In concreto* », les normes des institutions financières internationales sont mises en œuvre aussi bien à travers la conditionnalité qui résulte des mesures d'ajustement structurel (**1**), qu'à travers les normes et codes élaborés par le FMI (**2**).

1- La conditionnalité

L'un des buts du FMI est de « *donner confiance aux États membres en mettant les ressources générales du Fonds temporairement à leur disposition moyennant des garanties adéquates, leur fournissant ainsi la possibilité de corriger les déséquilibres de leurs balances des paiements sans recourir à des mesures préjudiciables à la prospérité nationale ou internationale* »[103]. Il faut préciser que l'exercice de ce rôle statutaire en faveur des pays membres en difficulté s'opère par un outil juridique spécifique qu'est la conditionnalité. Mais avant tout, qu'entend-on par conditionnalité et quelle en est l'origine ?

La notion de conditionnalité correspond ainsi à « *un ensemble d'exigences posées par les bailleurs de fonds internationaux, et acceptées par les États demandeurs, en échange d'un avantage ou d'une prestation financière* »[104]. À l'origine, la conditionnalité s'apparentait à une condition de prêt qui était suivi de contrôle destiné à s'assurer de la restitution de la dette[105]. L'évolution du rôle du FMI et de la nature de ses interventions a transformé la nature de la conditionnalité qui est devenue un instrument de création d'un environnement juridique, politique, économique et social propice à la croissance des États. Entre volonté d'aider les États défaillants et tentatives d'ingérence dans les affaires internes des États, les institutions de Bretton Woods n'ont pas toujours eu bonne presse.

De manière globale, les institutions de *Bretton Woods* accordent des prêts et apportent de l'assistance financière aux États qui connaissent des difficultés dans leur balance de paiement. En contrepartie, ces États s'engagent à mettre en œuvre des politiques de redressement, ce qui donne « *un droit de regard* »[106] auxdites institutions. Mais au cours de l'exécution des programmes, les

---

102 IDRISSI CHOUAHDI (A.), *Conditions d'application des normes IPSAS au Maroc en comparaison avec la Belgique*, Thèse de Doctorat, Université Ibn Zohr, 2019, p. 14.

103 Article 1-V des Statuts du Fonds monétaire international

104 ONDOA (M.), « Ajustement structurel et réforme du fondement théorique des droits africains postcoloniaux : l'exemple camerounais », *op.cit.*, p. 79.

105 OUMAROU (B.), « La conditionnalité, vecteur juridique de l'assistance financière du FMI au Cameroun », *op.cit.*, p. 134.

106 ALBERT (J.-L.), *Finances publiques*, Paris, Dalloz, 2015, 9e éd., p. 281.

contraires de la conditionnalité ont conduit certains auteurs à critiquer le FMI, notamment d'ingérence dans les affaires intérieures des États[107].

Selon le document d'information d'Oxfam, « *la Banque mondiale et le Fonds monétaire international (FMI) continuent à utiliser leur aide pour contraindre les pays en développement à appliquer des politiques économiques inappropriées, avec l'accord tacite des gouvernements des pays riches. Ces conditions de politique économique compromettent l'élaboration de politiques nationales, retardent le déboursement de l'aide et n'ont souvent aucun impact positif sur les populations pauvres. Si le monde a pour ambition d'éradiquer la pauvreté, cette pratique doit cesser impérativement. La transparence des dépenses et la réduction de la pauvreté sont les seules conditions devant être rattachées à l'aide, rien d'autre* »[108]. En dehors des conditionnalités du FMI, une autre technique permet la matérialisation des normes des IFI au Cameroun. Il s'agit des codes du FMI.

2- Les codes du FMI

Plusieurs pays à travers le monde, notamment ceux dotés de marchés financiers développés, utilisent depuis longtemps des normes et des codes nationaux. Dans le sillage des crises financières internationales est apparue la nécessité, par souci de prévention, d'adopter et d'appliquer des normes et des codes de bonnes pratiques de portée universelle en matière de gestion économique et financière. Pour ce qui est du FMI, en sa qualité de garant de la stabilité monétaire et financière internationale[109], cela s'est traduit par la mise sur pied d'un ensemble de normes destinées à orienter les gouvernements dans leurs différentes opérations comptables afin de réduire les risques de crises financières. Les normes et les codes internationaux de bonnes pratiques économiques et financières qu'il a élaborées comptent parmi les outils les plus utiles à cette fin. En fonction des secteurs, il faut dire que les codes du FMI ont une importance singulière pour les États.

Ces normes et ces codes, qui couvrent 11 secteurs pertinents, peuvent aider les pays à mener une gestion prudente et transparente, susceptible de promouvoir un système financier international plus stable et moins exposé aux

---

[107] CARREAU (D.), « Les controverses autour de l'aide du FMI à ses membres en difficulté : un exemple d'intervention dans les affaires intérieures des États ? », *Chronique AFDI*, 1981, p. 615 ; SOREL (J-M.), « Sur quelques aspects juridiques de la conditionnalité du FMI et leurs conséquences », *EJIL*, 1996, pp. 42-66.

[108] Document d'information d'Oxfam, *Perdre les mauvaises habitudes*, Oxfam International, novembre 2006, p. 1.

[109] Le FMI apparaît comme une organisation dont les statuts comportent un code de bonne conduite en matière monétaire que les pays membres de l'organisation sont tenus de respecter. Voir dans ce sens, CARREAU (D.), « Les controverses autour de l'aide du FMI à ses membres en difficulté : un exemple d'intervention dans les affaires intérieures des États ? », *Chronique AFDI*, 1981, p. 615 ; SOREL (J-M.), « Sur quelques aspects juridiques de la conditionnalité du FMI et leurs conséquences », *op.cit.*, p. 43.

crises. Ces normes et codes du FMI portent notamment sur la diffusion des données, la transparence des pratiques budgétaires, le contrôle bancaire, la règlementation des marchés des valeurs, les systèmes de paiement, la vérification des comptes, l'insolvabilité et les droits des créanciers et la comptabilité. Sur le strict plan de la surveillance multilatérale qui se prolonge désormais sur les finances publiques, le FMI a mis sur pied le premier code de bonne conduite monétaire qui a des incidences sur l'appréciation des situations budgétaires des États. Ce code pose que chaque État membre « *évite de manipuler les taux de change ou le système monétaire international afin d'empêcher l'ajustement effectif des balances des paiements ou de s'assurer des avantages compétitifs inéquitables vis-à-vis d'autres États membres* »[110]. Ainsi, en application de cet article, les États ont l'obligation de communiquer des informations au Fonds.

Les codes du FMI requièrent que toutes les allocations budgétaires soient gouvernées par des lois budgétaires détaillées et qu'il existe un cadre juridique et administratif clair régissant la gestion des ressources[111]. Le Fonds monétaire international et la Banque mondiale ont assuré une grande part du travail sur ces questions, en mettant en place, pour leurs pays membres, un programme conjoint de Rapports sur l'observation des normes et des codes (RONC) portant sur un ensemble de normes dans les domaines qui relèvent de leurs compétences respectives.

Il faut noter, au-delà de tous ces développements sur l'apport des IFI, que les organisations non gouvernementales participent, elles aussi, aux mutations des sources du droit de la comptabilité publique au Cameroun.

Paragraphe II- Le développement des normes des organisations internationales non gouvernementales

Le chantier des transformations du droit de la comptabilité au Cameroun s'inscrit dans un vaste mouvement universel tendant à faire converger le système comptable de l'État vers un nouveau système de normes proche de celui de l'entreprise. L'on abordera l'identité (**A**) et la portée de ces normes (**B**).

---

[110] Article IV Section 1, alinéa 3 des Statuts du FMI.

[111] FMI, Code révisé sur les bonnes pratiques en matière de transparence des finances publiques du 23 mars 2001. Article 3 de la Convention de l'Union africaine sur la prévention et la lutte contre la corruption, juillet 2003.

A- L'identité des normes des Organisations internationales non gouvernementales

Il s'agit des normes de bonnes pratiques économiques et financières qui jouent un rôle indéniable dans la surveillance du système financier international, notamment les normes IPSAS (**1**) et les normes ISSAI (**2**).

1- Les normes IPSAS

Les normes IPSAS (International Public Sector Accounting Standards) sont des normes comptables internationales du secteur public qui consistent en la modernisation de la comptabilité du secteur public, à la publication des États financiers ainsi qu'au suivi de la soutenabilité des politiques publiques. Ces normes permettent de favoriser la comparabilité des rapports financiers publics à l'échelle internationale et à l'implication du citoyen qui exige un retour d'information claire et intelligible sur l'utilisation des ressou42rces de financement du secteur public et sur les résultats de l'exécution de la loi de finances[112]. De manière concrète, l'idée d'adopter les normes IPSAS pour améliorer la gouvernance dans le contexte particulier de l'administration publique camerounaise avait pour but de permettre la transparence financière, et la reddition des comptes, ainsi que l'amélioration de la gestion financière des entités publiques. Elles seront aidées par l'International Federation of Accountants qui permettra d'obtenir des normes référentielles de base en matière de comptabilité publique.

L'IFAC (International Federation of Accountants), par l'intermédiaire de l'une de ses entités : le Conseil de normalisation comptable internationale, pour le secteur public (IPSASB : International Public Sector Accounting Standards Board)[113], a élaboré un référentiel constitué au 31 janvier 2018 de quarante normes comptables. Ces normes ont été élaborées à l'image de l'IASB qui propose un référentiel comptable international composé des IAS-IFRS, complétées par des interprétations (SIC-IFRIC) pour le secteur privé. Vingt-quatre de ces normes s'inspirent en grande partie des IAS-IFRS. Les IPSAS 22, 23 et 24, 32[114], 33[115], 40 sont spécifiques au secteur public et ont été élaborées sans référence aux IAS[116]. L'élaboration des normes comptables internationales par l'IPSAS Board, créées par l'IFAC, procède ainsi, d'une part, de la nécessité d'un rapprochement entre la comptabilité privée et la

---

[112] RECHKA (F.) et KABBAJ (S.), « Les Normes IPSAS et le passage d'une comptabilité de caisse à une comptabilité d'exercice au Maroc », *Revue du Contrôle de la Comptabilité et de l'Audit*, 2019, p. 650.

[113] *Ibid*., p. 15.

[114] *Manuel des Normes comptables internationales du secteur public*, vol. II, IFAC, 2018, p. 1473 et s

[115] *Ibid*., p. 1537 et s.

[116] V. *Manuel des Normes comptables internationales du secteur public*, vol. III, IFAC, 2018, p. 2612 et s.

comptabilité publique et d'autre part à l'échelle mondiale, elle vise à instaurer un langage comptable commun qui permettra les comparaisons internationales des comptes publics au sens large [117].

De nombreux pays, à l'instar du Cameroun, ont choisi de s'arrimer ouvertement des normes IPSAS pour élaborer un corps de normes comptables nationales pour le secteur public. La Banque Mondiale et le FMI incitent les pays dans lesquels ils interviennent, à développer l'utilisation des IPSAS. Avec l'arrivée des IPSAS, une véritable métamorphose du paysage financier public camerounais s'opère. La différence entre l'ancien référentiel comptable et les nouvelles normes est très importante. L'organisation, la culture de l'administration publique, les compétences des ressources humaines, les procédures de communication sont modernisées. Les normes IPSAS sont complétées par une autre forme de normes des organisations non gouvernementales. Il s'agit des normes ISSAI.

2- Les normes ISSAI

L'INTOSAI développe des normes internationales des ISC[118] appelées ISSAI qui visent à encourager la bonne gouvernance en matière de finances publiques[119] et la réalisation, par les institutions supérieures de contrôle, d'un contrôle indépendant et efficace[120]. L'INTOSAI élabore ainsi les principes fondamentaux du contrôle des finances publiques qui constituent la « *grande Charte du contrôle des finances publiques* »[121]. Le but de ces principes est de s'assurer de la qualité des audits réalisés, de renforcer la crédibilité des rapports d'audit auprès des utilisateurs, d'améliorer la transparence du processus d'audit, de préciser la responsabilité de l'auditeur à l'égard des autres parties concernées, de définir les différents types de missions d'audit et l'ensemble des concepts connexes qui fournissent un langage commun pour l'audit du secteur public. L'ensemble des États membres de la CEMAC ont adhéré aux standards internationaux de bonne gouvernance élaborés par l'INTOSAI et l'AFROSAI, pour ce qui est du contrôle des finances publiques.

---

[117] ZOURE (D.), *La modernisation du cadre budgétaire des pays de l'UEMOA,* Thèse de Doctorat en Droit public, Université Paris 1, Panthéon-Sorbonne, 2013, p. 260.

[118] La *Déclaration de Lima sur les lignes directrices du contrôle des finances publiques* ; la *Déclaration de Mexico sur l'indépendance des institutions supérieures de contrôle des finances publiques* et la résolution de l'Organisation des Nations Unies A/66/209 du 22 décembre 2011 relative à la promotion d'une administration publique efficace, transparente et sujette à la reddition des comptes en renforçant les Institutions supérieures de contrôle.

[119] Article 1, alinéa 2 du statut de l'INTOSAI.

[120] INTOSAI, ISSAI 100, *Principes fondamentaux du contrôle des finances publiques*, p. 1.

[121] OCKSUP NOH, « Allocution d'ouverture : 50e anniversaire de l'INTOSAI », *RIVCP,* numéro spécial, INTOSAI, 50 ans (1953-2003), 2004, p. 109. Disponible sur http://www.intosai.org/fr/sur-lintosai/revue-internationale-de-la-verificationdes-comptes-publics.html.

Il ne serait pas fortuit de révéler le rôle véritable des normes ISSAI de même que leurs règles et principes d'application.

Les normes ISSAI énoncent les conditions préalables au bon fonctionnement et à la conduite professionnels des Institutions Supérieures de Contrôle des finances publiques (ISC) et des principes fondamentaux de contrôle de finances publiques. Les principes fondamentaux de contrôle des finances publiques dictent comment tenir les comptes ou les états financiers. Ces principes sont appliqués par les comptables. En cas de non-application ou de mauvaise application desdits principes, les ISC rentrent en jeu pour constater ces manquements et déclarer le compte quitte, en avance ou en débet. À charge pour le comptable à régulariser la situation, sous peine d'engagement de sa responsabilité personnelle ou pécuniaire.

Les principes contenus dans les normes ISSAI de l'INTOSAI font l'objet d'une classification spéciale qui permet d'orienter et de faciliter la recherche. Ces normes sont contenues dans la Déclaration de Lima de 1977, portant les lignes directrices des institutions supérieures de contrôle des finances publiques[122]. La section 18 de la *Déclaration de Lima* indique que les compétences de contrôle des Institutions supérieures de contrôle des finances publiques doivent être inscrites dans la Constitution. Cette exigence de l'INTOSAI « *est en droite ligne avec le régime des directives communautaires qui voudrait qu'elles soient transposées dans les ordres internes. Les prescriptions qu'elles énoncent, en ce qui concerne la nature juridique des ISC, ne pouvaient qu'aboutir à la constitutionnalisation de la Cour des comptes* »[123]. Dès lors, l'on peut apprécier la portée des normes instituées par les organisations non gouvernementales.

B- La portée des normes des organisations internationales non gouvernementales

Au sujet de la portée des normes développées par les organisations internationales non gouvernementales, il faut dire que ces dernières sont dépourvues de force contraignante **(1)**, même si elles peuvent parfois être revêtues d'une force déclaratoire **(2)**.

1- Le défaut de force contraignante

Selon Emmanuel Decaux, la société internationale est marquée par le volontarisme et la souveraineté des États[124]. Pour justifier cela, l'auteur met

[122] Nations-Unies, document final de la troisième conférence internationale sur le financement du développement, programme d'action d'Addis-Abeba, p. 4.

[123] SANDIO KAMGA (A. H.), « La nature juridique des institutions supérieures de contrôle des finances publiques dans les États de L'UEMOA et de la CEMAC », *RAFiP*, n°8, 2020, p. 226.

[124] DACAUX (E.), « Déclarations et conventions en droit international », *CCC*, n° 21, 2007.

en exergue le caractère formaliste du droit international, ayant pour conséquence que « *les règles qu'il génère sont indifférentes de l'environnement économique et sociologique* »[125]. Pour ce qui est spécifiquement du droit de la comptabilité publique, les dispositions des normes ou des codes de bonnes pratiques que le FMI et d'autres organismes, dans des domaines connexes[126], définissent ne s'appliquent aux pays membres qu'à titre volontaire[127]. Ces enceintes internationales techniques produisent des normes non contraignantes, elles n'emportent aucune obligation juridique. Le caractère facultatif des normes IPSAS ou ISSAI se révèle dès lors plus aisément.

Ceci revient à dire de manière concrète que l'adoption ou l'application des normes IPSAS ou ISSAI est facultative et chaque pays demeure libre de définir des règles alternatives qui lui sont propres[128]. Ce postulat ressort clairement du *Manuel des Normes comptables internationales du secteur public*. Ce dernier pose en effet qu'« *Au sein de chaque juridiction, une règlementation peut régir la publication par des entités du secteur public de rapports financiers à usage général. Cette règlementation peut prendre la forme de dispositions règlementaires, de directives et d'instructions en matière d'information financière, et/ou de normes comptables promulguées par des gouvernements, des organismes de règlementation et/ou des organismes de la profession comptable de la juridiction concernée* »[129]. Ainsi donc, les normes produites par les organisations internationales non gouvernementales sont composées d'un ensemble de codes, de recueils de « *bonnes pratiques* », de « *lignes directrices* » dont la mise en application relève de la responsabilité de chacune des institutions responsables au niveau national, sans que leur non-respect ne puisse faire l'objet de sanctions de nature juridique, que ce soit par l'organisme international ou par des tribunaux[130]. Le recours à ces normes n'offre pas les garanties en matière de transparence, d'obligation de rendre des comptes et d'opposabilité pour les justiciables ; elles n'imposent pas que les entités du secteur public rendent publics leurs budgets approuvés. Elles ne spécifient pas non plus les exigences

---

125 BEURRIER (J.-P.), « L'influence de l'évolution du droit international sur ses sources », *R.Q.D.I*, vol. 8, n° 2, 1993, p. 216.

126 Comptabilité et vérification des comptes, règlementation des marchés boursiers…

127 CARTAPANIS (A.), « Économie politique de l'architecture financière internationale », *Revue économique*, vol. 52, 2001/2, pp. 447-465.

128 IDRISSI CHOUAHDI (A.), *Conditions d'application des normes IPSAS au Maroc en comparaison avec la Belgique*, *op.cit.*, p. 10.

129 Paragraphe 20 du *Manuel des Normes comptables internationales du secteur public*, vol. I, IFAC, 2018

130 DESTAIS (C.), « Le rôle des institutions financières internationales dans la régulation du système financier », *Revue Banque*, 2011. Disponible sur : http://www.revue-banque.fr/risques-reglementations/article/role-des-institutions-financieres-internationales

relatives à la formulation ou à la présentation de budgets approuvés et rendus publics[131].

2- La possibilité de force déclaratoire

La valeur obligatoire de la norme correspond au plus haut degré de la valeur normative, laquelle peut cependant également se traduire en une valeur de recommandation, déclaratoire, ou simplement inspiratoire[132]. Ces adjectifs sont en réalité de reflet du caractère non déterminant des normes des organisations internationales non gouvernementales.

Au regard de ce qui précède, il ne fait pas de doute que les normes produites par les organisations internationales non gouvernementales constituent un droit souple. En ce sens, les énoncés formulés dans ce cadre sont formulés de manière « *recommandatoire* », voire « *déclaratoire* ». Une grande partie de la doctrine y voit par contre « *un ensemble d'actes novateurs à l'apparence non juridiques (...) et dont le contenu serait lui aussi dénué de toute signification prescriptive* »[133].

Ces normes s'expriment dans les déclarations communes dont la valeur et les effets juridiques demeurent indécis[134]. La vigueur de ces normes, leur incessant développement signifie qu'elles rendent des services aux sujets de droit. On ne comprendrait pas autrement le soin qu'apportent les principaux États pour la rédaction des résolutions et leur souci de cohérence dans leurs votes. Les États refusent, en recourant à un énoncé soft Law, un engagement juridique contraignant, mais ne renoncent pas à toute forme d'engagement ; il ne faut donc pas toujours voir dans ces énoncés « *une stratégie d'évitement du droit déployée par différents acteurs internationaux* »[135].

Conclusion chapitre I

Au terme de ce chapitre, il convient de noter que le droit de la comptabilité publique a connu des fortunes diverses au Cameroun. En effet, consacré depuis l'accession à la souveraineté internationale du Cameroun, il a subi des mutations en vue de l'adapter à l'évolution de la société en proie à des crises internationales et secouée par des crises internes. Ceci dit, l'on a pu observer une évolution des sources classiques à travers la mutation des sources

[131] Introduction aux normes comptables internationales du secteur public, p. 836.

[132] HACHEZ (I.), « Balises conceptuelles autour des notions de "source du droit", "force normative" et "soft law" », *Revue interdisciplinaire d'études juridiques,* vol. 65 2010/2, pp. 1-64.

[133] LAVERGNE (B.), *Recherche sur la Soft Law en droit public français*, Toulouse, Presses de l'Université de Toulouse 1 Capitole, 2013, p. 36.

[134] DUPUY (R.-J.), « Droit déclaratoire et droit programmatoire : de la coutume sauvage à la soft Law », *op.cit.*, p.134.

[135] CAZALA (Julien), « Le Soft Law international entre inspiration et aspiration », *op.cit.,* p. 44.

internationales et nationales. En clair, la première transformation du droit de la comptabilité publique concerne ses sources qui se sont densifiées. En effet, les sources classiques ont été révisées tandis que les sources spécifiques ont été adjointes. Dans le premier cas, il y a eu une sorte de mutation d'une part des normes internationales, notamment communautaires et d'autre part une mutation des sources nationales. Dans le second cas, on rencontre désormais les normes produites par les institutions financières internationales et les organisations internationales non gouvernementales. Cependant, il faut relever que ces transformations sont limitées. Ces dernières, plus ou moins préoccupantes, nécessitent une analyse approfondie.

Chapitre II :

Les limites de la mutation des sources formelles

Traiter des limites normatives revient à s'interroger sur les différents artifices qui plombent la mise en place de manière efficiente, d'une comptabilité publique saine en droit camerounais. En réalité, les processus, normes et institutions doivent répondre aux besoins des individus et de la société. À travers les différentes réformes, on attend des gestionnaires publics qu'ils améliorent leurs performances en mettant l'accent sur l'efficience, l'efficacité et la bonne administration. Ainsi, pour être en mesure d'atteindre ces objectifs, il a fallu transformer les structures, les processus, les procédures et surtout la culture. Cependant, les normes devant traduire ces changements connaissent une variété de limites (**Section I).** Il est donc important d'envisager les voies d'amélioration (**Section II**).

Section I- La variété des limites de la mutation des sources du droit de la comptabilité

Les différentes figures du mouvement de rationalisation ne garantissent pas la pertinence du contenu des textes, car la rationalisation comporte en elle-même les germes d'une forte limitation. Si elle contribue à réduire la marge d'incertitude à laquelle le décideur est confronté, information et expertise ne la suppriment pas : elles ne suffisent pas à faire de la norme juridique le produit d'un « *calcul* » objectif. L'analyse des limites normatives (**Paragraphe I**) précède celle des limites techniques (**Paragraphe II**).

Paragraphe I- L'identification des limites normatives de la comptabilité publique

Nonobstant le fait que l'état des lieux en matière de gestion des finances publiques ait déjà fait l'objet de nombreuses études par les différents bailleurs de fonds, il convient de relever que les transformations de la comptabilité publique rencontrent des limites en matière de cohérence normative (**A**) et d'efficacité normative (**B**).

A- La cohérence normative limitée

À l'observation des différentes transformations du droit de la comptabilité publique, on se rend compte que la cohérence normative est limitée au regard de la concurrence des normes comptables (**1**), mais également de la qualité de celles-ci (**2**).

1- La concurrence des normes

L'une des faiblesses de la transformation du droit de la comptabilité publique est avant tout le problème de cohérence normative suscitée par la concurrence entre les normes. En effet, la nécessité de fixer un cadre juridique adéquat pour la gestion des finances publiques va entraîner la multiplication des normes juridiques tant internationales que nationales. Il serait fondamental d'aborder la problématique de la floraison des normes internationales avant d'effectuer le parallèle avec les normes nationales.

Au plan international, on se souvient que la CEMAC a adopté plusieurs directives dans le domaine des finances et de la comptabilité publiques notamment : Directive n°01/11-UEAC-190-CM-22 relative aux lois des finances, Directive n°01/11-UEAC-190-CM-22 relative au règlement général de la comptabilité publique ; directive n°03/11-UEAC-190-CM-22 relative au plan comptable de l'État, Directive n°04/11-UEAC-190-CM-22 relative à la nomenclature budgétaire, Directive n°05/11-UEAC-190-CM-22 relative au tableau des opérations financières de l'État, Directive n° 06/11-UEAC-190-CM-22 relative au code de transparence et de bonne gouvernance. À ces directives, il faut nécessairement ajouter la Convention de l'UEAC[136]. C'est dans le cadre de ces normes internationales que le Cameroun a connu de manière globale trois générations de Programmes d'Ajustement structurel. On relèvera, en les analysant, les différentes normes induites par l'implémentation des PAS au Cameroun ainsi que leur influence sur la comptabilité publique.

La première correspondait à des programmes de stabilisations orientés vers le retour à l'équilibre budgétaire et financier antérieur. La deuxième génération des Programmes d'Ajustement structurel est une réaction contre l'échec et la facilité des programmes de la 1re génération. Enfin, les Programmes d'ajustement structurel de la troisième génération se singularisent par l'institutionnalisation des contrôles externes, l'évolution des performances, le suivi du déroulement des programmes et projets à travers des missions d'information.

---

[136] Considérant 2 du Préambule de la Convention de l'UEAC « Affirmant leur volonté de se conformer aux principes d'une économie de marché ouverte, concurrentielle et favorisant une allocation optimale des ressources ». Article 2 a de la Convention de l'UEAC « renforcer la compétitivité des activités économiques et financières (…) » et b : « assurer la convergence vers des performances soutenables par la coordination des politiques économiques et la mise en cohérence des politiques budgétaires nationales avec la politique commune ».

L'existence de normes concurrentes est un phénomène ancien, comme le montre Benoît Frydman[137]. On assiste à une gouvernance par les normes, qui a été si bien théorisée par Foucault dans ses écrits sur la gouvernementale, la biopolitique et la conduite des conduites. Ce glissement s'est accéléré ces dernières décennies avec la prolifération de normes managériales, comptables et techniques.

Nous pensons que la recherche a maintenant dépassé le constat de l'émergence des normes pour s'intéresser dorénavant à leur interaction. En effet, il ne s'agit pas uniquement de s'intéresser à ces nouvelles formes de normativités, mais d'en étudier la « *concurrence* ». Cette concurrence normative peut se définir comme « *la situation dans laquelle des sujets de droit se mettent ou sont mis en position de choisir, parmi plusieurs ordres juridiques ou régimes normatifs, les règles qui s'appliqueront à eux, soit de manière générale, soit pour une opération particulière* »[138]. Elle se lit à deux niveaux : en premier lieu, une concurrence au sein des normativités juridiques, comme le montrent Benoît Frydman et Gilles Lhuilier, et, en second lieu, une concurrence entre les normes juridiques et les autres types de normativités.

Ces normes et dispositifs de normalisation, dont ils constituent la base, concurrencent ou complètent les dispositifs juridiques classiques fondés sur les règles de droit. Le choix de présenter cette interaction sous le prisme de la concurrence est certes restrictif (sans doute que le terme de « *compétition* » eut été plus adéquat), impliquant un conflit, ou du moins une rivalité, plutôt qu'une coopération, mais heureusement tous les contributeurs sont allés au-delà de l'acception quelque peu restrictive de ce terme pour s'intéresser, non pas uniquement à la manière dont ces nouvelles formes de normativités sont en compétition avec les formes classiques du droit, mais pour s'attacher plus largement à la façon qu'elles ont de les « *compléter* » ou de les « *remplacer* ». La concurrence entre les normes a sans nul doute une influence sur la qualité de celles-ci.

2- La qualité relative des normes

Le principe de la création des normes est avant tout leur réactivité face aux problèmes rencontrés dans la société. La décision d'élaborer et de promulguer une législation n'est jamais fortuite, elle vient de manière active à résoudre un problème qui peut être ponctuel ou plus prolongé dans le temps. Cette image de la norme cadre tout aussi bien avec la comptabilité publique. En effet, en tant que corps de règles juridiques, le droit de la comptabilité publique

---

[137] FRYDMAN (B.), « La concurrence normative européenne et globale », *in* CARPANO (E.), CHASTAGNERET (M.) et MAZUYER (E.), *La concurrence règlementaire, sociale et fiscale dans l'Union européenne*, Bruxelles, Larcier, 2016, pp. 18-21.

[138] FRYDMAN (B.), « La concurrence normative européenne et globale », *op.cit.*, p. 17.

n'échappe pas à l'exigence de la création sinon du renforcement des normes qui en régulent le fonctionnement.

Il faut déjà reconnaître que la comptabilité est l'axe privilégié emprunté par les États pour moderniser leur gestion financière[139]. Elle est la clé de voute de la qualité de la tenue des finances publiques. Il en est ainsi dans la mesure où elle « décrit chronologiquement l'ensemble des opérations effectuées par les comptables publics dans le cadre d'un exercice budgétaire, en conformité avec les autorisations de la Loi de Finances. Cette description obéit aux règles du Plan comptable général de l'État et au système d'enregistrement des écritures en partie double. La comptabilité publique décrit de manière fidèle, sincère et régulière l'intégralité des opérations financières de l'État »[140].

Il existe un réel enjeu scientifique à s'intéresser, au cœur de l'analyse de la réforme des finances publiques, aux questions de la production des nouvelles normes comptables[141]. La transformation du cadre comptable est considérée comme un levier d'information privilégiée pour le Parlement[142]. Pour que cela soit possible, il est important que les normes de référence soient de qualité, c'est-à-dire qu'elles peuvent répondre véritablement aux défis et enjeux des finances publiques dans un contexte précis. Elles doivent ainsi être accessibles et intelligibles. La prolifération des normes n'est pas toujours gage de ces caractéristiques. Toute chose de nature à remettre en cause leur efficacité.

B- L'efficacité normative limitée

La limitation de l'efficacité des normes de la comptabilité publique tient d'une part à leur faible réception **(1)** et d'autre part à la complexité de la sanction de leur violation **(2)**.

1- La réception limitée des normes

Une chose est certaine, la réforme de la comptabilité publique apparaît comme un levier de modernisation de l'État.[143] Cette modernisation de la comptabilité publique dans tous ses aspects (juridique, administratif et technique) conditionne celle de l'administration en incluant ses moyens d'action. Cependant, il est possible de constater que les États n'implémentent

---

[139] LACHANCE (R.), « Le contrôle et l'évaluation au Canada », in BOUVIER (M.) (dir.), *La bonne gouvernance des finances publiques dans le monde, op.cit.*, p. 110.

[140] Instruction générale sur la comptabilité de l'État du Cameroun, version 2009, 2010, p. 3.

[141] NTAH A MATSAH (H. M.), « La réforme de la comptabilité publique en Afrique francophone subsaharienne : l'exemple du Cameroun », *RADP*, vol. IV, n°6, janvier-juin 2015, pp. 129-148.

[142] NTAH A MATSAH (H. M.), « La réforme de la comptabilité publique en Afrique francophone subsaharienne », *op.cit.*, p. 131.

[143] LAMIOT (D.), « La réforme de la comptabilité publique, levier de modernisation de l'État », *Perspective gestions publiques,* Publication de l'institut de Gestion publique et de Développement économique (IGPDE), Recherche - Études - Veille n° 23 - juin 2007, p. 2

pas encore véritablement celles-ci dans la mesure où les normes posées sont difficilement réceptionnées. Elles font l'objet d'une transposition et d'une application limitées.

La mission d'assistance technique du FMI de mai 2014 avait relevé que les fondamentaux de la tenue de la comptabilité budgétaire étaient en place, mais qu'ils n'étaient pas pour autant encore pleinement opérationnels. Outre la précision des règles existantes, la mission soulignait notamment un besoin de fiabilisation des outils informatiques[144].

Pour une plus grande transparence et un enrichissement des comptes[145], la comptabilité publique a été réformée, cette dernière est appliquée conformément à la méthode des droits constatés, et ceci de façon progressive, avec plus ou moins de nuances[146]. Au-delà des aspects règlementaires, la réflexion sur la définition d'une trajectoire progressive de mise en œuvre de la comptabilité d'exercice n'a encore que peu progressé... Aucune mesure n'a été prise non plus pour organiser le recensement et la valorisation des actifs en vue de la constitution du bilan d'ouverture de l'État[147]. Cette situation fait que la gestion de trésorerie au sein des États de la CEMAC fait constater des irrégularités et transgressions des principes qui devraient régir cette gestion[148]. Cela est préjudiciable aux comptes publics, ce d'autant plus que la sanction est complexe.

2- La sanction complexe

Considérée comme l'inconnue du droit[149], la sanction est l'acte de contrainte qui réagit à une situation socialement indésirée[150]. C'est la peine qui doit être infligée aux violateurs éventuels de la règle[151]. La sanction est la conséquence de la violation d'un devoir, entendue ici comme conséquence négative d'une violation[152]. C'est dire que « *l'obligation juridique d'un individu à une certaine conduite consiste (...) en ce qu'une conduite contraire de sa part est érigée en condition d'une sanction* ». Celle-ci est complexe dans

---

144 Rapport du FMI, *op.cit.*

145 « La réforme de la comptabilité publique, levier de la modernisation de l'État », Publication de l'IGPDE/Recherche - Études - Veille n° 23 - juin 2007, p. 1.

146 LAMIOT (D.), *La réforme de la comptabilité publique, levier de modernisation de l'État, IGPDE, Perspective gestions publiques*, n°17, juin 2017, p. 3.

147 BLONDY (G.) « Sénégal, décentraliser l'ordonnancement, réformer la comptabilité publique et améliorer la gestion de la dette et de la trésorerie de l'État », *Rapport de la mission d'assistance technique du Fonds Monétaire International au Sénégal,* juillet 2012, p. 36, inédit.

148 Voir notamment les conclusions du Rapport annuel 2017 de la Chambre des comptes, p. 165.

149 GESTAZ (Ph.), « La sanction ou l'inconnu du droit », Paris, R*ecueil Dalloz,* Sirey, 1986, p. 197.

150 KELSEN (H.), *Théorie pure du droit*, Paris, Dalloz, 1962, 2e éd, p. 50.

151 MORAND (Ch. A.), « La sanction », *CETEL*, n° 36, mars 1990, p. 1.

152 OST (F.) et VAN de KERCHOVE (M.), *De la pyramide au réseau ? Pour une théorie dialectique du droit*, Bruxelles, Facultés universitaires Saint-Louis, 2010, p. 225. Les sanctions selon les auteurs peuvent également être positives.

le cadre de la violation des normes communautaires relatives aux finances publiques. Toujours est-il que nous allons tenter d'y apporter des éclaircissements conformément à la pratique dans la zone CEMAC.

La réforme comptable impulsée au sein de la communauté CEMAC vise une profonde modernisation de la comptabilité de l'État, afin que celle-ci soit un outil d'amélioration de l'efficacité de la dépense publique, de jaugeage de la transparence à l'égard de la collectivité nationale et de mesure de la performance des entités publiques[153]. Malheureusement, l'objectif n'est pas pleinement atteint dans la mesure où la sanction des écarts normatifs n'est pas évidente eu égard à la souveraineté des États qui est un facteur déterminant dans l'application ou non des normes communautaires, et ce en dépit de leur application directe dans les ordres internes. En effet, il est difficile d'implémenter la sanction de la violation des normes communautaires. Les États de la CEMAC ont généralement la propension à violer les règles qu'ils se sont eux-mêmes dotées. C'est cas par exemple de la non-mise en place de la Cour des comptes au Cameroun. Et cette question occupe et préoccupe toutes les institutions et organisations gouvernementales et non gouvernementales, comme cause de la faiblesse des résultats économiques[154]. Ces limites normatives sont couplées aux limites techniques.

Paragraphe II- Les limites techniques

Les évolutions du droit de la comptabilité publique au plan technique sont limitées par l'inadéquation des techniques comptables d'une part (**A**) et la limitation des principes d'autre part (**B**).

A- L'inadéquation des techniques comptables

L'État camerounais a suivi le mouvement international de transformation des règles de la comptabilité publique et ainsi reproduit les schémas d'inadéquation des outils (**1**) et des procédés comptables (**2**).

1- L'inadéquation des outils

Plusieurs limites peuvent valablement être retenues dans le cadre de l'inadéquation des outils comptables. Il faut avant toute chose indiquer qu'il y a une indisponibilité de l'information exhaustive sur le patrimoine de l'État[155]. Cela constitue une difficulté liée à la certification des comptes. Cela fait peser des risques sur la fiabilité du compte général de l'État. C'est dire

---

153 MINKOE Norbert Armel, *Les réformes des finances publiques en zone CEMAC : le cas du Cameroun,* Thèse de Doctorat/Ph.D. en Droit Public, Université de Yaoundé II, P. 168.

154 Préface du Professeur Magloire ONDOA, in EYEBE AYISSI (H.), *La protection de la fortune publique au Cameroun, op.cit.*, p. IX.

155 MINKOE (N. A.), *Les réformes des finances publiques en zone CEMAC : le cas du Cameroun, op.cit.*, p. 164.

que « le système d'information et le cadre comptable actuels ne permettent pas la prise en charge des émissions et/ou des déclarations de divers contribuables et redevables de l'État. Il en résulte donc l'impossibilité de disposer comptablement de la prise en charge des émissions qui seule, est de nature à permettre la production des restes à recouvrer obtenus par différence entre les encaissements et les émissions »[156].

Par ailleurs, les comptes publics au Cameroun avaient été pendant longtemps des documents intrigants et ambigus[157]. Il faut relever que ces registres sont tenus d'abord et avant tout pour rendre des comptes à ceux qui autorisent les dépenses, l'information qu'on y retrouve n'est habituellement pas pratique et nécessite d'importants remaniements avant de se prêter à l'analyse économique. Les données des comptes publics du Cameroun posaient plusieurs problèmes, dont les plus importants sont les suivants. Tout d'abord, les sommaires des comptes publics sont présentés sur une base nette seulement. Ensuite, on ne distingue pas dans les comptes publics les différents types de dépenses. Elles sont parfois divisées en deux catégories : ordinaires et extraordinaires. Même si ces dépenses extraordinaires comprennent des dépenses d'immobilisation, elles ne correspondent pas vraiment à une catégorie de dépense en capital, car on y retrouve également toute sorte de déboursés ponctuels pour les expositions, l'aide aux sinistrés, des funérailles, ou des dépenses considérées comme exceptionnelles, comme les subventions aux chemins de fer.

Au-delà de tout ceci, il faut dire en réalité que la production des principaux états comptables n'est pas sécurisée. Il en est ainsi parce que le contrôle informatique sur le rattachement des charges et les produits est limité. L'objectif ultime est bien que l'information financière serve aux décideurs publics en vue d'améliorer la qualité de la gestion publique.

La mauvaise qualité, voire l'inadaptabilité des instruments comptables, est généralement présentée comme motifs de contre-performance du système de comptabilisation des opérations financières publiques[158]. En effet, la norme IAS 39 avant son amendement en 2008, prévoyait un recours à la juste valeur sans cependant préciser la valeur des actifs financiers qu'il fallait retenir dans les états comptables. De plus, la norme ne définissait pas de manière précise les modèles mathématiques à mettre en œuvre pour établir la juste valeur. Ces absences de précisions de la première version de la norme IAS 39 ont amené l'IASB à définir trois niveaux d'estimation de la juste valeur. Par ailleurs, l'IAS 39 tenant compte des difficultés dans l'estimation de la juste valeur a

---

[156] Chambre des Comptes, Cour suprême du Cameroun, Rapport annuel 2011, pp. 137-139.

[157] HAMADOU Issa, « Le régime financier du Cameroun français (1916-1960) », *RAFiP* n° double 3 et 4, 2018, pp 171-204.

[158] MINKOE (N. A.), *Les réformes des finances publiques en zone CEMAC : le cas du Cameroun*, *op.cit.*, p. 167.

limité par conséquent son champ d'application aux actifs financiers détenus à des fins de transaction : il s'agit là des actifs comptabilisés à la juste valeur par le résultat, les plus ou moins-values estimées étant prises en compte directement dans le résultat, aux actifs disponibles à la vente : ces actifs sont comptabilisés à la juste valeur et les variations de valeur affectent directement les fonds propres[159]. À côté de l'inadéquation des outils comptables, il convient de relever l'inadéquation des procédures.

2- L'inadéquation des procédures comptables

La qualité des comptes est une préoccupation commune à toutes les sections de la chambre des comptes au Cameroun[160]. Les irrégularités sur pièces ayant fait l'objet des précédentes analyses, il convient de considérer uniquement les anomalies sur chiffres. Ces dernières semblent compter parmi les plus importantes et les plus compliquées pour la qualité des comptes.

Les irrégularités sur chiffres habituellement sanctionnées par le juge de la troisième section de la Chambre des Comptes et qui entachent la qualité des comptes concernent entre autres : le report non fidèle des soldes des balances de sortie en balance d'entrée (ce qui conduit le plus souvent la Chambre à porter réserve sur la ligne de compte) ; l'absence d'états de concordance entre les soldes bancaires, les soldes caisses et les soldes des états produits ; la discordance entre les chiffres portés sur la balance générale des comptes, le compte administratif et les états d'exécution des recettes et des dépenses ; la discordance entre les chiffres du Compte de gestion et ceux du Compte administratif ; l'absence des grands-livres, des procès-verbaux d'encaisse au 31 décembre de l'exercice ; l'absence des états d'exécution des recettes et des dépenses ; l'absence des comptes de résultat et des bilans[161].

Prenons quelques exemples pour illustrer de façon globale et spécifique le défaut de qualité des Comptes de gestion produits. Globalement, l'arrêt Comptes de gestion de l'Hôpital Général de Douala des exercices 2004 et 2005, peut être convoqué pour illustrer le caractère non exhaustif et parcellaire des Comptes de gestion produits par les agents comptables. Selon le juge financier, les Comptes de gestion de ladite structure déposés à la Chambre des Comptes *« se limitent à quelques documents d'exécution du budget, ainsi qu'aux pièces justificatives des recettes et des dépenses, sans que l'on y retrouve tous les éléments du compte de gestion sur chiffres »*[162]. C'est ainsi que plusieurs activités échappent à la comptabilité, notamment les activités qui n'ont pas été notées dans un document ; les informations qui, bien que

---

[159] V. Recueil des normes comptables, éd. 2019.
[160] V. Chambre des Comptes de la Cour Suprême du Cameroun, Rapport annuel 2014.
[161] Rapports de la chambre des comptes de la Cour suprême de 2009, 2015 et 2017.
[162] Chambre des Comptes de la Cour Suprême du Cameroun, arrêt Comptes de gestion de l'HGD, *op.cit.*, rôle 2.

notées, ne concernent pas les flux et les stocks. Au-delà des techniques comptables, les principes sont également limités.

B- La limitation des principes

Les principes philosophiques qui sous-tendent la tenue de la comptabilité publique, quoique pertinents, sont limités à plusieurs égards **(1)** et s'avèrent par ailleurs difficilement applicables (**2**).

1- Des principes philosophiques

Un des éléments révélateurs de la philosophie des finances publiques camerounaises avant la réforme de 2007 est la préférence voire l'exclusivité accordée à la régularité ou la conformité[163]. C'est dire que la conception politique dominante des finances publiques a pour corollaire l'adoption de manière prépondérante pour ne pas dire exclusive d'un contrôle de régularité et de conformité.

Les mutations[164] des finances publiques et surtout celles de leur contrôle ne peuvent se comprendre de manière satisfaisante que si on se situe au niveau de la philosophie qui les anime. En effet, la nouvelle culture se nourrit essentiellement des idées de performance, d'efficacité, d'efficience qui débordent l'essence politique ancienne pour donner au contrôle une coloration plus gestionnaire et managériale. Il y a donc une nouvelle orthodoxie des comptes[165]. Cette option impose donc une démarche de quête d'efficacité et un arrimage aux exigences de régularité, de sincérité, de lisibilité des comptes publics, gage d'une bonne exécution de la dépense publique[166]. *In concreto,* on va assister à l'aménagement de nouveaux principes : sincérité et transparence[167].

La sincérité postule que les informations financières soient non seulement exhaustives, intégrales, mais exactes, le prisme de l'image fidèle. La transparence exige que l'information financière soit mise à la disposition du public. Puisqu'elles portent sur l'information financière, elles ont nécessairement une incidence sur la comptabilité publique.

Relativement à l'obligation de sincérité, sa nature juridique est l'objet d'une pomme de discorde. Certains y voient un principe budgétaire[168],

---

163 ONDOUA EKOBENA (J. - M), *op.cit.*, p. 22.

164 BOUVIER (M.), « Les mutations des finances publiques », Editorial, *RFFP*, No. 79, 2002.

165. COPE (J.-F), « Allocution d'ouverture de la IIe Université de Printemps de finances publiques », LDGJ, Paris, 2006, p. 6.

166 MUZELLEC (R.), « diagnostic du système financier camerounais », *op.cit.*

167 Article 4 de la loi du 11 juillet 2018.

168 Directive n°01/08-UEAC-19-CM-17 du 20 juin 2008, révisé le 19 décembre 2011 ; article 4, alinéa 8 de la loi du 11 juillet 2018 sur le régime financier.

d'autres estiment qu'il est controversé[169], d'autres encore trouvent qu'il n'a pas de raison d'être[170]. En tout état de cause, d'abord reconnue par la jurisprudence[171], la sincérité est aujourd'hui érigée en principe par le droit positif camerounais. La sincérité des comptes est un principe fondamental de comptabilité générale et de comptabilité publique. Elle vise désormais les budgets publics dès lors qu'ils présentent comme un compte descriptif de recettes et de dépenses.

L'érection des principes de transparence et sincérité budgétaires a réorienté la fonction comptable vers la production d'une information budgétaire, financière et comptable de qualité. Au final, Monsieur MILOT (J.-P.) formulait l'interrogation : « *faut-il réformer la comptabilité de l'État ?* »[172]. Dans le contexte camerounais, cette question est anachronique. En effet, la refondation du régime financier public depuis 2007 a entraîné une rénovation de la comptabilité publique. Elle a clarifié le statut de comptable public et des comptables-matières et élargi ses missions. Sur le plan technique, on est passé d'un modèle de comptabilité de caisse à une introduction pour une comptabilité patrimoniale inspirée de la comptabilité publique.

Ces principes ont manifestement une portée morale et philosophique. Ils traduisent davantage des idéaux à atteindre afin de corriger la gouvernance en matière de comptes publics. Ils sont donc purement subjectifs, car essentiellement rattachés à la personne et son *for* intérieur. Ils sont très proches des principes d'intégrité et d'éthique et sont en effet des principes qui traduisent des idéaux. Cette dimension philosophique pose malheureusement le problème de la mise en œuvre desdits principes.

2- L'application complexe

La réforme des finances publiques amorcée au Cameroun en promouvant les principes de transparence et de sincérité a souhaité donner au contrôle comptable un souffle nouveau[173]. Cette volonté s'est matérialisée par une réorientation de la fonction comptable d'un contrôle de régularité prééminent articulé autour d'une comptabilité de caisse à une philosophie de contrôle chargée d'assurer le respect des princes et référentiels comptables justifiant une densification du dispositif comptable avec l'adoption d'une comptabilité patrimoniale et analytique. Il est prévu qu'il soit « *présenté de façon sincère dans la Loi de finances, l'ensemble des ressources et charges de l'État. Le*

---

[169] DIFFOUO (G. I.), *Le principe de sincérité budgétaire en droit public financier camerounais*, *op.cit.*

[170] BOUVIER M.) (, « La sincérité budgétaire et comptable : un principe paradoxal ? », *op.cit.*

[171] Décision n°93-320-DC du 21 juin 1993 et Décision n°93-330-DC du 29 décembre 1993.

[172] MILOT (J.-P.), « Faut-il réformer la comptabilité de l'État ?», *Politiques et Management public*, vol. 18, n° 4, 2000, pp. 1-17.

[173] (M.) COTTENS (S.) TROSA, « Les réformes comptables dans les pays de l'ODCE et en France : outils pour la performance et de la transparence », *RFFP*, n° 123, 2007, pp. 293–300.

principe de sincérité suppose ici qu'au moment de l'élaboration des prévisions, les informations fournies soient claires, précises et complètes, au regard des données disponibles, au plan national et international »[174]. Cependant, « *l'observation sociologique montre que l'ensemble du secteur public ne se plie qu'avec réticence à la discipline financière* »[175]. Pourtant, « *la transparence dans la gestion des affaires publiques est une appellation générique qui fédère plusieurs exigences visant toutes à assurer à l'organisme public des finances publiques saines (...).* »[176]

La mise en œuvre des principes est complexe et par conséquent est difficilement mesurable. La nouvelle règlementation en matière de comptabilité publique reste floue quant aux mécanismes et critères de mesure de la mise en œuvre ou du respect de ces principes. En effet, un certain nombre de questions non moins importantes restent en suspens. Il est difficile d'y apporter des solutions au regard des textes, mais également au regard des données factuelles.

La première question est celle de savoir qui va mesurer le degré de respect des principes moraux, qui ne sont pas très éloignés de la bonne foi des acteurs. Si le réflexe pouvait conduire à dire que c'est le rôle de la chambre des comptes, la problématique du comment, apprécier demeure. Il reste également important de rechercher comment mesurer la sincérité d'un acteur financier. Cette réflexion est de nature à jeter le doute sur la fiabilité des résultats et confirmer ainsi leur caractère insaisissable. Il convient donc de proposer des mesures qui sont de nature à améliorer l'information comptable.

Section II- Les améliorations envisageables

Face aux limites importantes constatées sur le plan normatif à l'évolution du droit de la comptabilité publique ou à son application, des correctifs s'imposent. Il convient d'indiquer que la première amélioration possible est normative. Il est en effet possible d'agir d'abord sur la production de la norme comptable [177] **(paragraphe I)** avant de renforcer son application **(paragraphe II)**.

---

174 Article 3, alinéa 1, Loi n°2007/006 du 26 décembre 2007 portant régime financier de l'État.

175 *Ibid.*

176 GOUDEM LAMENE (B.), « Les comptables publics dans le nouveau régime financier de l'État au Cameroun », *op.cit.*, p. 297.

177 *Parachever la réforme des finances publiques pour une meilleure performance de l'action de l'État, Plan de Modernisation des Finances publiques au Cameroun*, revue de mise en œuvre de 2009-2012, actualisation 2013-2015, Cameroun-Union européenne, 2012, p. v.

Paragraphe I- L'amélioration dans la production des normes comptables

Au Cameroun, la transformation du droit de la comptabilité publique est d'abord normative. C'est la raison pour laquelle il faut améliorer les mécanismes de production de celle-ci (**A**), ce qui permettra d'améliorer son contenu (**B**).

A- L'amélioration des mécanismes de production de la norme comptable

Les normes juridiques émanent généralement des acteurs législatif, règlementaire, et communautaire, ce qui impose un maximum de concertation avec toutes les parties prenantes (**1**) ainsi que la transposition de toutes les normes produites dans le cadre communautaire (**2**).

1- Le développement de la concertation

En matière de production normative, le Cameroun consacre une multitude d'acteurs aux rôles variés. On a le législateur qui est chargé de voter les lois et le budget[178]. On a surtout une prééminence de l'exécutif, notamment du Président de la République, parce qu'il définit la politique de la nation[179] notamment en matière financière à travers la circulaire présidentielle. Il convient d'ajouter les ministères et surtout le ministère des Finances à travers la direction du budget. À côté de ces acteurs nationaux, il ne faut pas omettre les acteurs internationaux, c'est-à-dire les bailleurs de fonds qui impactent sur la production de la norme juridique. Leur apport se fait généralement sur la base du processus de concertation.

Pour une production de qualité, il est important de renforcer la concertation avec les différentes parties prenantes. La démarche de la production normative participative ou concertée est le meilleur moyen pour renforcer l'appropriation par les acteurs des enjeux et du contenu de la norme. La concertation est d'un apport considérable. En effet, toute réforme greffée plutôt que produite comporte de nombreuses illusions, notamment par rapport aux attentes de changement. L'absence de concertation et de réflexion préalables, sur le sens de la réforme, sur ses enjeux, sa mise en œuvre par les acteurs majoritaires de la sphère publique que sont l'État et les différents ministères concernés, les syndicats, les fonctionnaires eux-mêmes ou les structures privées qui y seraient impliqués et les citoyens privent la réforme d'un support historique. Du coup, son impact sur les plans politique et administratif s'en trouve réduit à l'ordre du symbolique.

---

178 Article 26 de la constitution.

179 Article 5 de la constitution.

Ainsi, pour le développement et la survie de la réforme, il faut une approche concertée qui favorisera la mise en place d'un cadre de coopération et de compréhension des normes[180]. Cette concertation facilitera l'articulation entre les politiques.

L'amplification de la concertation est nécessaire dans la mesure où l'État doit prendre tous les moyens nécessaires pour permettre la meilleure production et réalisation d'une obligation[181]. Il faut donc mettre en œuvre tous les moyens devant permettre une adhésion politique aux objectifs et missions budgétaires et comptables. Ainsi, la mutualisation des capacités nationales serait un atout important dans le renforcement de la production normative.

Cette combinaison de flux d'information, de concertation et d'engagement est donc appelée « dialogue de gestion » qui se définit comme : « *Le processus d'échanges existant entre un niveau administratif et les niveaux qui lui sont subordonnés, relatifs aux volumes de moyens mis à la disposition des entités subordonnées, et aux objectifs qui leur sont assignés. (...) Il doit favoriser l'expression des acteurs les plus proches du terrain et la diffusion des bonnes pratiques de gestion* »[182].

La concertation contribue à réduire la marge d'incertitude à laquelle le décideur est confronté dans la mesure où en son absence la rationalité des décisions prises est toujours limitée grâce aux risques de distorsion. La vue qu'il aura sera fragmentaire.

La concertation permet d'« *assurer la convergence vers des performances soutenables par la coordination des politiques économiques et la mise en cohérence des politiques budgétaires nationales* »[183]. Malheureusement, « *la cohérence d'ensemble de la structure gouvernementale actuelle semble obérée par la dispersion des compétences sectorielles entre de nombreux ministères, mais aussi par une dilution de la coordination au sommet* »[184]. L'amélioration des mécanismes de production de la norme comptable passe aussi par la transposition des normes communautaires.

2- La transposition des normes comptables communautaires

La qualité de la gouvernance financière publique est le point axial des préoccupations des politiques et des gestionnaires. C'est dire que la

---

[180] DRAGO (R.) et FISCHER (G.), « Pondération dans les organisations internationales », *Annuaire français de droit international*, vol. 2, 1956, p. 529.
[181] ANDRÉ (L.) et DUTRY (J.), « La responsabilité internationale des états pour les situations d'extrême pauvreté », *Revue belge de Droit international*, n°1, 1999, p. 70.
[182] Direction générale du Budget, *Glossaire de la réforme budgétaire*, mai 2005, p. 14.
[183] L'article 2 b de la Convention régissant l'UEAC.
[184] MOMO (B.), « Renforcer la stratégie d'organisation des structures et de gestion de l'État au Cameroun », *in Améliorer l'efficacité de l'État au Cameroun. Propositions pour l'action*, Paris, L'Harmattan, collection Études africaines, Série Administration, 2019, p. 39.

problématique de l'efficacité de l'action publique et la recherche de la performance sont aujourd'hui des constantes de la réflexion des pouvoirs publics. Ainsi, conscients de l'importance des finances publiques pour leur développement, les États africains de la CEMAC vont arrimer leur droit et leur gestion budgétaires et comptables à la *performance budgeting*[185] dans le but d'améliorer les performances. En effet, au plan communautaire, on assiste à une dépossession des parlements nationaux de leurs compétences législatives[186]. Il se développe un droit communautaire qui possède une force spécifique de pénétration dans l'ordre juridique interne des États membres[187]. Ce droit communautaire tend à devenir le droit commun dans plusieurs domaines de la vie juridique des États et des individus.

L'obligation de transposition des directives s'impose aux États dans la mesure où tout le droit communautaire prime sur tout le droit interne de tout État membre, y compris les normes suprêmes à valeur constitutionnelle[188]. La règle communautaire est automatiquement, instantanément, pleinement et obligatoirement intégrée dans le droit de chaque État[189]. La transposition en droit interne d'une directive communautaire résulte d'une exigence constitutionnelle à laquelle il ne pourrait être fait obstacle qu'en raison d'une disposition expresse contraire de la Constitution[190].

Il est donc nécessaire que toutes les normes communautaires soient transposées dans l'ordre interne. Cela permettra d'améliorer le contenu de la norme.

B- L'amélioration du contenu de la norme comptable

Outre les mécanismes de production de la norme comptable, le contenu de celle-ci peut également être repensé en améliorant la qualité de la norme comptable (**1**) ainsi que l'information comptable (**2**).

---

185 MEDE (N.), « L'Afrique francophone saisie par la fièvre de la performance financière », *RFFP*, n°135, *2016*, p. 5.

186 NGAH (A. M.), « L'épineuse question de la place du droit communautaire au sein de la hiérarchie des normes internes : un droit hors hiérarchie ? Réflexion à la lumière des systèmes constitutionnels des États d'Afrique francophone», *European Scientific Journal*, vol. 15, n°11, 2019, p. 206.

187 ISAAC (G.) et BLANQUET (M.), *Droit communautaire général*, Paris, Armand Colin, 2001, 8e éd., p. 183. PELLET (A.), « Les fondements juridiques internationaux du droit communautaire », *Academy of European Law* (ed.), Collected Courses of the Academy of European Law, vol. V, Book 2, 1997, pp. 193-271.

188 CJUEMOA, avis du 18 mars 2003. Voir SOMA (A.), « Les caractères généraux du droit communautaire », *Revue CAMES/SJP*, n°001/2017, p. 6.

189 SOMA (A.), « Les caractères généraux du droit communautaire », *Revue CAMES/SJP*, n°001/2017, p. 3.

190 Décision n° 2004-496 DC du 10 juin 2004. Lire GENEVOIS (B.), « Le Conseil constitutionnel et le droit communautaire dérivé (à propos de la décision n° 2004-496 DC du 10 juin 2004) », *RFDA* 2004 p. 654.

1- L'amélioration de la qualité de la norme comptable

L'amélioration de la qualité de la norme, qui était restée pendant longtemps à l'état de vœu pieux, est désormais dotée d'une portée juridique effective. Dans la voie tracée par la Cour de Karlsruhe, les juges constitutionnels en sont venus partout à exercer un contrôle sur la qualité des lois. C'est ainsi que pour le Conseil constitutionnel français, la combinaison du « principe » de « clarté de la loi », découlant de l'article 34 de la Constitution, et de l'« *objectif de valeur constitutionnelle* » d'« *accessibilité et intelligibilité* », découlant de la Déclaration de 1789, impose au législateur « *d'adopter les dispositions suffisamment précises et des formules non équivoques afin de prémunir les sujets de droit contre une interprétation contraire à la Constitution ou contre le risque d'arbitraire* ». Ce qui le conduira à annuler certaines dispositions présentant une « *complexité excessive* » ou « *manifestement dépourvue de toute portée normative* »[191].

Le même souci d'amélioration de la qualité du droit se retrouve en matière de règlementation : le rapport Mandelkern de 2004 précité insistait sur la nécessité de lutter contre la complexité et l'opacité des règlementations, afin d'atteindre les objectifs qui leur étaient assignés ; la règlementation devrait être, non seulement accessible à tous et comprise de tous (intelligibilité et lisibilité), mais encore juste, efficace, pertinente, dénuée d'effets pervers. En gros, elle devrait respecter certains canons bien connus en la matière.

Le souci d'une meilleure qualité de la production juridique se traduit concrètement par l'élaboration de prescriptions relatives à la rédaction des textes, qui se présentent comme de véritables directives de logistique formelle. Alors que la préoccupation était ancienne dans certains pays européens (Allemagne, Suisse, Pays-Bas…), le mouvement a connu une large diffusion à partir des années 1980, avant de gagner plus tardivement la France, compte tenu du caractère fortement ancré de la symbolique de la loi. La circulaire du 30 janvier 1997 était ainsi venue préciser, avec une particulière minutie, « les règles d'élaboration, de signature et de publication des textes », en vue « *d'améliorer la qualité* » juridique des textes et « *faciliter leur bonne compréhension par les administrés* » : au-delà des règles de pure forme concernant la rédaction[192], elle rappelle la nécessité pour les services chargés de l'élaboration d'un projet de loi d'étudier attentivement les questions de constitutionnalité que pourrait poser le texte, les projets de loi ne devant pas comporter de dispositions sans contenu normatif et les rédacteurs devant observer « *la règle de l'économie de moyens* ». Le Guide pour l'élaboration

---

[191] Dès 1991 (rapport précité), le Conseil d'État avait dénoncé le développement des textes d'affichage et l'introduction dans les lois de dispositions dépourvues de tout contenu normatif (« un droit mou, un droit flou, un droit à l'état gazeux »). Cité par CHEVALLIER (J.), « Rationalisation du droit », *op.cit.*, p6.

[192] CHEVALLIER (J.), « Rationalisation du droit », *op.cit.*, p. 6.

des textes législatifs et règlementaires[193] qui en a pris la suite précise dans la partie réservée à la rédaction législative que « *la rédaction d'un projet de texte et du document qui l'accompagne (exposé des motifs ou rapport de présentation) doit être claire, sobre et grammaticalement correcte* ».

Il convient d'aller plus loin en s'interrogeant sur le concept de qualité du droit. Cette qualité, on l'a dit, est censée reposer sur les exigences de clarté et d'intelligibilité que le Conseil constitutionnel distingue, en leur donnant des fondements différents, mais qu'il n'hésite cependant pas aussi à associer. Or, l'exigence de clarté recouvre des significations potentiellement contradictoires : entendue comme synonyme de lisibilité, elle impliquera simplicité et concision des énoncés ; mais si l'on estime que cette simplicité est incompatible avec la complexité toujours plus importante de la réalité sociale et que les textes doivent permettre de résoudre les situations concrètes, la clarté supposera au contraire des règles précises et détaillées[194]. Dans tous les cas cependant, l'idéal de clarté rencontre très vite ses limites : les énoncés juridiques sont, par essence, « *à teneur indécise* »[195] et comportent une pluralité de significations possibles, laissant une large place à l'interprétation.

Tout en améliorant la qualité de la production normative, il faut améliorer la qualité de l'information comptable.

2- L'amélioration de la qualité de l'information comptable

D'après Kadouamaï SOULEYMANOU : « *il est recommandé, dans ce cadre, aux pays en développement de mettre en place un plan général pour le développement de la comptabilité qui doit préciser, notamment, les besoins de chaque branche de la comptabilité, les effectifs nécessaires pour satisfaire tels besoins et les stratégies de formation et d'éducation comptable permettant de produire tels effectifs de comptables*[196] ». Dans l'objectif de contribuer à l'amélioration des pratiques comptables dans les pays en développement, l'*American Accounting Association* (1977), à travers son comité sur la comptabilité dans les pays en développement, a adressé un questionnaire à un nombre important d'experts d'Afrique, du Moyen-Orient, d'Amérique latine et d'organisations internationales. L'analyse des réponses reçues a permis d'identifier plusieurs problèmes liés au management international en général et à la comptabilité publique dans les pays étudiés en particulier, dont spécifiquement : le manque de comptables qualifiés dans tous les domaines

---

[193] *Ibid.*

[194] Pour FLUCKIGER (A.), « Le principe de clarté de la loi ou l'ambiguïté d'un idéal », *Cahiers du Conseil constitutionnel,* n° 21, 2006, pp. 74 sq.), le principe de clarté de la loi comporte ainsi deux facettes différentes entre lesquelles il oscille : la « lisibilité » et la « concrétisabilité ».

[195] AMSELEK (P.) (Ed.), *Interprétation et droit*, Bruxelles, Bruylant, 1995, p. 511.

[196] SOULEYMANOU (K), « Les normes comptables internationales du secteur public "IPSAS" à l'épreuve de l'efficacité de la gouvernance publique en Afrique » (en ligne), consulté le 16 juin 2021, www.jeacc.org.

de la comptabilité ; l'information financière non pertinente pour la prise de décision interne et externe ; les programmes de formation et d'éducation des comptables inadéquats ; le manque de législation se rattachant à la comptabilité et l'audit ; l'absence d'associations professionnelles comptables ; l'application des systèmes comptables inadéquats dans le secteur public ; le manque d'enseignants universitaires de comptabilité qualifiés[197].

Ces différentes faiblesses caractérisant les systèmes comptables dans le contexte des pays en développement sont, selon Enthoven, le résultat de plusieurs facteurs culturels, historiques, économiques, financiers, institutionnels et juridiques. Fournir les remèdes appropriés pour améliorer la qualité de ces systèmes est donc, une tâche très complexe qui nécessite une investigation particulière pour chaque pays.

Aujourd'hui encore, à de très rares exceptions près, les budgets continuent d'être élaborés dans une optique de contrôle des flux de trésorerie et leurs résultats sont calculés en confrontant des encaissements et des décaissements et non pas des droits ou des créances à l'origine des flux de trésorerie. Si la Nouvelle-Zélande a été pionnière en présentant la première des prévisions budgétaires en droit constaté, cette expérience n'a été que fort peu suivie (Grande-Bretagne). Mais les choses seraient simples si les budgets étaient toujours strictement des budgets en encaissements/décaissements fonctionnant dans le cadre d'une année civile.

Mais si l'on examinait plus avant les procédures, on découvrirait que les engagements étaient régulés depuis le niveau central par un strict contrôle de la trésorerie disponible avant qu'on n'autorise chacun des multiples « *organismes budgétaires* » à procéder à un engagement.

Dans cette perspective, la question demeure entière pour tous les pays en développement qui ne veulent ou ne peuvent pas investir dans de coûteux systèmes informatiques et qui souhaitent néanmoins publier, à côté des comptabilités budgétaires déjà en place des éléments de comptabilité patrimoniale, ou même tout simplement présenter une comptabilité en cash conforme à la norme IPSAS, c'est-à-dire prenant en compte l'intégralité des flux de trésorerie budgétaire ou non.

La norme IPSAS devrait faire également l'objet d'une réflexion approfondie sur la notion de résultat pour en définir un contenu devant tenir compte des spécificités du secteur public[198]. Il s'agit moins de rendre compte de gains ou de pertes potentiels ou de donner une information sur le solde des opérations, mais bien plus une harmonisation internationale de la gouvernance

---

[197] *Ibid.*
[198] *Ibid.*

publique. Elle est également pour les pays partis aux normes OHADA[199], une déclinaison implicite et facilitatrice de passage à la norme sœur internationale : l'IFRS. Il convient également d'améliorer l'application des normes.

Paragraphe II- L'amélioration de l'application des normes comptables

L'enjeu fondamental du droit de la comptabilité publique demeure celui de son implémentation ; ce qui commande un renforcement de la mise en œuvre de ses normes (**A**) ainsi qu'un renforcement du suivi-évaluation de leur application (**B**).

A- Le renforcement de l'application des normes comptables

L'application des normes relatives à la comptabilité publique implique le renforcement du dispositif de contrôle interne comptable (**1**), le respect des délais (**2**) et enfin, la facilitation de la diffusion des normes (**3**).

1- Le renforcement du dispositif de contrôle interne comptable

Le contrôle interne comptable recouvre l'ensemble des dispositifs organisés, formalisés et permanents mis en œuvre par l'ensemble des acteurs, pour maîtriser le fonctionnement des activités financières de l'État et donner ainsi une assurance raisonnable sur la qualité des comptes, c'est-à-dire, leur fidélité à la réalité économique, patrimoniale et financière. Le contrôle interne intègre un audit interne, comptable et financier, à la charge d'un service distinct des acteurs opérationnels, permettant d'évaluer périodiquement l'efficacité des processus organisationnels en place[200].

L'objectif essentiel du contrôle interne est d'assurer la maîtrise des risques. Les risques sont des évènements potentiels ne permettant pas d'atteindre un objectif. Le dispositif de contrôle interne se doit d'être constamment adapté aux évolutions de l'environnement de travail (normatives, informatiques, organisationnelles…) et réajusté en fonction de l'évaluation des risques par nature mouvants.

Le renforcement du contrôle interne permet de s'assurer de la bonne tenue de la comptabilité et surtout le renforcement de l'application des normes. Ainsi, le contrôle interne doit pouvoir s'organiser autour des thématiques à savoir par exemple :

---

199 SOULEYMANOU (K.), « Les normes comptables internationales du secteur public "IPSAS" à l'épreuve de l'efficacité de la gouvernance publique en Afrique », *op.cit.*, p.18.
200 *Ibid.* p. 20.

Premièrement, le contrôle des rectifications d'écritures, c'est-à-dire celui effectué sur les écritures rectificatives en comptabilité générale et en comptabilité auxiliaire. Les thèmes suivants peuvent être privilégiés : absence de référence à l'écriture d'origine ; multiplicité des écritures rectificatives portant sur la même écriture d'origine ; écart de date entre la date de saisie de l'écriture initiale et la date de saisie de l'écriture rectificative.

Deuxièmement, le contrôle des comptes et/ou des opérations en anomalie qui recouvre une série de positions des comptes dont le solde est inversé (débiteur au lieu d'être créditeur ; créditeur au lieu d'être débiteur) ; comptes non soldés alors qu'ils devraient l'être ; comptes soldés alors qu'ils devraient être non soldés ; comptes dont le solde dépasse un seuil (cas des encaisses autorisées des postes comptables) ; contrôle de la conformité entre les comptabilités générale et auxiliaire.

Troisièmement, le contrôle sur les états de développement de solde (EDS) et sur historique des comptes transitoires et d'attente. Enfin, il est tout à fait important d'assurer le contrôle des écritures atypiques (détection de schémas d'écritures non conformes à la règlementation) ; le contrôle des procédures comptables mal maîtrisées et/ou complexes, opérations et/ou de comptes juges sensibles (paiement de rappels aux agents publics, opérations sur dépôts divers, mandats de trésorerie...) ; le contrôle des écritures dont les dates de saisie et/ou comptable semblent a priori non valables (jour férié ou chômé) ; et le contrôle des opérations en imputation provisoire et de leur régularisation.

Il convient aussi de renforcer la certification qui est une opinion écrite et motivée que la juridiction des comptes formule sous sa propre responsabilité sur la qualité des comptes produits par l'État et les autres entités publiques. Elle consiste à collecter tous les éléments probants nécessaires à l'obtention d'une assurance raisonnable sur la conformité des comptes de l'État aux règles et principes comptables qui lui sont applicables.

Quoi qu'il en soit, le renforcement du respect du calendrier est également nécessaire.

2- Le respect du calendrier comptable

Le calendrier comptable[201] renvoie aux diverses séquences autour desquelles s'organise la comptabilité au sein d'un Poste Comptable. Ces séquences sont sanctionnées par ce qu'on appelle les arrêtés comptables (ou arrêtés des écritures). L'arrêté des comptes est ainsi une validation qui fige, à une date donnée, les écritures comptables. L'organisation pratique de la comptabilité de l'État varie légèrement selon le lieu où l'on se trouve, le niveau où l'on se situe dans l'échelle verticale de la structuration du réseau.

---

[201] À ne pas confondre avec le calendrier budgétaire fondé sur le décret n°2019/281 du 31 mai 2019 fixant le calendrier budgétaire de l'État.

On distingue plusieurs étapes dans l'organisation temporelle de la comptabilité du Trésor, lesquelles relèvent successivement des travaux quotidiens (ou journaliers), décadaires, mensuels, et annuels.

Premièrement, les arrêtés journaliers des comptabilités[202]. Ici, la comptabilité est en principe arrêtée à la fin de chaque journée. Les arrêtés journaliers ont notamment pour but de faire apparaître le montant des opérations des comptes financiers : la caisse doit en effet être arrêtée tous les jours afin de permettre de dégager la situation de l'encaisse disponible au poste.

Deuxièmement, les arrêtés décadaires des comptabilités qui concernent les autres Postes Comptables[203]. La décade désigne une période de dix jours francs (week-end et jours fériés compris). Ainsi, chaque mois comporte 3 décades et le 31 décembre de l'année représente le dernier jour de la 36e décade de l'exercice.

Troisièmement, l'arrêté mensuel des comptabilités qui s'effectue le dernier jour de chaque mois et correspond tout d'abord à un arrêté journalier ou décadaire[204]. Il comprend en plus : la confection du procès-verbal de caisse et de l'état de concordance bancaire ; l'édition de la balance des comptes du Trésor ; l'établissement du tableau de bord ; l'établissement de la situation d'exécution du budget ; l'établissement des états de restes (à payer ou à recouvrer) et des états de développement de soldes.

Quatrièmement, l'arrêté annuel des comptabilités, qui s'effectue le dernier jour de chaque année budgétaire et correspond à un arrêté mensuel définitif[205]. Après avoir arrêté les journaux, les comptables procèdent à la validation et à la régularisation de certaines opérations au cours de la période complémentaire.

Le respect du calendrier comptable constitue aussi un élément essentiel dans la quête de l'excellence comptable. La production à bonne date des comptabilités et des situations périodiques permet de produire les états de synthèse à temps et de gagner en crédibilité vis-à-vis des destinataires desdites situations.

Le respect du calendrier passe nécessairement par la connaissance des normes conditionnée par leur diffusion.

---

[202] Direction de la comptabilité publique, *manuel des procédures comptables*, 1re édition 2012, p101.

[203] Direction de la comptabilité publique, *manuel des procédures comptables*, 1re édition 2012, p118.

[204] *Ibid.* p121.

[205] *Ibid.* p123.

3- La diffusion des normes

Le principe démocratique de transparence présent aujourd'hui demande en premier lieu que les comptes offrent une vision globale et sincère des opérations. L'État souffre particulièrement d'un déficit démocratique et ses comptes ne sont plus satisfaisants à cet égard. On assiste de la part des partenaires financiers, mais aussi de la part des citoyens à une plus grande exigence en matière d'informations financières. La question est donc bien celle d'une comptabilité capable de rendre compte de la situation financière et de l'utilisation des deniers publics. L'aspect informationnel a toute sa place dans le secteur public, car il va permettre de rendre compte aux citoyens de l'utilisation des impôts et d'éclairer le décideur public[206].

Les normes doivent être suffisamment portées à la connaissance des acteurs et des décideurs pour faciliter leur application. Bien plus, elles doivent être mieux expliquées afin d'éviter les confusions.

B- Le suivi-évaluation de l'application des normes

Au-delà du renforcement de l'application des normes, il convient de mettre en place des dispositifs de suivi-évaluation de celles-ci dont les modalités **(1)** et la portée **(2)** seront identifiées.

1- L'identification des modalités

Le suivi et l'évaluation de l'application des normes sont déterminants dans la transformation véritable du droit de la comptabilité publique. En effet, l'organisation comptable doit donc pouvoir avec le maximum d'efficacité, assurer le respect des règles d'utilisation des comptes : l'utilisation de certaines procédures comptables[207].

En plus de la vérification de l'intangibilité des soldes de sorties et des balances d'entrées, les soldes définitifs de clôture doivent être justifiés par : le Procès-Verbal de contrôle de la Caisse et/ou l'état de concordance bancaire au 31 décembre ; les états d'accords (compte 420 -Service financier des EPA, 421 - Service financier des CTD, 450 - Service financier des administrations) ; les états des restes à recouvrer (comptes 41) ; les états des restes à payer (comptes 40) ; les états de développement des soldes (comptes 470). Enfin suivre les comptes des correspondants pour éviter les fluctuations injustifiées des soldes desdits comptes d'une date d'édition de l'historique à une autre[208].

---

206 DEMEESTERE (R.), « Pour une réforme de la comptabilité publique », *R.F.F.P,* numéro 65, mars 1999.

207 Direction de la comptabilité publique, *manuel des procédures comptables*, 1re édition 2012, p.101.

208 V. Décret n°78/470 du 03 novembre 1978 relatif à l'apurement des comptes et à la sanction des comptables.

L'évaluation vise à déterminer la pertinence, l'impact, l'efficacité, l'efficience et la durabilité des interventions et les contributions de l'intervention aux résultats obtenus. Pour cela, elle doit fournir des informations factuelles suffisamment crédibles et fiables. Elle est opérationnelle.

Cette l'évaluation est un contrôle externe de la gestion publique[209]. L'évaluation apparaît comme une forme singulière de contrôle de gestion dans la mesure où elle partage avec le contrôle de gestion traditionnel une communauté de préoccupations, leur différenciation se faisant sur le plan méthodologique. En effet, là où les systèmes de contrôle classique de gestion se fondent sur des systèmes d'information assortis d'états périodiques qui renseignent sur le fonctionnement de l'organisation, l'évaluation quant à elle vise à décortiquer un système pour savoir ce qui s'est réellement passé. L'évaluation se différencie également des audits généraux ou opérationnels qui portent l'appréciation de la cohérence de la gestion d'un organisme public. L'évaluation est aussi un instrument de contrôle externe[210].

L'évaluation des politiques publiques vise d'une part un examen de l'adéquation des résultats aux objectifs et d'autre part, une appréciation du processus. Parce que la politique publique s'inscrit dans une théorie du changement social, il paraît opportun au-delà de la prise en compte de l'atteinte ou non des objectifs d'examiner le *process* pour identifier les problèmes rencontrés et éventuellement les corriger.

Il faut donc, dans l'évaluation de la performance publique, se garder des « *terribles simplifications* »[211] comme nous le suggèrent messieurs (P.) KNOEPFELP et (F.) VARONE. La performance publique doit intégrer la quête d'efficacité, d'efficience et de pertinence. Cette dernière exigence milite pour une conciliation de la « *culture de résultat* » avec « *un apprentissage collectif* »[212] dans le cadre de l'évaluation des politiques. Dès lors, qu'en est-il de la portée desdites modalités ?

2- La portée des modalités

La mise en œuvre intégrale du suivi-évaluation constitue une étape indispensable pour assurer la pérennité d'une véritable fonction de trésorerie et renforcer le pilotage de la trésorerie par l'État. Il permet la réduction des aléas de trésorerie et assure une meilleure gestion de celle-ci. Il permet aussi

---

209 GILBERT (P.), « L'évaluation des politiques publiques : un contrôle externe de la gestion publique ? », *Revue française de Gestion*, n°147, 2003/6, pp. 259-273.
210 *Ibid.*
211 KNOEPFELP (P.) et VARONE (F.), « Mesurer la performance publique : méfions-nous des terribles simplifications », *Politiques et Management public*, 17 (2), pp. 123-145.
212 PERRET (P.), « L'évaluation des politiques : entre culture du résultat et apprentissage collectif », *Esprit*, décembre 2008, pp. 142-159.

d'acquérir une visibilité satisfaisante sur l'ensemble des mouvements, de rationaliser l'exécution des dépenses et d'optimiser l'utilisation des ressources potentielles.

Pour ce faire, elle devrait s'appuyer sur trois piliers : un système d'information adapté et performant ; des prévisions fiables à de multiples horizons ; et une stratégie définissant la priorité accordée à la fonction de trésorerie au regard des objectifs budgétaires, comptables et organisationnels. C'est à ce prix que la gestion de la trésorerie de l'État sera un moyen de limiter l'endettement de l'État et en particulier, « *éviter tout excédent de trésorerie libre de l'État que la sécurité de la gestion de la dette n'exigerait pas*[213] ». Cet objectif s'appuie sur trois volets d'actions : réduire les aléas de trésorerie en améliorant la qualité des informations transmises au trésor public ; créer des instruments nouveaux à disposition du trésor public pour faire face à des besoins ponctuels de trésorerie et renforcer la coordination de la gestion de trésorerie des administrations publiques.

Conclusion chapitre II

Les transformations du droit de la comptabilité publique rencontrent des difficultés importantes. En effet, la nouvelle comptabilité est un des changements les plus importants dans la mesure où elle garantit la sincérité et la clarté de la gestion publique. Elle s'inspire des référentiels normatifs et techniques internationaux. Malheureusement, cette nouvelle comptabilité peine encore à être implémentée ou alors à être normalement exploitée. Les transformations qu'elle a connues cachent encore mal les limites normatives et techniques. Les limites normatives sont relatives au déficit de cohérence entre les normes et leur efficacité limitée. Tandis que les limites techniques sont relatives à l'inadéquation des techniques et procédures comptables. L'une des clés fondamentales dans l'amélioration du droit de la comptabilité publique réside dans la qualité de la norme comptable. L'atteinte de cet objectif passe nécessairement par l'amélioration des mécanismes de production de la norme, mais également par l'amélioration de son application. Ainsi, il est possible de développer la concertation dans la production de la norme en vue d'améliorer son contenu. Il est également nécessaire de renforcer l'application des normes en mettant en place des mécanismes d'évaluation.

---

[213] *Cf.* Décret n°76/257 du 01 juillet 1976 rendant exécutoire en République du Cameroun le Plan comptable général de l'UDEAC complété par le décret n° 79/283 du 25 juillet 1979.

Conclusion du titre I

Articulées autour des normes nouvelles introduites pour compléter et parfois remplacer les normes anciennes, les transformations normatives de la comptabilité publique apparaissent comme un processus qui s'est imposé. Ce faisant, le Cameroun s'inscrit dans la mouvance qui fait des mutations normatives de la comptabilité publique, un moyen de rénovation du système comptable le plus employé au sein des administrations publiques camerounaises. Cette réalité ne doit cependant pas masquer une autre. En effet, les sources peuvent aussi être transformées par des circuits a-juridiques. On parle alors de transformations informelles. Dans le fond, ce qu'on peut relever c'est qu'à côté des transformations normatives réalisées, il existe encore des éléments qui démontrent la limitation des dites transformations.

Concrètement, il a été question d'analyser la mutation des sources du droit de la comptabilité publique à travers la révision des sources classiques et l'adjonction des sources spécifiques. En ce qui concerne la révision des sources classiques, elle s'est opérée d'une manière simple en procédant à la mutation des sources internationales et nationales. Tandis que l'adjonction des sources spécifiques sera le fait du développement des normes des institutions financières internationales et du développement des normes des organisations internationales non gouvernementales.

Par ailleurs, l'on a pu constater une limitation normative des sources du droit de la comptabilité publique. L'analyse de cette idée s'est opérée en deux temps. D'une part, en présentant la variété des limites normatives des réformes comptables qui a consisté en l'identification des limites normatives et techniques de la comptabilité publique. D'autre part, la variété des limites évoquées plus haut a permis de repenser le système en proposant des améliorations.

Le résultat ainsi obtenu fait montre d'un ensemble de manquements liés au droit de la comptabilité publique sur le plan normatif. Ces manquements, loin de le rendre inopérant, tendent tout de même à réduire son efficacité dans le combat contre la mauvaise gouvernance économique et financière engagée au Cameroun. Le cadre normatif est intimement lié au cadre structurel qui a également connu des transformations.

Titre II :

Les transformations structurelles

La comptabilité publique constitue l'un des aspects essentiels de la gestion financière de tout pays. Au Cameroun, comme dans de nombreux pays, la comptabilité publique a subi des transformations structurelles importantes au fil des années. L'évolution des sources du droit de la comptabilité publique a entraîné comme corollaire une reconfiguration des organes qui participent à la gestion des fonds publics. Ce processus, conforté par l'éclatement de l'unité des finances publiques,[214] a touché l'ensemble des dispositions relatives à l'organisation financière et comptable des entités publiques[215] sur les plans normatifs et organisationnels. La nouvelle législation donne ainsi à voir une véritable métamorphose des systèmes financiers publics[216]. L'on note une reconfiguration des structures de comptabilité publique (**Chapitre 1**) même si cette reconfiguration des structures est limitée (**Chapitre II**).

---

214 HOUSER (M.), *Les finances publiques*, Paris, La documentation française, 2016, p. 12.
215 ADANS (B.) et PERRAUD (P.) (dir.), *Quel avenir pour le comptable public ? Propositions pour une réécriture des règles de la comptabilité publique*, L'Académie, Cahier n° 32, novembre 2016, p. 14.
216 BOUVIER (M.), « La LOLF : contrainte budgétaire ou moteur d'une nouvelle gouvernance financière ? », *in* MONNIER (J.-M.) (dir.), *Finances publiques*, *op.cit.*, p.50.

Chapitre I :

La reconfiguration structurelle

Au Cameroun comme partout ailleurs, le législateur a misé sur une politique de méfiance pour structurer la base essentielle de sa règlementation[217]. La nouvelle législation donne alors à voir une véritable métamorphose des systèmes financiers publics[218] dont la portée prend en considération d'abord les structures de production comptable qui ont été reconfigurées (**Section 1**). Par ailleurs, la comptabilité publique ne se limitant pas à l'organisation de la mise en œuvre des crédits budgétaires et la réalisation des recettes, il fallait également prendre en compte la manière dont on pouvait en retracer l'usage. La question se posait surtout au niveau de savoir comment les gestionnaires doivent en rendre compte[219]. D'où l'option pour une politique de dynamisation des organes de contrôle (**Section 2**).

Section I- La reconfiguration des structures de production comptable

Le droit de la comptabilité permet de faire ressortir implicitement le rôle d'un acteur important, celui de l'ordonnateur, à côté duquel figure un autre qui joue un rôle tout aussi important que lui, le comptable. Ces deux acteurs sont ce qu'on peut qualifier d'acteurs classiques (**Paragraphe I**). Mais avec la nouvelle gouvernance financière mise en place[220], on note l'arrivée d'une catégorie d'acteurs dont le rôle va croissant dans la modernisation de la gestion des derniers publics. Il devient donc impératif d'analyser les réformes entreprises à leur niveau (**Paragraphe II**).

---

[217] DUVERGER (M.), *Finances publiques*, 7e éd., Paris, PUF, 1971, p. 313.
[218] BOUVIER (M.), « La LOLF : contrainte budgétaire ou moteur d'une nouvelle gouvernance financière ? », *in* MONNIER (J.-M.) (dir.), *Finances publiques*, 4e éd., Paris, La documentation française, 2015, p. 50.
[219] WASERMAN (F.), *Les finances publiques*, 8e éd., Paris, La documentation française, 2016, p. 47.
[220] MEYUM KEMGNI (G.), « La nouvelle gouvernance financière au Cameroun », *RASJ*, vol. 8, n° 2, 2011, p. 293.

Paragraphe I- La réorganisation des acteurs classiques

Elle est le fruit du principe de séparation entre ordonnateur et comptable, et rend de ce fait incompatible[221] ces deux fonctions (**A**) même si elle connaît des réaménagements qui vont dans le sens d'une dilution de ses effets (**B**).

A- La distinction classique ordonnateur-comptable

Afin de clarifier cette distinction, l'on analysera les postures originelles de l'ordonnateur **(2)** et du comptable **(2)**.

1- La posture de l'ordonnateur

L'ordonnateur, qu'il soit une autorité élue, un fonctionnaire ou assimilé, est le représentant légal de l'entité publique auprès de laquelle il exerce ses fonctions. En matière de gestion des fonds publics, il bénéficie d'une compétence exclusive pour intervenir dans les domaines relevant de l'opportunité et de la prise de décisions ayant une incidence financière[222]. Il est, en ce sens, considéré comme la seule personne autorisée à engager, liquider et émettre les ordonnances ou les mandats de dépense, et à constater, liquider et signer les titres de recette[223]. Tous ces actes sont des ordres de payer et de recouvrer, qu'il a adressés au comptable public assignataire.

Selon la législation camerounaise en la matière, est ordonnateur « *toute personne ayant la qualité au nom de l'État de prescrire l'exécution des recettes et des dépenses inscrites au budget de l'État* »[224]. On retrouve une définition similaire au Gabon à la différence près que celle-ci distingue à côté de l'État les autres personnes publiques, et qu'il apporte plus de clarté aux opérations possibles. Ce texte dispose que « *sont ordonnateurs, toutes personnes ayant qualité au nom de l'État, d'une collectivité locale ou d'un établissement public, pour contracter, constater, liquider une créance ou une dette ou encore pour ordonner le recouvrement d'une créance ou le paiement d'une dépense* »[225].

Ces personnalités remplissent alors une fonction de décideurs financiers puisqu'ils sont les seules personnes habilitées à apprécier l'opportunité d'une dépense ou à constater l'existence d'une recette[226]. Aussi, ils peuvent exercer

---

[221] DAMAREY (S.), *L'essentiel des finances publiques*, Paris, Gualino, Coll. « Les Carrés », 2015, p. 129.

[222] ADANS (B.) et PERRAUD (P.) (dir.), *Quel avenir pour le comptable public ? op.cit.*, p. 14.

[223] L'autorisation dont il est ne peut être déployée que dans les limites des budgets votés ou des crédits budgétaires qui lui ont été délégués. Il ne peut aller au-delà de prévisions budgétaires validées par l'organe délibérant.

[224] Art. 65 de la Loi de 2018 portant régime financier de l'État.

[225] Art. 2 du Décret n° 0653/PR/MBCPFPRE du 13 avril 2011 relatif au régime de responsabilité des ordonnateurs et des comptables publics.

[226]WASERMAN (F.), *Les finances publiques*, *op.cit.*, p. 49.

leurs attributions soit par eux-mêmes, soit par un ou plusieurs délégués appelés ordonnateurs délégués[227], nommés dans les mêmes conditions prescrites par voie règlementaire[228].

Par ailleurs, au plan financier, les attributions qui leur sont dévolues s'arrêtent à la signature de l'ordonnance, du mandat ou du titre que devra exécuter le comptable[229]. Ils ont donc à titre exclusif dans le principe, qualité pour prendre les actes administratifs générateurs de dépenses et de recettes qui vont de la signature de marchés ou autres prestations, à la nomination de fonctionnaires, intégrant aussi l'avancement de personnels[230].

La pratique comptable actuelle reconnaît à l'ordonnateur un véritable pouvoir discrétionnaire et d'opportunité en matière d'ordonnancement de recette ou de dépense, sur fond de responsabilité[231]. C'est un pouvoir essentiel[232] dans la procédure comptable qui le place au centre de toute l'attention dans la gouvernance financière, et au début de toute action pouvant provoquer un mouvement de capitaux dans les caisses de l'État. Il assure un rôle qui s'étale tout le long des étapes de la dépense publique, qu'il s'agisse de l'engagement, de la liquidation ou de l'ordonnancement de la recette ou de la dépense.

De ce qui précède, on constate que la nouvelle gouvernance financière accorde un rôle important dans la gestion financière des deniers publics à l'ordonnateur, bien que cela soit accompagné d'une large responsabilité[233] que connaît également le comptable dans sa posture.

2- La posture du comptable

Contrairement à l'ordonnateur qui est un agent de l'État obéissant aux règles de droit commun, le comptable est un assujetti à un régime de responsabilité dérogatoire au droit commun faisant de lui la seule personne habilitée à manier des fonds publics[234]. Il est le détenteur à titre principal du pouvoir d'effectuer des opérations d'encaissement et de décaissement pour le compte de l'État. Le plus souvent, il se définit au travers ses attributions de paiement des dépenses, de recouvrement des recettes, de conservation des fonds et valeurs appartenant ou confiés à des organismes publics[235].

---

[227] Art. 66 de la Loi de 2018 portant régime financier de l'État.
[228] Art. 4 du Décret gabonais du 13 avril 2011.
[229]ADANS (B.) et PERRAUD (P.) (dir.), *Quel avenir pour le comptable public ? ..., op.cit.*, p. 14.
[230] BIDIAS (B.), *Les finances publiques du Cameroun, op.cit.*, Yaoundé, é. BB, 1982, p. 296.
[231] DUVERGER (M.), *Finances publiques, op.cit.*, p. 317.
[232] DAMAREY (S.), *L'essentiel des finances publiques, op.cit.*, p. 127.
[233] WASERMAN (F.), *Les finances publiques, op.cit.*, p. 50.
[234] KERNÉIS-CARDINET (M.), « Le nouveau régime de responsabilité du comptable public, un régime qui ne veut pas révéler son nom », *RFDA*, 2014 p. 393.
[235] DAMAREY (S.), *L'essentiel des finances publiques, op.cit.*, p. 129.

Bien que l'ordonnance de 2018 ne donne pas de précisions définitionnelles sur le comptable, on retient à la lecture du décret gabonais que, peut être considéré comme comptable public « *tout agent public ayant qualité pour exécuter au nom de l'État, des collectivités locales et des établissements publics, services et organismes assujettis aux règles de la comptabilité publique, des opérations de recettes, de dépenses et de maniement de titres, soit par virement interne d'écritures, soit encore par l'intermédiaire d'autres comptables publics ou de comptes externes de disponibilités dont il ordonne ou surveille les mouvements* »[236].

À cette distinction, le texte camerounais oppose la conception binaire entre comptabilité budgétaire et comptabilité générale. À côté de celles-ci il pose une comptabilité destinée à analyser les coûts des différentes actions engagées ou des services rendus dans le cadre des programmes, et une comptabilité des matières, valeurs et titres[237]. C'est pour pallier cette carence définitionnelle que la doctrine s'est engagée à définir le comptable public comme « *tout agent ayant qualité pour exercer au nom de l'État, d'une Collectivité ou d'un Établissement public, les opérations de dépenses et de recettes dont il a la garde, soit par virement interne d'écriture, soit par l'intermédiaire d'autres comptables publics* »[238].

Au regard de toutes ces approches, on peut relever que le comptable public arbore simultanément deux casquettes, celle de contrôleur et celle de caissier. Dans la première, il assure le contrôle des droits et les obligations de l'entité publique dans la comptabilité générale à travers la phase dite « de visa », et avec la seconde il procède au règlement des dépenses et au recouvrement des recettes[239].

La réforme a mis l'accent sur le fait que ce dernier assure la comptabilité de ces décaissements et de ces encaissements des fonds destinés à la personne publique pour laquelle il travaille[240], tout comme il doit s'assurer de l'authenticité et de la conformité aux lois, règles et normes[241] des actes de l'ordonnateur comme de toute personne qui engage un mouvement sur les deniers publics. Cela met en valeur sa double fonction de caissier et de payeur[242]. Au titre de caissier, le comptable public dispose du monopole de la manutention des deniers publics, soit directement soit par l'intermédiaire

---

[236] Art. 22 du Décret du 13 avril 2011 précité.

[237] *Ibid.*, art. 73 al. 2.

[238] BIDIAS (B.), *Les finances publiques du Cameroun*, *op.cit.*, p. 304.

[239] ADANS (B.) et PERRAUD (P.) (dir.), *Quel avenir pour le comptable public ? ...*, *op.cit.*, p. 15.

[240] DUVERGER (M.), *Finances publiques*, *op.cit.*, p. 318.

[241] BERNARD (A.), *Politique et gestion des finances publiques : Québec et Canada*, *op. Cit.*, p. 342.

[242] WASERMAN (F.), *Les finances publiques*, Paris, La documentation française, 8e éd., 2016, p. 50.

d'agents sous son contrôle et sa responsabilité. Mais en tant que payeur, il lui est reconnu comme charge de faire les vérifications sur la régularité des opérations décidées par l'ordonnateur[243], que ce soit la correcte imputation des crédits ou l'existence de pièces justificatives.

Suivant tous ces développements, il appert que les ordonnateurs et les comptables publics ont chacune des compétences propres et incompatibles entre elles[244]. Pourtant, la nouvelle réforme s'est engagée et y a apporté quelques aménagements.

B- Le réaménagement de la distinction classique

L'idée posée derrière le principe de la séparation entre ordonnateur et comptable est de prohiber toutes interférences entre ces deux agents[245]. Or sa mise en application est la source de ce que la doctrine appelle « *un pointillisme désuet* » qui est générateur de pertes de temps et de surcoûts inutiles du fait de la redondance des tâches et des contrôles qu'il génère.

Ainsi, face à ce principe de séparation qui a semblé dépassé du fait du nouveau contexte managérial, de nouvelles possibilités d'assouplissement opérationnel ont été mises sur pied à travers la viabilisation des services facturiers par exemple. Il y a également eu des aménagements par voie d'habilitation qui permettent d'autoriser une personne publique ou privée à percevoir des recettes en lieu et place d'une collectivité lorsque celle-ci justifie l'existence d'un titre légal à elle accordé en vue de la réalisation d'opérations de dépenses et de recettes[246]. On peut encore évoquer le cas de la régie financière qui sera détaillé plus tard, mais qui permet de confier à une personne n'ayant pas la qualité de comptable public, la capacité de liquider et de manier l'argent public[247].

Par ailleurs, il a été mis en place le mécanisme de paiement sans ordonnancement préalable (PSOP). Par ce procédé particulier, le ministre en charge des finances établit une liste des dépenses qui peuvent être payées sans ordonnancement préalable[248], comme c'est généralement le cas pour certaines charges fixes et traditionnelles telles que les rémunérations des fonctionnaires. On note également certaines situations dans lesquelles un comptable peut payer des dépenses sans ordre préalable de l'ordonnateur (ordonnancements globaux) et d'autres situations pour lesquelles celui-ci peut émettre un ordre

---

243 *Ibid.*
244 ADANS (B.) et PERRAUD (P.) (dir.), *Quel avenir pour le comptable public ? ..., op. Cit.*, p. 15.
245 DONFACK LEKÉNÉ (E. C.), *Finances publiques camerounaises*, Paris, Berger-Levrault, Coll. « Mondes en devenir », 1987, p. 233.
246 DAMAREY (S.), *L'essentiel des finances publiques, op.cit.*, p. 131.
247 *Ibid.*, p. 130.
248 *Ibid.*

de recettes et percevoir directement les ressources correspondantes, par exemple les receveurs des douanes, ceux des trésoreries.

Dans le même registre des aménagements au principe de la séparation de l'ordonnateur du comptable, on invoque le cas de la gestion de fait ou celui de la comptabilité de fait. L'une comme l'autre, exprime une situation au terme de laquelle la répartition classique des compétences prévue dans l'application du texte n'est pas respectée, de telle sorte qu'une personne physique ou morale, un ordonnateur, un comptable ou un tiers se comportent comme un comptable public ou une gestionnaire de fait[249]. Cette situation est constatée lorsque la personne en question ne justifie d'aucun titre ou d'aucune qualité officielle l'habilitant à effectuer de telles opérations.

On convoque également le cas de l'administrateur qui cumule ses propres fonctions d'ordonnateur avec celles du comptable quand il gère des fonds spéciaux ou lorsqu'il dispose d'une caisse d'avance[250].

Les transformations du droit de la comptabilité publique aboutissent aussi au réaménagement des acteurs spécifiques.

Paragraphe II - Le réaménagement des acteurs spécifiques

Depuis le début des années 1990, il s'opère une mutation importante dans le processus de déconcentration de la gestion des deniers publics touchant entre autres les régisseurs (**A**) et les responsables de crédits (**B**).

A- Les régisseurs

Leur réaménagement a vu naitre les régies d'avance (**1**) et les régies de recettes (**2**), qui constituent une sorte d'inversion des différentes phases habituelles que l'on connaît de la comptabilité.

1- Les Régisseurs d'avance

L'institution de la régie est en réalité un mécanisme d'atténuation du principe de la séparation de l'ordonnateur et du comptable. Dans le cas d'espèce, la régie d'avance constitue un aménagement à la procédure d'exécution de la dépense publique[251].

Concrètement, la régie d'avance permet à un régisseur, autorisé par le comptable public et sous sa responsabilité, à procéder directement à des dépenses en général modiques. Pour ce faire, le comptable va accréditer ce dernier de la compétence d'effectuer directement pour certains types de dépenses, dans une période de temps donné et dans les limites d'un plafond

---

249 DAMAREY (S.), *L'essentiel des finances publiques*, *op.cit.* p. 131.
250 DONFACK LEKÉNÉ (E. C.), *Finances publiques camerounaises*, *op.cit.*, p. 234.
251 DAMAREY (S.), *L'essentiel des finances publiques*, *op.cit.*, p. 130.

assez bas, à travers des avances de crédits. Celui-ci pourra les utiliser pour payer les dépenses autorisées, mais devra veiller à conserver les factures et pièces justificatives de la dépense afin de les présenter au comptable. Il reviendra alors au comptable de réintégrer ces opérations dans ses propres écritures s'il les estime régulières, et de reconstituer ainsi l'avance de crédit en question[252].

Les dépenses de matériel et de fonctionnement peuvent entrer dans ce cadre lorsqu'elles n'excèdent pas une certaine somme[253]. On peut également mettre à la charge d'un régisseur d'avance les dépenses liées à la rémunération des personnels payés à la vacation ou sur une base horaire, tout comme les secours urgents et exceptionnels, les frais de mission et de stage, et bien d'autres dépenses qui ne nécessitent pas de suivre toute la procédure comptable habituelle jugée fastidieuse pour de telles situations.

La valeur positive de ce réaménagement impacte considérablement la politique de viabilisation de la gouvernance financière[254] tout comme le fait cette apportée à la fonction du régisseur de recette.

2- Les Régisseurs de recettes

À l'inverse de la régie d'avance qui porte sur la dépense, la régie de recettes permet d'aménager la procédure d'exécution de la recette publique[255]. Cette procédure habilite un agent public justifiant d'une autorisation régulière et sous la responsabilité du comptable, de constater et d'encaisser des recettes publiques dont le montant est assez faible[256]. Concrètement, le régisseur de recettes exerce des fonctions de caissier qui sont en principe dévolues au comptable, à la différence que celles-ci consistent essentiellement en des tâches matérielles d'exécution.

Au Cameroun, l'ancienne loi de 2007 attribuait leur constitution aux différents chefs de départements ministériels. Le texte disposait explicitement que « *Les chefs de département ministériel peuvent constituer, sous leur propre responsabilité, des régisseurs de recettes* »[257]. La réforme de 2018 semble attribuer une place de choix au ministre en charge des finances pour leur constitution. Considéré comme responsable de la centralisation des opérations budgétaires[258], il est ordonnateur principal unique, et peut donc

---

252 WASERMAN (F.), *Les finances publiques*, *op.cit.*, p. 61.
253 CHOUVEL (F.), *Finances publiques*, *op.cit.*, p. 167.
254 MEYUM KEMGNI (G.), « La nouvelle gouvernance financière au Cameroun », *op. cit.*, p. 317.
255 DAMAREY (S.), *L'essentiel des finances publiques*, *op.cit.*, p. 130.
256 WASERMAN (F.), *Les finances publiques*, *Op. cit.*, p. 61.
257 Art 51 al. 3(3) de la Loi de 2007 portant régime financier de l'État.
258 Art. 68.

ainsi « *déléguer ce pouvoir aux autres chefs de départements ministériels ou assimilés et aux Agents de l'administration fiscale* »[259].

Une fois constitué selon les modalités ci-dessous décrites, le régisseur de recettes peut assurer la perception des fonds. Il peut alors encaisser dans les mêmes conditions qu'un comptable public, les recettes réglées par les redevables que ce soit par versement en numéraire, par remise de chèques ou par versement ou virement à un compte. Le régisseur de recettes est autorisé à disposer d'un fonds de caisse permanent dont le montant est mentionné dans l'acte constitutif de la régie[260]. Les fonds perçus devront être justifiés et versés au comptable assignataire, au moins une fois par mois afin que ce dernier en assure la centralité dans les caisses du trésor.

On ne peut méconnaître à ce titre que la présence du régisseur de recettes facilite l'encaissement des recettes et l'accès des usagers à un service de proximité[261]. Son rôle est d'une importance capitale au regard du souci de performance qui guide l'administration moderne. Mais ce pouvoir peut être utilisé à des fins malsaines, ou perturber la traçabilité des fonds publics. Afin d'éviter de tels désagréments, sa gestion est assujettie à de multiples contrôles, au même titre qu'un comptable de droit. À ces contrôles s'ajoute un régime de responsabilité qui peut être engagée pour faute[262].

B- Les responsables des activités

Dans la même logique de réaménagement des autorités spécifiques participant au processus comptable, il fallait donner un support juridique aux responsables de programme **(1)** ainsi qu'aux responsables de budgets opérationnels et d'unités opérationnelles **(2)**.

1- Les responsables des programmes

L'utilité et la nécessité de la présence des responsables de programme dans le nouveau paysage budgétaire avaient été signalées ailleurs depuis bien plus longtemps qu'au Cameroun[263]. En France par exemple, la LOLF française prendra en compte cette exigence comme un moyen efficace de rendre performante leur politique budgétaire et comptable. Au Sénégal, c'est la loi

---

259 Art. 67.

260 CHOUVEL (F.), *Finances publiques*, Paris, Gualino, Coll. « Apprendre utile », 2020, 23e éd., p. 167.

261 HOUSER (M.), *Les finances publiques*, Paris, La documentation française, 2016, p. 104.

262 CHOUVEL (F.), *Finances publiques*, Paris, Gualino, Coll. « Apprendre utile », 2020, 23e éd., p. 167.

263 Lire PEKASSA NDAM (G. M.), « La dialectique du responsable de programme en finances publiques camerounaises : recherche sur les nouveaux acteurs budgétaires », in *Mélanges en l'honneur de Michel BOUVIER,* Sénégal, l'Harmattan, 2019, pp. 303-312.

organique relative aux lois de finances du 8 juillet 2011 qui devaient reconnaître et consacrer ce nouvel acteur[264].

Pourtant, malgré le fait que le Cameroun ait engagé une révision de sa politique financière à la même époque que le Rapport français sur la mise en œuvre de la loi organique relative aux lois de finances était élaboré, et que l'application de la nouvelle loi portant régime financier de l'État fut reportée à la même période que l'entrée en vigueur de la loi sénégalaise, le législateur n'a pas tenu compte de cette importance. Il fallut donc attendre 2018 pour que ce poste soit reconnu et aménagé.

Pour commencer, le texte prévoit que le responsable de programme est désigné par le ministre sectoriel dont il relève[265], attribuant un fort pouvoir aux chefs de départements ministériels. Tout de même, la loi impose que les conditions de délégation de compétence ainsi que les modalités de gestion des programmes soient précisées dans l'acte de nomination[266]. Une fois installé, le responsable de programme a pour rôle de déterminer les objectifs spécifiques, d'affecter les moyens et de contrôler les résultats des services dont il la charge. Il assure également le respect des dispositifs de contrôle interne et de contrôle de gestion[267].

Par ailleurs, ce dernier doit exercer ses compétences en ayant pour objectif d'atteindre les résultats qui lui sont fixés à travers l'acte de nomination. Il doit veiller sur l'indicateur qui est le seul moyen de mesurer les progrès réalisés dans la performance des services, et pour cela, il doit se définir des indicateurs chiffrés[268]. C'est d'ailleurs pour cette raison que le législateur a prévu la possibilité pour lui de modifier la répartition des crédits au sein de son programme, à la seule condition d'informer son ministre sectoriel qui à son tour devra informer le ministre en charge des finances[269]. Il appartiendra par la suite au responsable de programme d'affecter les moyens nécessaires à l'exécution des actions du programme tel qu'arrêté. Autre point important, il doit organiser les services et y affecter des moyens de telle sorte que les objectifs puissent être atteints, en assurant un pourvoir au contrôle de l'exécution[270].

Concernant les modalités fonctionnelles de base, il est nécessaire d'après la doctrine que le responsable de programme soit un haut cadre du ministère

---

[264] Art. 13 al. 2 de la Loi organique du 8 juillet 2011 relative aux lois de finances.

[265] Art.69 al. 1.

[266] *Ibid.*

[267] *Ibid.*, al. 2.

[268] LAMBERT (A.) et MIGAUD (D.), *La mise en œuvre de la loi organique relative aux lois de finances*, *Op. cit.*, p. 10.

[269] Art. 69 al. 3 de la loi de 2018 précitée.

[270] DEMBA BA (B.), *Finances publiques et gestion par la performance dans les pays membres de l'UEMOA : étude de cas du Sénégal*, Thèse de Doctorat en Droit public, Université de Bordeaux, 2015, p. 240.

ou de l'institution dans laquelle il est institué. Ce qui le rend capable de mieux décliner les objectifs stratégiques de l'autorité politique en objectifs opérationnels parce qu'il aurait certainement participé à leur définition.

2- Les responsables des BOP et d'UO

La mise en place des budgets opérationnels de programme et des unités opérationnelles visait à reconsolider les finances publiques[271]. La recherche d'une gestion optimale et de proximité de la ressource publique devait conduire à l'institutionnalisation des postes de responsabilité dans ces domaines. Suivant la logique de cette réforme, il fallait donner à chaque responsable de budget opérationnel de programme des compétences dont la mise en œuvre participerait à mettre fin au fléchage des crédits et déconcentrer autant que possible la prise des décisions de gestion[272].

Ainsi, le responsable de budgets opérationnels de programme est un acteur clé dans la nouvelle configuration budgétaire et comptable. Par son action, il constitue des budgets opérationnels de programme dont il confie l'exécution soit à des services administratifs centraux ou nationaux, soit à des responsables de services déconcentrés. Il contribue plus efficacement à l'attente des objectifs spécifiques et stratégiques du programme[273] par la spécialisation qu'il apporte dans l'accomplissement de tâches précises, contrairement aux mécanismes classiques qui demandent un temps de réaction plus long.

Sur le plan organique, le responsable d'un budget opérationnel de programme (BOP) est un des éléments de la chaîne de responsabilités qui, avec l'apport du responsable de l'unité opérationnelle, assure la gestion du programme. Ils sont positionnés au niveau administratif le plus pertinent pour le programme considéré, soit dans l'administration centrale, soit au niveau interrégional, régional ou encore départemental[274].

Le dispositif ainsi institué consiste dans la globalisation des crédits et dans leur fongibilité à l'intérieur des programmes, pour que leur répartition et leur gestion puissent répondre aux attentes réelles observées sur le terrain, ou qu'ils puissent répondre avec effectivité au besoin concret. C'est pour cette raison que le gestionnaire est doté d'une grande autonomie lui permettant de réaliser comme il l'entend le programme dont il a la charge avec des marges de

271 HOUSER (M.), *Les finances publiques*, *op.cit.*, p. 12.
272 LAMBERT (A.) et MIGAUD (D.), *La mise en œuvre de la loi organique relative aux lois de finances*, *op.cit.*, p. i et ii.
273 France, *Démarche de performance : Stratégies, objectifs, indicateurs, Guide méthodologique pour l'application de la loi organique relative aux lois de finances du 1er août 2001, op.cit.*, p. 34.
274 HOUSER (M.), *Les finances publiques*, *op.cit.*, p. 108.

manœuvre considérables[275]. Il peut alors, à sa guise, redéployer les crédits sans que leur fongibilité ne s'étende aux dépenses de personnel, tout comme il ne lui est pas possible d'abonder les crédits de personnels par d'autres[276]. Cette autonomie importante est considérée comme dangereuse par certains observateurs qui appellent à sa restriction pour le cas des gestionnaires effectivement chargés de mettre en œuvre les politiques publiques s'appuyant sur des moyens humains et financiers substantiels[277].

Il apparaît évident qu'on est en présence d'une profonde mutation et même d'une révolution dans la configuration des organes d'application de la comptabilité publique. Elle produit des effets positifs depuis que ces éléments sont actionnés. Mais il faut la compléter avec d'autres réformes aussi importantes afin d'avoir une cohérence et plus d'efficacité. C'est dans ce sens qu'a été entreprise une dynamisation des organes de contrôle.

Section II- La dynamisation des structures de contrôle comptable

La dynamisation des organes de contrôle est ainsi perceptible, notamment à travers une revalorisation des rôles respectifs du parlement et des juridictions financières et à une réorientation des finalités de la régularité vers la quête de performance et d'efficacité. *In concreto,* elle s'est traduite par la fortification des organes nationaux de contrôle (**Paragraphe I**), et l'implication des acteurs internationaux (**Paragraphe II**).

Paragraphe I- La fortification des organes nationaux de contrôle

Les premiers éléments de cette volonté de fortification institutionnelle au Cameroun sont perceptibles à travers la diversification des contrôles non juridictionnels (**A**) et l'amplification des contrôles juridictionnels (**B**).

A- La diversification des contrôles non juridictionnels

Cette diversification concerne aussi bien les contrôles administratifs (**1**) que les contrôles politiques (**2**).

---

275 BOUVIER(M.), « La LOLF : contrainte budgétaire ou moteur d'une nouvelle gouvernance financière ? », *op.cit.*, p. 54.
276 BOUVIER(M.), « La LOLF : contrainte budgétaire ou moteur d'une nouvelle gouvernance financière ? », *op.cit.*, p. 54.
277 LAMBERT (A.) et MIGAUD (D.), *La mise en œuvre de la loi organique relative aux lois de finances*, *op.cit.*, p. 5.

1- Les contrôles administratifs

On entend, par contrôle administratif, l'ensemble des vérifications exercées par des organes relevant de l'administration et de manière plus large du pouvoir exécutif en vue de s'assurer du respect des normes juridiques, techniques et financières. Il s'agit pour l'essentiel des administrations publiques[278] et des autorités administratives indépendantes. La loi n° 2018/012 du 11 juillet 2018, portant régime financier de l'État et des autres entités publiques consacre son titre VI au contrôle. Son article 84 (1) consacré au contrôle administratif indique que « *le contrôle interne regroupe l'ensemble des procédures et méthodes permettant au responsable d'un service de s'assurer du bon fonctionnement de celui-ci et notamment de la bonne maîtrise des risques* ».

Inspirée de la loi organique française relative aux lois de finances (LOLF) du 21 août 2001, la loi n° 2007/006 du 26 décembre 2007 portant régime financier de l'État a introduit une nouvelle philosophie axée sur la quête des résultats, de l'efficacité et de la performance[279]. Une dizaine d'années à peine après son entrée en vigueur, elle a été révisée en 2018 pour faciliter la transposition des directives CEMAC et corriger certains dysfonctionnements constatés dans la pratique. L'amarrage de l'administration camerounaise à la nouvelle gestion publique va radier la nouvelle logique du contrôle à travers la réforme de la constitution financière de l'État en 2007[280]. L'article 73 de la loi de 2007 disposait qu'« *un contrôle de régularité et de performance ainsi que des missions d'audit de la gestion des administrations publiques, des entreprises publiques, des établissements publics ainsi que des entités privées ayant reçu une subvention, un aval ou une caution de l'État ou de toute autre personne morale de droit public sont menés par les services spécialisés compétents de l'Exécutif* ». Cette disposition rajoute au contrôle classique de régularité, le contrôle de performance, de même qu'il encourage la pratique des audits de gestion. Cette solution sera reprise et explicitée à l'article 84 de la loi du 11 juillet 2018 qui précise que le contrôle administratif comprend « *le contrôle hiérarchique (...), le contrôle interne (...), le contrôle exercé par les institutions et les organes de contrôle, le contrôleur financier et comptable (...)* ».

La logique qui sous-tend la transformation du dispositif de la comptabilité publique au Cameroun marque la combinaison de la logique politique

---

278 Il s'agit ici du ministère des Finances (MINFI) ; du ministère de l'Économie, de la planification et de l'aménagement du territoire (MINEPAT) ; du ministère délégué à la Présidence chargé du contrôle supérieur de l'État (CONSUPE) ; du Conseil de discipline budgétaire et financier (CDBF).

279 MBALLA OWONA (R.), « « Émergence de la gestion financière axée sur les résultats et reconnaissance d'une obligation d'exécution intégrale des budgets des administrations publiques en droit CEMAC », *Afrilex*, 2016, p. 2.

280 SCHOUEL (A. S.) et KASSIMOU (M. A.), « Réforme budgétaire et renouveau du management public au Cameroun : enjeux et défis », *Les annales de l'ACEENA 2*, pp. 9-13.

classique privilégiant le contrôle de régularité c'est-à-dire la conformité des actes du gestionnaire public aux autorisations budgétaires à une philosophie de nature managériale et gestionnaire axée sur la quête de performance par la promotion d'une culture du résultat sur la base d'indicateurs prédéfinis. Jadis marqués par leur caractère exhaustif et redondant, les contrôles comptables dans la nouvelle configuration axiologique visent à assurer la fiabilité des informations comptables et financières étatiques afin de donner une information claire, sincère et exacte de la situation financière et patrimoniale de l'État. Ces contrôles administratifs n'occultent pas les contrôles politiques.

2- Les contrôles politiques

La situation sociopolitique n'a pas été à l'origine, un avantage pour la mise en place d'un véritable contrôle politique des finances publiques. Le contexte de construction des nations, la posture du président de la République et de son gouvernement dans le processus budgétaire n'était pas de nature à favoriser l'éclosion d'un véritable contrôle. Celui-ci a longtemps été muselé du fait de la place que les autorités du pouvoir exécutif avaient décidé d'occuper au sein du nouvel État indépendant. Le contrôle politique était presque inexistant et quand des mécanismes lui étant propres étaient consacrés, ils étaient réduits à leur plus simple expression de telle sorte qu'on se retrouvait dans le cadre de la gestion financière de l'État à un véritable État de police et non d'un État de droit dans la mesure où le pouvoir exécutif détenait des pouvoirs énormes qu'il devait mettre en œuvre sans avoir à se justifier.

En effet, « *l'accession à la souveraineté internationale a été concomitante à la mise en place d'institutions politiques et économiques basées sur la création d'un État fort et autoritaire, construit sous haute domination du pouvoir exécutif* »[281]. Cette situation faisait que le contrôle des finances publiques soit difficile, voire impossible, pendant la direction du pays par le premier président de la République. Il était omnipotent et omniprésent. Sa position faisait ombrage à toutes les autres institutions. En plus du fait qu'il avait par l'intermédiaire de ses ministres qui disposent du droit d'accès et de parole au parlement la possibilité de contrecarrer toute tentative de mise à mal de ses politiques par le refus de voter le budget ou par le contrôle de ce qui était fait, le président avait la possibilité de surveiller le travail des parlementaires au moment de la délibération[282].

Cette situation d'étouffement du parlement n'avait aucun fondement, ce d'autant plus que des possibilités de contrôle étaient envisagées. L'article 30 de la constitution fédérale de 1961 prévoyait à ce titre que « *le gouvernement est tenu de fournir toutes explications et tous renseignements sur son action à*

---

[281] MEKONGO (J. M.), *Les retenues à la source dans le système fiscal du Cameroun*, Thèse de doctorat, Paris 1 Panthéon Sorbonne, Presses universitaires libres, septembre 2009, p.16.

[282] Constitution de 1972

l'Assemblée nationale fédérale, qui peut lui poser des questions orales et écrites et qui peut enquêter sur l'activité gouvernementale en constituant des commissions d'enquête. Une loi fédérale fixe les procédures selon lesquelles ces moyens d'information et de contrôle sont exercés »[283]. La constitution de 1972 ne s'est pas écartée de cette logique. Elle disposait ainsi que « *l'Assemblée nationale peut s'informer de l'activité gouvernementale par voie des questions écrites et orales et en constituant des commissions d'enquête sur les objets déterminés. Le gouvernement, sous réserve des impératifs de la défense nationale et de la sécurité de l'État, fournit explications et renseignements à l'assemblée* ».

Suite à la crise financière que va connaître le monde en général et le Cameroun à partir de 1988, il va se poser la nécessité de redéfinir le rôle de l'exécutif pour permettre aux autres organes étatiques d'exercer pleinement leurs fonctions. Au regard de cela, la nécessité de rendre effectif le contrôle politique se posait avec acuité, lui qui devait permettre d'évaluer les politiques publiques sous forme de contrôle de régularité.

La régularité renvoyant à la « *conformité à la règle ; qualité de ce qui est conforme au droit, spécialement aux exigences de forme* »[284], le contrôle de régularité est appréhendé comme « *l'examen du respect des règles, c'est-à-dire des lois et règlements à caractère budgétaire ou comptable, assortis le cas échéant de sanctions* »[285]. Le contrôle de régularité est ce qui est dans sa teneur et sa présentation, la reproduction exacte d'un acte de référence[286]. C'est à ce titre que les contrôles qui s'effectuent sur les comptes publics ont pour ambition de vérifier, au regard des règles de la comptabilité publique, la régularité des comptes[287]. Le contrôle vise alors ici à s'assurer que la gestion des affaires publiques se fait en toute transparence et dans le respect des lois et autres textes en vigueur. Cependant, ce contrôle longtemps exclusif va s'avérer insuffisant pour rendre les finances publiques conformes aux nouvelles règles de la gestion des finances publiques. La nouvelle logique de la comptabilité publique imposait donc l'adjonction d'un contrôle de performance des finances publiques afin de juguler les différentes crises que traversait le pays.

---

283 Constitution fédérale du 1er septembre 1961 modifiée et complétée par les lois n°69/LF/14 du 10 novembre 1969 et 70/LF/1 du 4 mai 1970

284 CORNU (G.), *Vocabulaire juridique, op.cit.*, p. 884.

285 WALINE (C.), DESROUSSEAUX (P.), PELLE (B.), « Contrôle et évaluation des finances publiques », *La Documentation française*, 2009, p. 11.

286 CORNU (G.), *Vocabulaire juridique, Op. cit.*, p. 234.

287 KUREK (A.), *Le juge financier, juge administratif*, Thèse de Doctorat en Droit public, Université du droit et de la santé, Lille II, 2010, p. 5.

La performance est devenue, depuis quelques années, le principe qui est censé guider la gestion publique et conditionner sa légitimité[288]. Elle sera ainsi érigée en critère déterminant d'une bonne gestion publique[289]. La prise en compte de la performance en droit budgétaire constitue un axe majeur des politiques menées par beaucoup de nations développées en vue de mettre en œuvre une allocation plus rationnelle des ressources publiques[290].

Si les contrôles non juridictionnels sont le marqueur de la recherche d'une efficacité de la comptabilité publique, il reste que c'est le juge qui est le dernier rempart contre les atteintes au droit.

B- L'amplification des contrôles juridictionnels

Plusieurs juges interviennent dans le contrôle de l'exécution des dépenses publiques, du juge spécialisé (**1**) au juge non spécialisé (**2**).

1- Le juge spécialisé

Au Cameroun, le contentieux financier est principalement dévolu au juge des comptes. C'est ce qui ressort de deux directives CEMAC[291]. L'article 72, alinéa 1 de la directive CEMAC n° 01/11-UEAC-190-CM-22 dispose que « *le contrôle juridictionnel des opérations budgétaires et comptables des administrations publiques est assuré par une Cour des comptes qui doit être créée dans chaque État membre* ». La chambre des comptes est donc le juge financier spécialisé en matière de contrôle des finances publiques au Cameroun[292]. Elle procède non seulement d'un impératif de gouvernance financière et économique, mais au-delà, d'une vision moderne de la gestion de l'État de droit[293]. Elle est prévue dans la constitution à l'article 41 qui dispose que : « la *Chambre des Comptes contrôle et juge les comptes et les documents en tenant lieu des comptables publics patents ou de fait : de l'État et de ses établissements publics ; des collectivités territoriales décentralisées et leurs établissements publics ; des entreprises du secteur public et*

[288] CHEVALLIER (J.), « Performance et Gestion publique », *In Réformes des finances publiques et modernisation de l'administration*, Mélanges à HERTZOG (R.), Economica, Paris, 2011, p. 81.
[289] FLIZOT (ST.) « Le contrôle des gestionnaires publics par les Cours des comptes », *Politiques et management public*, vol. 25, n° 4, 2007, p. 142.
[290] EVINA OBAM (R.), *L'intégration du pilotage des performances en finances publiques camerounaises*, Mémoire de master en administration publique, ENA, 2005, p. 5.
[291] Il s'agit d'abord de la directive CEMAC n°01/11-UEAC-190-CM-22 relatives aux lois de finances, il s'agit ensuite de la directive CEMAC n°06/11-UEAC-190-CM-22 relative au code de transparence et de bonne gouvernance dans la gestion des finances publiques.
[292] SIETCHOUA DJUITCHOKO (C.), « La réforme inachevée du contrôle juridictionnel des comptes au Cameroun (commentaire de la loi n°2003/005 du 21 avril 2003 fixant attributions, l'organisation et le fonctionnement de la chambre des comptes de la Cour suprême) », *Juridis Périodique*, n°56, octobre, novembre, décembre 2003, p.73.
[293] Rapport annuel de la chambre des comptes 2008.

parapublic ». En plus de ces normes, quatre lois peuvent valablement être considérées. D'abord, la loi n° 2003/005 du 21 avril 2003 fixant les attributions, l'organisation et le fonctionnement de la Cour des comptes. Ensuite, loi n° 2006/16 du 27 décembre 2006 fixant l'organisation et le fonctionnement de la Cour Suprême. De plus, la loi n° 2006/017 du 29 décembre 2006 fixant l'organisation, les attributions et le fonctionnement des tribunaux régionaux des comptes. Enfin, il faut relever d'une part la loi 2018/012 du 11 juillet 2018 portant régime financier de l'État et des autres entités publiques et d'autre part, la loi n° 2018/011 11 du juillet 2018 portant code de transparence et de bonne gouvernance dans la gestion des finances publiques au Cameroun qui confie le contentieux des comptes à la juridiction des comptes[294].

La Chambre des Comptes est sans aucun doute la juridiction suprême en matière des Comptes de l'État[295]. En tant que telle, elle est la haute juridiction souveraine en matière de comptes. La chambre des comptes est dotée d'instruments importants pour restaurer l'orthodoxie budgétaire et comptable afin de promouvoir la bonne gouvernance financière[296].

La chambre des comptes a ainsi un pouvoir de sanction à l'amende de tout comptable n'ayant pas rempli ses obligations. Il en a été ainsi dans l'arrêt n° 113/AD/CSC/CDC/S2/du 17 novembre 2011 compte de gestion de la Commune urbaine de Maroua pour l'exercice 2006 où le juge des comptes condamne un compte en indiquant : « *qu'aux termes de l'audience du 24 juin 2010, la chambre des comptes de la Cour suprême du Cameroun, siégeant en formation de la 2e section chargée du contrôle et du jugement des comptes des comptables des collectivités territoriales décentralisées et leurs établissements publics a eu à statuer publiquement et provisoirement en condamnant ISSA Felix au paiement d'une amende de 270 000 FCFA pour retard dans la production des comptes* »[297].

294 Articles 42 et 43.

295 GUESSELE ISSEME (L. P.), *L'apport de la Cour Suprême au droit administratif camerounais,* Thèse de Doctorat/Ph. D. en Droit public, Université de Yaoundé II, 2010, p. 12.

296 FOUDA (J.-C.), *La Chambre des Comptes et la protection de la fortune publique au Cameroun*, Mémoire de Master en droit public, Université de Yaoundé II, 2011-2012, p. IV.

297 L'ampleur du montant de la sanction est à relativiser. 55 mois de retard de production pour un montant d'amende de l'ordre de 1.100000fcfa dans le cas du receveur de la communauté urbaine de Douala (arrêt n°190/AD/CSC/CDC/S2/du 22 novembre 2012, compte de gestion de la communauté urbaine de Douala exercice 2007) 57 mois de retard de production pour le même comptable pour un montant d'amende évalué à 1.140000 FCFA (arrêt n°189/AD/CSC/CDC/S2/du 22 novembre 2012, compte de gestion de la communauté urbaine de Douala exercice 2006) 42 mois de retard pour un montant d'amende de 5.048.000fcfa dans le cas du receveur de la commune urbaine de Nkongsamba (arrêt n°216 AD/CSC/CDC/S2/du 22 novembre 2012, compte de la commune urbaine de Nkongsamba exercice, 2008).

Le juge des comptes sera également compétent pour connaître du maniement des deniers publics, même si celui-ci n'est pas le fait d'un comptable patent, autrement dit régulièrement investi[298].

À côté de la Chambre des Comptes, le tribunal criminel spécial apparaît également comme une juridiction spécialisée dans le contentieux des comptes. En effet, la réhabilitation du Tribunal criminel spécial résultant de la loi n° 2011/028 du 14 décembre 2011 portant création d'un tribunal criminel spécial[299] peut être perçue comme une manifestation de la crise de confiance des politiques à l'égard des juridictions de droit commun[300] qui ont été incapables de dissuader les prévaricateurs de la fortune publique. Le tribunal criminel spécial en tant que juridiction d'exception connaît des affaires qui lui sont formellement attribuées par la loi. Ainsi, l'article 2 (nouveau) de loi n° 2012/011 du 16 juillet 2012 modifiant et complétant certaines dispositions de la loi n° 2011/028 du 14 décembre 2011 portant création d'un tribunal criminel spécial dispose que « *le tribunal est compétent pour connaître, lorsque le préjudice est d'un montant minimum de cinquante millions (50 000 000) de francs CFA, des infractions de détournement de biens publics...* ». Cette disposition conduit à l'éviction des juridictions pénales de droit commun des affaires de détournement des biens publics d'un montant minimum de 50 millions par la loi du 16 juillet 2012[301].

L'article 184 du Code pénal de 2016 appréhende le détournement de biens ou de deniers publics comme le fait pour quiconque par quelque moyen que ce soit d'obtenir ou retenir frauduleusement quelque bien que ce soit mobilier ou immobilier, appartenant, destiné ou confié à l'État unifié, à une coopérative, collectivité ou établissement, ou public ou soumis à la tutelle administrative de l'État ou dont l'État détient directement ou indirectement la majorité du capital. L'article 114 de la loi n° 2017/011 du 12 juillet 2017 portant Statut général des entreprises publiques apporte des précisions sur le sens du détournement de biens publics en ce qui concerne les entreprises publiques. Il prévoit que « *constitue le détournement de biens publics prévu et réprimé par l'article 184 du Code pénal, le fait pour les dirigeants sociaux des entreprises publiques : d'opérer sciemment entre les actionnaires la répartition de dividendes fictifs en l'absence d'inventaire ou au moyen d'inventaire frauduleux ; de mauvaise foi, de faire des biens ou du crédit de*

[298] KUREK (A.), *Le juge financier, juge administratif*, *op.cit.*, p. 5.
[299] Loi n°2012/011 du 16 juillet 2012 modifiant et complétant certaines dispositions de la loi n° 2011/028 du 14 décembre 2011 portant création d'un tribunal criminel spécial.
[300] MONEBOULOU MINKADA (H. M.), « Le Tribunal criminel spécial au Cameroun et les grands principes de la justice criminelle : étude comparative sur les Lois de 1961 et 2011 », *Juridical Tribune*, vol. 2, Issue 2, 2012, p. 142.
[301] TCHOTCHOU PETCH (C. K.), « Le sort des juridictions de droit commun face à la loi du 16 juillet 2012 sur le tribunal criminel spécial en matière de détournement des biens publics au Cameroun », *op.cit.*, p. 4.

l'entreprise, un usage qu'ils savent contraire à l'intérêt de celle-ci, à des fins personnelles, matérielles ou morales ou pour favoriser une autre personne morale dans laquelle ils sont directement ou indirectement intéressés ». Le détournement de biens publics procède donc d'une déviation de la destination ultime du bien public[302].

Le TCS est également compétent pour sanctionner les infractions connexes au détournement de biens publics. Au terme de l'article 2 (nouveau) : de loi n° 2012/011 du 16 juillet 2012 modifiant et complétant certaines dispositions de la loi n° 2011/028 du 14 décembre 2011 portant création d'un tribunal criminel spécial, le Tribunal connaît des infractions de détournement de biens publics et des infractions connexes prévues par le Code pénal et les conventions internationales ratifiées par le Cameroun. À cet égard, l'article 6 (3) du code de procédure pénale camerounais qui dispose qu'*« il y a connexité : lorsque les infractions ont été commises au même moment par plusieurs personnes agissant ensemble ; lorsque des infractions ont été commises par différentes personnes même en différents temps et divers lieux, mais par suite d'une conspiration ; lorsqu'une infraction a été perpétrée, soit pour faciliter la commission d'une autre, soit pour assurer l'impunité de celle-ci ; lorsqu'il y a recel ; dans tous les cas où il existe entre les infractions des rapports étroits analogues à ceux énumérés au présent alinéa* ». C'est au regard de cette définition qu'il est possible de ranger parmi les infractions connexes la corruption[303], l'escroquerie[304], l'abus de confiance[305], la concussion[306]. Selon la convention de Mérida sur la corruption, font partie des infractions connexes, le trafic d'influence[307], l'usage illicite du bien[308], l'enrichissement illicite[309] et l'abus de fonction[310]. Ces infractions sont également connues par les juges non spécialisés.

2- Le juge non spécialisé

Le contrôle des comptes publics fait intervenir des juridictions autres que la juridiction des comptes et le tribunal criminel spécial. Il s'agit d'une part du juge pénal ordinaire qui a des compétences générales en matière de répression des infractions et donc certaines infractions financières et d'autre

---

302 AKONO ONGBA SEDENA, « La distinction entre la faute de gestion et le détournement de deniers publics en droit camerounais », *RASJ*, n° 1, 2014, pp. 268-273 ; voir également le Jugement n° 2700/Crim du 11 juillet 2008, ministère public et Crédit foncier C/Booto A Ngon, Edou Joseph et autres ; jugement n° 371/Crim du 27 juin 2007, ministère public et Feicom C/ONDO NDONG Emmanuel et 31 coaccusés.

303 Les articles 134 et 134 bis du CP.

304 Article 318 (c) du CP.

305 Article 318 (b) du CP.

306 Article 142 du CP.

307 Article 18 de la convention.

308 Article 17 de la convention.

309 Article 20 convention.

310 Article 19 convention.

part des juridictions non répressives qui n'ont pas pour rôle principal la comptabilité publique.

En ce qui concerne la juridiction pénale ordinaire, il faut noter que les multiples contrôles qui s'exercent sur les finances publiques débouchent, en cas d'infractions, sur la mise en jeu de la responsabilité personnelle des agents chargés de l'exécution des budgets publics[311]. Dans le cadre du contrôle juridictionnel des finances publiques, la responsabilité pénale peut être mise en jeu, tant à l'égard des ministres, des fonctionnaires[312] que de tout agent public[313]. C'est dire que le droit pénal a une place prépondérante en matière de protection des finances publiques. Il s'agit de la branche du droit ayant pour objet la prévention et la répression des infractions[314]. Il incrimine des comportements qu'il érige en infractions et sanctionne ses auteurs par des peines. La pénalisation de la vie publique apparaît donc aujourd'hui comme un mode de régulation essentiel de la comptabilité publique. Elle est la conséquence d'une mauvaise application des valeurs managériales, mais surtout l'accroissement des infractions en matière comptable.

Il faut dire que l'intérêt croissant des pouvoirs publics dans la répression des infractions financières au sein des populations et parmi les dirigeants, à travers la création de nouvelles structures, n'a pas détruit l'architecture pénale initiale. Le juge pénal ordinaire est toujours compétent pour réprimer des infractions financières. Cette répression est mise en œuvre par les juridictions de l'ordre judiciaire ordinaire. Celles-ci sont organisées par la loi n° 2006/015 du 29 décembre 2006 grâce à laquelle le législateur a façonné un nouveau visage à l'organisation juridictionnelle camerounaise par une réforme des institutions judiciaires à la fois sur les plans fonctionnel et structurel. Le juge pénal est incarné en instance par les Tribunaux de Première Instance[315] et les Tribunaux de Grande Instance[316], en appel par les cours d'appel[317] et en cassation par la Cour suprême. Leurs compétences en matière de répression des atteintes aux finances publiques ont connu un réajustement avec la résurrection du tribunal criminel spécial. Elles sont désormais confinées aux infractions dont le montant est inférieur à 50 millions.

---

[311] PHILIP (L.), *Finances publiques*, *Op. cit.*, p. 299.

[312] LACSCOMBE (M.) et VANDENDRIESSCHE (X.), *Les finances publiques*, Paris, Dalloz, 2009, p. 167.

[313] Article 1er de la loi n° 74/18 du 5 décembre 1974 relative au contrôle des ordonnateurs, gestionnaires et gérants des crédits publics et des entreprises d'État modifiée par la loi n° 76/4 du 8 juillet 1976.

[314] CORNU (G.), *Vocabulaire juridique*, *op.cit.*, p. 660.

[315] Articles 13 et suivants de la loi de 2006/015 du 29 décembre 2006 portant organisation judiciaire fixent l'organisation du TPI.

[316] L'article 17 de la loi n°2006/015 du 29 décembre 2006 organise le TGI.

[317] L'article 19 de la loi n°2006/015.

À côté du juge pénal ordinaire, le juge administratif camerounais apparaît également comme un juge financier[318]. En effet, si la constitution du 18 janvier 1996 est muette sur les compétences financières des juridictions administratives, la loi 2006/016 du 27 décembre 2006 fixant l'organisation et le fonctionnement de la Cour suprême apporte quant à elle plus de précision.

Aux termes de l'article 40 de la constitution, *« la chambre administrative connaît de l'ensemble du contentieux administratif de l'État et des autres collectivités publiques ».* C'est la loi n° 2006/022 du 29 décembre 2006 fixant l'organisation et le fonctionnement des tribunaux administratifs qui va fixer les contours du contentieux administratif en précisant que les tribunaux administratifs sont des juridictions inférieures en matière de contentieux administratif. Ils connaissent à cet effet, en premier ressort, du contentieux des élections régionales et municipales et en dernier ressort, de l'ensemble du contentieux administratif concernant l'État, les collectivités publiques territoriales décentralisées et les établissements publics administratifs[319]. Si la lecture de ces dispositions ne laisse pas apparaître directement la compétence en matière financière, il convient de noter que les acteurs des finances publiques, qu'ils s'agissent des opérations des recettes et des dépenses, sont des autorités administratives et agissent par voie de conséquence par le biais des actes administratifs unilatéraux dont la légalité peut être contestée par le moyen du recours pour excès de pouvoir prévue à l'article 2, alinéa 3 de la loi de 2006 fixant l'organisation et le fonctionnement des tribunaux administratifs.

En plus des précisions précédentes, la loi 2006/016 du 27 décembre 2006, fixant l'organisation et le fonctionnement de la Cour suprême consacre les compétences des juridictions administratives en matière de finances publiques. L'article 38 de cette loi dispose que « *la chambre administrative est compétente pour connaître (...) des pourvois formés contre les décisions rendues en dernier ressort par les juridictions inférieures en matière de contentieux administratif* ». Elle est de ce fait constituée de plusieurs sections correspondantes à un contentieux déterminé. Ainsi, aux termes de l'article 9, « *la Chambre administrative comprend : une section du contentieux de la fonction publique ; une section du contentieux des affaires foncières et domaniales ; une section du contentieux fiscal et financier ; une section du contentieux des contrats administratifs ; une section du contentieux de l'annulation et des questions diverses. (2) Chaque section connaît des appels et des pourvois en cassation relatifs aux matières qui relèvent de sa compétence* »[320].

---

318 DAMARREY (S.), *Le Juge administratif, juge financier*, *op.cit.*, p. 13.

319 Article 2.

320 L'article 51 de la loi n° 2004/17 du 22 juillet 2004 portant orientation de la décentralisation le confirme. Le premier article précise que « les recours dirigés contre les

L'évolution du droit de la comptabilité s'est faite grâce à l'impulsion d'une certaine dynamique internationale. Il est donc tout à fait normal que des structures internationales participent à son contrôle.

Paragraphe II - L'implication des acteurs internationaux

Le contrôle des comptes et des opérations dans le secteur public jouit désormais d'une reconnaissance et d'une garantie internationales du fait des acteurs non juridictionnels (**A**) et des acteurs juridictionnels (**B**).

A- Le contrôle par les acteurs non juridictionnels

Le contrôle non juridictionnel des comptes du secteur public est exercé par les institutions financières internationales et les bailleurs de fonds. Il faut dire que les institutions financières internationales contribuent de diverses manières à l'évolution des standards internationaux en matière de bonne gestion financière et fiscale. À ce titre, elles reconnaissent que le renforcement de la responsabilité et de la reddition des comptes dans la gestion des finances publiques est essentiel à la consolidation des réformes économiques de seconde génération[321]. Ainsi aujourd'hui, il ne fait plus de doute que pour améliorer la gouvernance financière et la responsabilité fiscale des économies des pays en développement, il est primordial de renforcer la transparence et la responsabilité en matière de gestion des finances publiques. Le renforcement du contrôle des finances publiques et la vérification des comptes de l'État contribuent à fortifier le système de poids et des contrepoids dans le processus budgétaire. C'est dans ce contexte que la gouvernance du processus budgétaire acquiert une nouvelle signification et fait l'objet d'un réexamen.

De plus, l'efficacité de l'aide au développement et du soutien budgétaire direct ainsi que les prêts conditionnés, oblige à s'en remettre toujours plus qu'aux systèmes nationaux de gestion des finances publiques, à la surveillance externe des institutions financières internationales, dont le contrôle financier

---

collectivités territoriales obéissent aux règles du contentieux administratif, ou du contentieux de droit commun, suivant le cas ». Voir également l'article 71 de la loi n° 2004/17 du 22 juillet 2004 portant orientation de la décentralisation qui stipule que *« le représentant de l'État défère à la juridiction administrative compétente les actes prévus aux articles 68 et 69 qu'il estime entachés d'illégalité, dans un délai maximal d'un mois à compter de la date de leur réception. (3) La juridiction administrative saisie est tenue de rendre sa décision dans un délai maximal d'un mois. »*

[321] SANTISO (C.), « The Contentious Washington Consensus: Reforming the Reforms in Emerging Markets », *Reviewof International Political Economy,* 11(4), 2004, pp. 827–843.

et fiscal concourt à améliorer non seulement l'efficience des politiques publiques, mais également l'efficacité[322].

Ces dernières années, les institutions financières internationales ont modernisé les normes internationales, les méthodes d'analyse et les outils de diagnostic pour mieux évaluer la qualité des processus budgétaires et la solidité des mécanismes de responsabilité et de reddition des comptes dans la gestion financière. Le FMI promeut la bonne gouvernance fiscale au travers de nombreux canaux, notamment sa surveillance des politiques fiscales et des finances publiques, les prêts qu'il accorde et les conditions qu'il impose, ainsi que l'assistance technique qu'il facilite[323].

Le respect par un pays des normes du FMI est examiné dans les rapports sur l'observation des normes et des codes (RONCs). Il faut dire que les rapports sur l'observance des normes et des codes prennent généralement en considération la solidité des mécanismes de responsabilité financière et la qualité des relations entre les pouvoirs exécutif et législatif en matière budgétaire. Ces instruments de diagnostic sont complétés par ceux de la Banque mondiale qui évaluent la qualité de la gestion des dépenses publiques.

La faiblesse des mécanismes de contrôle fiscal et de probité financière, qui réduit l'impact des dépenses publiques et la reddition des comptes, constitue un frein au développement et à la réduction de la pauvreté dans les pays en développement[324].

B- Le contrôle par la juridiction communautaire

La cour des comptes de la CEMAC qui a pour vocation première de contrôler les comptes des organes et institution de la CEMAC[325] afin d'assurer une gestion saine des ressources de la communauté est la juridiction communautaire. Elle a été conçue sur le modèle de la Cour des comptes européenne instituée en 1977 en vue d'assurer le contrôle externe des finances publiques communautaires. Son siège est à Ndjamena, République du Tchad[326]. Elle est une juridiction financière indépendante des États, des

322 SANTISO (C.), « Combattre la corruption et améliorer la gouvernance financière : les institutions financières internationales et le renforcement du contrôle budgétaire dans les pays en développement », *RFFP*, n° 119, 2006/3, p. 461.

323 FMI, *Good Governance: The IMF's Role,* Washington DC, FMI, 1997.

324 SANTISO (C.), « Combattre la corruption et améliorer la gouvernance financière : les institutions financières internationales et le renforcement du contrôle budgétaire dans les pays en développement », *op.cit.*, p. 460.

325 Article 3 de la convention régissant la Cour des comptes communautaire du 30 janvier 2009.

326 Article 1er de l'Acte additionnel n°13 CEMAC/CCE-10 fixant le siège de la Cour des comptes de la CEMAC du 17 janvier 2010.

institutions, des organes et des institutions spécialisées[327]. Ses décisions sont rendues au nom de la communauté en audience publique. Elles sont dotées de l'autorité de la chose jugée et force exécutoire.

La Cour des comptes de la CEMAC jouit d'un champ de compétences assez varié regroupant aussi bien des fonctions juridictionnelles et des fonctions non juridictionnelles[328]. L'article 32 de la convention énonce les fonctions juridictionnelles qui concernent les comptables publics et les ordonnateurs. Ainsi, elle vérifie, sur pièces et au besoin sur place, la légalité et la régularité des recettes et des dépenses ; juge les comptes des comptables publics communautaires ; sanctionne et apure la gestion de fait ; connait des fautes de gestion commises par les ordonnateurs ; prononce les condamnations à l'amende, etc.

On peut toutefois constater que, comme la Cour des comptes européenne, et contrairement à ce qui a cours dans l'espace communautaire de l'UEMOA, la Cour des comptes de la CEMAC n'a pas une emprise sur les comptes des États membres, mais elle exerce à leur endroit une fonction consultative et une fonction d'appui en matière de contentieux juridictionnel. Deux propositions peuvent illustrer ce constat.

Dans le premier cas, l'article 34 de la convention régissant la Cour des comptes communautaire prévoit que *« dans son rôle consultatif, la Cour des comptes de la communauté émet des avis à la demande des États membres, des institutions, des organes et des institutions spécialisées, sur toutes les questions relevant de ses compétences ».* N'ayant pas délimité le champ matériel dans lequel elle peut donner son avis, il convient de dire que la cour peut être sollicitée dans tous les domaines.

Dans le second cas, l'article 39 de la convention régissant la Cour des comptes communautaire prévoit que *« les cours des comptes et les institutions de contrôle nationales peuvent solliciter, en cas de besoin, le concours de la Cour des comptes communautaire ».* La cour peut donc fournir un appui multiforme en matière de contentieux juridictionnel aux juridictions nationales des comptes. Il s'agit de la matérialisation de la coopération juridictionnelle. Elle peut donc contribuer, non seulement à l'élaboration du cadre de contrôle financier, mais également fournir l'expertise aux juridictions nationales en vue de promouvoir la transparence et l'obligation de rendre compte. Cependant, il convient de dire que la présence d'une cour des comptes communautaire n'occulte en rien le rôle prépondérant des juridictionnelles des comptes.

---

[327] Article 5 (1) de la convention régissant la Cour des comptes communautaire du 30 janvier 2009

[328] BILOUNGA (S.T.) *La réforme du contrôle de la dépense publique au Cameroun, Op.cit.*, p.288.

Conclusion chapitre I

Suite aux moments d'inefficacité des finances publiques, il a fallu transformer les règles de la comptabilité publique, mais aussi reconfigurer les institutions pour lui impulser un nouveau souffle. Il a été question de reconfigurer les structures d'information ainsi qu'à la dynamisation des structures de contrôle. L'amélioration de la comptabilité passe nécessairement par ces acteurs essentiels. Ainsi, le droit de la comptabilité publique s'est transformé dans la mesure où il y a eu une reconfiguration des organes. On a pu constater non seulement la reconfiguration des organes d'application de la comptabilité publique que ce soit les acteurs classiques que sont les ordonnateurs et comptables ou les régisseurs d'avance et de recettes et responsables des programmes, mais également la dynamisation des organes de contrôles. Il y a eu une densification des organes nationaux et une implication des acteurs internationaux. Pour autant, cette reconfiguration, malgré tout l'engouement qu'elle aura suscité, présente malheureusement quelques insuffisances dont il est utile de présenter la quintessence.

Chapitre II :

Les limites de la reconfiguration structurelle

Tout système doit tendre à la sécurité[329]. Cette sécurité « *constitue (...), de nos jours, un enjeu renouvelé du droit contemporain* [330]». C'est pourquoi « *le droit budgétaire s'est complètement transformé. Il est devenu un ensemble de règles juridiques dont le respect s'impose aux pouvoirs publics et dont la violation peut être sanctionnée*[331] ». Tout l'arsenal juridique ayant conduit à la transformation des finances publiques et donc de la comptabilité publique n'a pas permis d'assurer avec efficience la bonne gestion de nos finances publiques[332]. Si l'on retient que la réalisation effective des opérations d'exécution du budget obéit à un cadre juridique spécifique encadré par le droit de la comptabilité publique, il faut dire que ce dernier est limité. Il convient donc d'identifier ces limites (**Section I**) avant de déterminer les voies d'amélioration possible (**Section II**).

Section I- L'identification des limites de la reconfiguration structurelle de la comptabilité publique

Il est possible de constater que les enjeux qui entourent les transformations des structures de la comptabilité publique n'ont pas permis de les rendre efficaces. L'accroissement des structures et le renforcement des mécanismes de fonctionnement ne font pas perdre de vue le fait qu'elles sont limitées, car n'ayant pas été suffisamment encadrées. Il s'agit des instances non juridictionnelles (**section I**) et des instances juridictionnelles (**section II**).

---

329 BERGEL (J.-L.), *Théorie générale du droit*, Paris, Dalloz, 2012, p42.
330 MORAND (C. A.) (dir.), *La pesée globale des intérêts*, éd. Helbing et Lichtenhahn, Bale et Francfort sur le Main, collection genevoise, 1996, p. 12.
331 PHILIP (L.), « La constitutionnalisation du droit budgétaire français », *Op. cit.*, p. 49.
332 ONDOUA EKOBENA (J. M.), *Les démarches de modernisation du système camerounais de contrôle des finances publiques*, Mémoire Master en « Administration publique », École nationale d'administration, 21 mai 2013, p. 14.

Paragraphe I- Les Limites relatives aux structures non juridictionnelles

L'on observe qu'au Cameroun, malgré l'option pour une réforme, celle-ci demeure inachevée à travers la limitation des actions des instances internationales (**A**) et des instances nationales (**B**)

A- Les limites concernant les structures internationales

Bien que le Cameroun ait souscrit aux normes régionales en matière de comptabilité publique, leur application se heurte toujours à la résistance de la souveraineté (**1**) et à la force juridique des décisions (**2**).

1- L'obstacle de la souveraineté de l'État

Le terme souveraineté découle du latin médiéval « *superanus* » qui dérive du latin classique « *superus* » qui signifie supérieur. Il désigne le droit exclusif d'exercer l'autorité politique sur une zone géographique ou un groupe de peuples. Elle n'est en principe qu'étatique même si on voit aujourd'hui le concept de souveraineté se détacher de l'État. En effet, la souveraineté est une qualité constitutive de l'étaticité de l'État[333]. Par la souveraineté, « *l'État est à la fois le détenteur de la puissance suprême dans l'ordre interne et indépendant dans l'ordre externe* »[334]. La souveraineté est donc inséparable de l'État. Elle est la marque de l'existence de l'État et de sa reconnaissance par d'autres États.

Même si les débats sont de plus en plus portés de nos jours vers la limitation de la souveraineté des États à travers les concepts de droit d'ingérence et de responsabilité de protéger, la souveraineté reste et demeure la marque de l'État, elle lui est consubstantielle. C'est dire qu'un État sans souveraineté n'en est pas un. Cette évidence est liée au fait que la souveraineté est la condition de l'existence de l'État, mais également c'est elle qui justifie l'expression de la puissance étatique dans l'exercice des compétences étatiques.

C'est dans la propre volonté de l'État qu'il faut chercher le principe de limitation de ses pouvoirs[335]. « *L'État souverain diffère des autres êtres juridiques en ce qu'il n'a au-dessus de lui aucune autorité qui puisse lui*

---

[333] ALLAND (D.) et RIALS (St.), *Dictionnaire de la culture juridique*, Paris, PUF, 2003, p. 1434.
[334] *Ibid.*
[335] CHEVALLIER (J.), « Les fondements idéologiques du droit administratif français », *op.cit.*, p.34. KAMTO (M.), *La volonté de l'État en droit international,* Académie de droit international de la Haye, Boston, Martinus Nijhoff Publishers, 2007, 428 p.

commander et l'obliger à respecter ce principe »[336]. Il n'y a au-dessus de l'État souverain aucune puissance qui soit capable de le limiter juridiquement[337]. En d'autres termes, « *le développement croissant de ses interventions, l'omniprésence du pouvoir peuvent être condamnés du point de vue de la science politique ou au nom des considérations éthiques, mais sur le plan juridique, aucune limite ne lui est assignée qu'il ne se soit lui-même fixée* »[338]. Il a droit à l'autonomie de décision.

La souveraineté est un moyen d'expression de la puissance de l'État. Ce qui induit d'abord que c'est lui-même qui détermine les objets qui doivent rentrer dans le champ de son activité[339]. Il a ainsi, la faculté de déterminer sa propre compétence, qu'il est totalement libre de l'étendue de ses attributions[340]. Ensuite, la souveraineté implique que l'État soit le seul compétent sur son territoire. L'État a donc du fait de la souveraineté exclusivité et plénitude. Enfin, « *la souveraineté cache plutôt la question du domaine réservé de l'État, en termes de compétences essentiellement nationales, qui ne sauraient faire l'objet d'un arbitrage ou d'une intervention extérieure* »[341].

Grâce à la souveraineté, l'État a un accès immédiat au droit international. Autrement dit, il reste la personne internationale de droit commun, la seule à avoir immédiatement accès, par sa simple existence, à l'ordre juridique international ; les sujets des États n'ont cet accès et n'« existent » internationalement que par la volonté des États et sur leur concession[342].

Du coup, les prescriptions des organisations internationales sont paralysées au motif de cette souveraineté, ce d'autant plus que leurs décisions ont une force juridique relative.

2- La force juridique des décisions des instances internationales

Il y a une absence de contrainte des décisions des acteurs internationaux. Que ce soit le Parlement communautaire ou encore le Fonds Monétaire International, il convient de relever que ces institutions ne disposent véritablement pas de moyens de sanction à l'égard des administrations.

---

336 MICHOUD (L.), *La théorie de la personnalité morale et son application en droit français*, Paris, LGDJ, 1924, p.154.
337 CHEVALLIER (J.), « Les fondements idéologiques du droit administratif français », *op.cit.*, p.34.
338 DRUESNE (G.), « Réflexions sur la notion de pouvoirs publics en droit français », *RDP*, 1976, p. 1162.
339 MICHOUD (L.), *La théorie de la personnalité morale et son application en droit français*, LGDJ, 1924, p.154.
340 CHEVALLIER (J.), « Les fondements idéologiques du droit administratif français », *op.cit.*, p.34
341 NEMEDEU (R.), « La recherche du critère d'arbitrabilité des litiges concernant les personnes morales de droit public en droit OHADA », *RASJ*, vol. 6, n°1, 2009, p. 50.
342 THIERRY (H.), COMBACAU (J.), SUR (S.) et VALLÉE (Ch.), *Droit international public*, Paris, Éditions Montchrestien, 1988, 5e éd., p. 294.

L'action de ces institutions se résume le plus souvent à des recommandations ou à des résolutions dont la mise en œuvre est largement laissée à la merci des États à travers leurs organes le plus souvent. La souveraineté des États dans cette logique est brandie pour faire obstacle à toute éventuelle injonction étrangère.

Il faut cependant dire que ces acteurs non nationaux qui interviennent dans le domaine des finances publiques en général et de la comptabilité publique en particulier disposent des moyens de pression qu'ils peuvent exercer sur les États. Les réductions d'assistance ou encore des prêts, pour ce qui concerne le FMI peuvent être mobilisées pour amener les États à suivre les recommandations ou les résolutions. Mais là encore, la posture des administrations ou des États ne peut être guidée que par leur propre volonté. Les institutions nationales non juridictionnelles sont également limitées.

B- Les limites concernant les instances nationales

Le renforcement des capacités des organes non juridictionnels nationaux n'a pas vraisemblablement résolu le problème de leur efficacité tant les limites demeurent liées aux organes administratifs (**1**) et politiques (**2**).

1- Les limites des organes administratifs

La première garantie en matière de comptabilité publique est sans aucun doute la règle classique de la séparation des fonctions d'ordonnateur et de comptable public reprise à l'alinéa 2 de l'article 64 de la loi de 2018. L'article 65 du même texte définit l'ordonnateur comme « *toute personne ayant qualité au nom de l'État de prescrire l'exécution des recettes et des dépenses inscrites au budget de l'État* ». Le législateur ajoute qu'en matière de dépenses, on distingue les ordonnateurs principaux[343], secondaires[344] et délégués[345]. Le décret n° 2013/160/PR du 13 mai 2013 portant règlement général de la comptabilité publique est venu clarifier cette catégorisation. L'article 15 de ce texte indique que « *les comptables publics comprennent les comptables de deniers et de valeurs, et les comptables d'ordre* ». L'article 64, alinéa 2 de la loi 2018 sur le régime financier de l'État dispose « *les fonctions d'ordonnateur et celles de comptable public sont et demeurent séparées et incompatibles tant en ce qui concerne l'exécution des recettes que l'exécution des dépenses* ».

---

[343] Il s'agit des chefs de départements ministériels et assimilés et les Hautes Autorités des institutions constitutionnelles.

[344] Il s'agit des responsables des services déconcentrés de l'État qui reçoivent les autorisations des dépenses des ordonnateurs principaux.

[345] Il s'agit des responsables désignés par les ordonnateurs principaux ou secondaires pour matières expressément définies. Cette délégation prend la forme d'un acte administratif de l'ordonnateur principal ou secondaire.

« L'observation sociologique montre que l'ensemble du secteur public ne se plie qu'avec réticence à la discipline financière »[346]. Ainsi, l'un des principaux maux qui minent le fonctionnement régulier des systèmes financiers publics au Cameroun est la corruption et la mauvaise gestion. On constate que les administrations publiques sont toutes touchées par la corruption et la mauvaise gestion. Il n'est point besoin de faire l'état des lieux de la corruption dans ce pays. Le phénomène est présent et ne recule pas.

Au-delà de ces maux, il convient surtout d'ajouter la faible appropriation des réformes par les acteurs. Selon Stefan LEIDERER et Peter WOLFF, le principal défi que la politique de développement se doit de relever pour renforcer durablement les systèmes nationaux de gestion des Finances publiques consiste moins à identifier simplement les grandes lacunes de ces systèmes qu'à formuler des réformes réalistes et efficaces, puis à les appliquer[347]. Or, tous les acteurs ont encore beaucoup à apprendre dans ce domaine. En effet, le problème d'appropriation de la réforme de la comptabilité publique au Cameroun se pose avec acuité. Nos enquêtes effectuées sur le terrain nous ont permis de nous rendre à l'évidence que les acteurs ne s'approprient pas bien les réformes. Dans tout le pays, des moyens importants sont mis à la disposition des unités chargées d'accompagner la réforme, mais les acteurs concernés se plaignent de la mauvaise gestion des fonds et du fait qu'étant des acteurs non négligeables, ils n'ont bénéficié d'aucun accompagnement. Pourtant, le premier principe directeur pour renforcer les capacités en matière de gestion des finances publiques est de favoriser la conduite des opérations et l'appropriation par les acteurs eux-mêmes[348]. Les limites touchent aussi les organes politiques.

2- Les limites des organes politiques

La gestion des finances publiques est un défi permanent pour tous les États africains[349], car il contribue à créer les conditions appropriées pour que les entités du secteur public et les fonctionnaires exercent leurs fonctions de façon efficace et efficiente. Malheureusement, les organes politiques impliqués en

---

346 Il s'agit des responsables désignés par les ordonnateurs principaux ou secondaires pour matières expressément définies. Cette délégation prend la forme d'un acte administratif de l'ordonnateur principal ou secondaire.

347 STEFAN (L.) et WOLF (P.), « Gestion des finances publiques : une contribution à la bonne gouvernance financière », *Annuaire suisse de politique de développement* [en ligne], vol. 26, n°2 | 2007, mis en ligne le 22 juin 2009, consulté le 17 novembre 2015. URL : http://aspd.revues.org/142.

348 CAD, Harmoniser l'aide pour renforcer son efficacité, vol. 2 : Le soutien budgétaire, les approches sectorielles et le développement des capacités en matière de gestion des finances publiques, Lignes directrices et ouvrages de référence du CAD, Paris, OCDE, 2003.

349 TOURE (C.), « Le système de contrôle des finances publiques au Mali », *Revue électronique Afrilex,* n°4, décembre 2004, « http://afrilex.u-bordeaux4.fr », p.170. Consulté le 12 septembre 2020.

matière de comptabilité publique sont également limités. Certaines limites sont liées à l'action du président de la République, du parlement, et du public.

S'agissant des limites de l'action du président de la République. Il convient de décrier sa trop forte implication dans les questions financières et comptables. En effet, il est le maillon central, car il « *dispose d'une compétence d'orientation* »[350], il est ainsi normal qu'il ait de moyens pour s'assurer que ses orientations ont été suivies. En d'autres termes, « *le chef de l'État trace la voie et s'assure qu'elle a été suivie* »[351]. Du fait du statut constitutionnel du Chef de l'État, il est le principal régulateur de la vie sociale. Cela aboutit à la prééminence du pouvoir exécutif dans la gouvernance financière publique, tant les pouvoirs présidentiels sont prééminents et omniprésents. Cette préséance présidentielle est une volonté explicite du texte constitutionnel[352].

S'agissant du Parlement, il convient de dire que « *la démocratie prend la forme d'une démocratie représentative fondée sur le principe selon lequel la souveraineté appartient au peuple qui l'exerce à travers ses représentants* »[353]. Avec la réforme du droit de la comptabilité publique, on a assisté à un accroissement des pouvoirs du parlement. Cependant, il dispose de moyens traditionnels d'efficacité très limitée[354]. En effet, l'implication des parlementaires dans le processus d'élaboration et de contrôle de l'exécution du budget est limitée[355].

La fragilité résulte d'abord de la haute technicité des questions financières. Le droit public financier en général et les finances publiques en particulier sont un domaine très complexe du droit.

S'il est déjà avéré dans le monde universitaire que les finances publiques suscitent des appréhensions légitimes, il faut absolument convenir que pour le parlement camerounais, la complexité est doublée dans la mesure où il est un politicien qui n'a pas nécessairement le background nécessaire pour effectuer les expertises qui lui permettraient de contrôler de façon efficace les finances publiques. La non-spécialisation des élus sur les questions relatives aux

---

[350] NKOUAYEP (L.C.P.), *Les pouvoirs parlementaires d'autorisation budgétaire en droit camerounais*, Thèse de Doctorat/Ph. D. en Droit public, Université de Yaoundé II, 2018, p. 60.

[351] MALLA (A. D.) *Le principe de sincérité dans l'élaboration du budget programme au Cameroun*, Mémoire de Master en Droit public, Université de Yaoundé II, 2015, p. 58.

[352] HOURQUEBIE (F.), « Quel statut constitutionnel pour le chef de l'état africain ? Entre principes théoriques et pratique du pouvoir », *Afrique contemporaine,* n° 242, 2012/2, p. 73.

[353] MOCTAR DIALLO (A.), « Penser la démocratie au-delà des élections », *Éthique publique*, vol, 13, n°2, 2011, p. 2.

[354] MARTINEZ (J-C.) et DI MALTA (P.), *Droit budgétaire*, Paris, Litec, 1988, 2e éd., p. 850.

[355] NOUREDDINE BENSOUDA RABAT, « Pouvoirs politiques et finances publiques : Quels enjeux au Maroc et en France ? », *Rapport introductif du colloque international sur les Finances publiques* le 16 septembre 2016 p. 2.

finances publiques[356] est un handicap important. En d'autres termes, l'inaptitude technique des parlementaires constitue, à n'en point douter, une limitation matérielle. Les commissions de finances tiennent elles-mêmes un rôle effacé. Elles ne possèdent pas de moyens d'information propres et notamment pas de personnel hautement qualifié. Elles ne bénéficient pas de relations privilégiées avec le ministère des Finances et ne sont pas notamment destinataires en droit des rapports réalisés par les organes et corps de contrôle de celui-ci[357].

S'agissant enfin de la limitation des moyens du public, il convient de relever l'inexistence de moyens de contrainte. Le public ne peut véritablement avoir d'effet que dans le cadre de l'élection ou dans le cadre de son droit à l'information. Son action est limitée pour au moins deux raisons. D'une part, il ne dispose d'aucun moyen de pression sur les détenteurs de l'information qu'il recherche et d'autre part, il ne dispose pas directement, en dehors des cas de l'élection, d'un moyen de contrainte en cas de constatation des irrégularités.

Dans le premier cas, il est avéré qu'aucune disposition ne laisse entrevoir la possibilité d'un recours juridictionnel intenté par le citoyen à l'effet de contraindre l'administration à s'acquitter de son obligation. Tout refus de l'administration reste non sanctionné. Il faut tout de même dire la complexité à sanctionner l'administration qui violerait l'obligation de diffuser les informations sur la gestion des finances publiques[358].

Dans le second cas, le citoyen ne dispose pas directement, en dehors des cas de l'élection, d'un moyen de contrainte en cas de constatation des irrégularités. En effet, si ce dernier dans sa quête d'information constate des irrégularités dans la tenue des finances publiques, il ne peut pas agir. C'est dire qu'il y a un sérieux défaut de structuration de l'action du public reconnue. Il en est de même des instances juridictionnelles.

Paragraphe II- Les limites relatives aux instances juridictionnelles

Normalement, l'intervention du juge vise à vérifier le bon usage des deniers publics par les pouvoirs publics[359] malheureusement, les nombreuses

---

[356] BIDIAS (B.), *Les finances publiques du Cameroun, op.cit.*, p. 261.
[357] BOUVIER (M.) (sous la direction), La gestion de la dépense publique dans les pays de l'Afrique francophone subsaharienne, Colin Frères, ministère des Affaires étrangères, 2005, p. 231.
[358] NKOUAYEP (P. L-C.), *op.cit.*, p.30.
[359] BOITEUX (D.), « Le bon usage des deniers publics », *Revue du droit public*, n°5, 2011, p.2.

insuffisances des juridictions communautaires **(A)** et nationales **(B)** l'empêchent de jouer son rôle de garde-fou.

A- Les limites de l'action des juridictions communautaires

L'institution d'une juridiction communautaire des comptes n'a pas empêché la limitation de ses compétences (**1**) ainsi que leur caractère subsidiaire (**2**).

1- La limitation des compétences de la juridiction communautaire des comptes

La limitation des compétences tient au fait que la Cour des comptes de la CEMAC, dont le siège est à Ndjamena République du Tchad[360], a pour vocation première de contrôler les comptes des organes et institution de la CEMAC[361] afin d'assurer une gestion saine des ressources de la communauté. Elle est une juridiction financière indépendante des États, des institutions, des organes et des institutions spécialisées[362]. Elle jouit d'un champ de compétences assez varié regroupant en même temps les fonctions juridictionnelles et des fonctions extrajuridictionnelles[363]. Ainsi, elle vérifie, sur pièces et au besoin sur place, la légalité et la régularité des recettes et des dépenses ; juge les comptes des comptables publics communautaires ; sanctionne et apure la gestion de fait ; connait des fautes de gestion commises par les ordonnateurs ; prononce les condamnations à l'amende, etc[364]. Elle exerce également les fonctions consultatives au profit des institutions et organes de la communauté[365].

Dans l'espace communautaire de l'UEMOA, l'article 68 du traité de l'UEMOA « *afin d'assurer la fiabilité des données budgétaires nécessaires à l'organisation de la surveillance multilatérale des politiques budgétaires, chaque État membre prend, au besoin, les dispositions nécessaires pour qu'au plus tard un an après l'entrée en vigueur du présent traité, l'ensemble de ses comptes puisse être contrôlé selon des procédures offrant les garanties de transparence et d'indépendance requise. Ces procédures doivent notamment permettre de certifier la fiabilité des données figurant dans les lois de finances initiales et rectificatives ainsi que dans les lois de règlement. Les procédures*

---

360 Acte additionnel n°13 CEMAC/CCE-10 fixant le siège de la Cour des comptes de la CEMAC du 17 janvier 2010. Article 1er.
361 Article 3 de la convention régissant la Cour des comptes communautaire du 30 janvier 2009
362 Article 5 (1) de la convention régissant la Cour des comptes communautaire du 30 janvier 2009
363 BILOUNGA (S. T.), *La réforme du contrôle de la dépense publique au Cameroun*, *Op.cit.*, p. 288.
364 L'article 32 de la convention.
365 Article 34 de la convention.

ouvertes à cet effet au choix de chaque État membre sont les suivantes : recourir au contrôle de la Cour des comptes de l'Union ; instituer une Cour des comptes qui pourra, le cas échéant, faire appel à un système d'audit externe. Cette cour transmettra ses observations à la Cour des comptes de l'Union ».

Au regard de ce qui précède, les huit États[366] de l'UEMOA peuvent décider, chacun en ce qui le concerne, de faire contrôler leurs comptes par la cour des comptes de l'Union. Tel n'est pas le cas pour l'espace communautaire CEMAC[367]. On peut constater que, comme la Cour des comptes européenne, la Cour des comptes de la CEMAC n'a pas une emprise sur les comptes des États membres, néanmoins elle exerce à leur endroit une fonction consultative et une fonction d'appui en matière de contentieux juridictionnel.

D'abord, l'article 34 de la convention régissant la Cour des comptes communautaire prévoit que « *dans son rôle consultatif, la Cour des comptes de la communauté émet des avis à la demande des États membres, des institutions, des organes et des institutions spécialisées, sur toutes les questions relevant de ses compétences* ». N'ayant pas délimité le champ matériel dans lequel elle peut donner son avis, il convient de dire que la cour peut être sollicitée dans tous les domaines.

Ensuite, l'article 39 de la convention régissant la Cour des comptes communautaire prévoit que « *les cours des comptes et les institutions de contrôle nationales peuvent solliciter, en cas de besoin, le concours de la Cour des comptes communautaire* ». La cour peut donc fournir un appui multiforme en matière de contentieux juridictionnel aux juridictions nationales des comptes. Il s'agit de la matérialisation de la coopération juridictionnelle. Non seulement ses compétences sont limitées, mais également, elles sont subsidiaires.

2- La subsidiarité des compétences de la juridiction communautaire des comptes

La compétence de la juridiction communautaire des comptes est subsidiaire dans la mesure où il est au préalable important d'épuiser les voies de recours internes. Et que seules les juridictions des comptes nationales peuvent les saisir.

[366] Union économique et monétaire ouest-africaine créée par le Traité de Dakar, signé le 10 janvier 1994 par le Bénin, le Burkina Faso, la Côte d'Ivoire, le Mali, le Niger, le Sénégal et le Togo. La Guinée-Bissau rejoint l'Union en 1997. Le traité a été modifié en 2003.

[367] Communauté économique des États de l'Afrique Centrale créée par le traité de Ndjamena du 16 mars 1994 instituant la CEMAC, révisé en 2008. Le Cameroun, la République centrafricaine, le Congo, le Gabon, la Guinée Équatoriale, du Tchad.

La règle de l'épuisement des voies de recours internes joue un rôle important dans le domaine de la justice internationale[368]. Elle permet d'assurer qu'avant que le cas ne soit examiné par un organe international, l'État visé a eu l'opportunité de remédier à la situation par son propre système national. Il s'agit d'une règle qui défend la souveraineté des États[369] et sauvegarde les exigences du droit international. Elle implique l'épuisement des divers degrés de juridiction et l'obtention d'une décision définitive. Si une affaire est portée devant les juridictions internes, et que la procédure est toujours en cours au moment de l'examen de la requête par la Cour, les recours internes ne sont pas épuisés[370].

En matière de comptes, elle implique, dans le cadre de la CEMAC, que les comptes de l'État ne peuvent être directement soumis à la juridiction communautaire des comptes par les administrations étatiques concernées. Par ailleurs, elle ne peut être saisie que là par la juridiction nationale des comptes qui a des compétences limitées.

B- Les limites de l'action des juridictions nationales

Le jugement des comptabilités publiques est nécessaire dans l'intérêt de l'État[371] malheureusement, tant le juge des comptes (**1**) que les juges non spécialisés (**2**) sont limités dans leurs actions.

1- Les limites du juge des comptes

Au Cameroun, il est la haute juridiction souveraine en matière de comptes[372]. En effet, le Cameroun se distingue par la création récente d'une chambre des comptes, mais qui demeure une formation de la Cour suprême et qui illustre ainsi les difficultés de dépasser le poids des traditions historiques et culturelles[373] ? La chambre des comptes émerge dans un environnement peu favorable, car elle n'a pas la configuration formelle appropriée et telle que déclinée par les normes communautaires. En réalité, toutes les normes communautaires convergent désormais dans le sens de la mise sur pied d'une

---

[368] WIEBRINGHAUS (H), « La règle de l'épuisement préalable des voies de recours internes dans la jurisprudence de la Commission européenne des Droits de l'Homme », i*n Annuaire français de droit international*, vol. 5, 1959, p.685.

[369] CHAPPEZ (J), *La règle de l'épuisement des voies de recours internes*, édition Pedone, Paris, p.26.

[370] Communication 18/88, *El Hadj Boubacar Diawara c/Bénin*, Communication 135/94, *Kenya Human Rights Commission c/Kenya.*

[371] WALINE (J.), *Traité de droit administratif*, Paris, PUF, 1963, p. 498.

[372] Lire SIETCHOUA DJUITCHOKO (C.), « La Chambre des Comptes de la Cour suprême : nouveau juge administratif au Cameroun », *inRecht in Afrika, Zeitschrift des Gessellschaft für Afrikanische Recht*, 2013, p. 68 ; MIGNOT (G.), « Le contrôle externe des finances publiques en France : à propos de quelques défis actuels », *Petites affiches,* n° 112, 1997, p. 19.

[373] *Ibid.*, p. 224.

juridiction des comptes à part entière. Les Directives s'incarnent dans le souci de performance budgétaire en vue de rendre possible l'optimum de bien-être partagé. Cette réformation des juridictions financières se présentait comme une nécessité dès lors que le dispositif de contrôle des finances publiques en vigueur dans les États membres, depuis leur accession à l'indépendance, s'est révélé ineffectif et inefficace.

L'adoption des directives précitées visait en filigrane la promotion d'une gestion financière responsable au sein des États de cet espace communautaire[374]. La Cour des comptes qui doit être créée consacre l'existence d'un ordre juridictionnel complet à côté de l'ordre administratif et de l'ordre judiciaire. Ces directives forment un véritable code général des finances publiques et de la comptabilité publique[375] et tendent à devenir le droit commun dans plusieurs domaines de la vie juridique des États et des individus[376]. On se serait attendu à ce que les pouvoirs publics mettent en application tant sur le plan normatif que sur le plan institutionnel les directives communautaires. Malheureusement, la Chambre des comptes de la Cour suprême est l'instance chargée de veiller à la régularité des comptes publics.

L'absence de la Cour des comptes est combinée à la non-mise en place des juridictions des comptes d'instance. En effet, la mise en place des juridictions inférieures des comptes est différée au Cameroun. Un ordre de juridiction complet impose la création des juridictions chargées de connaître des affaires en premier ressort. « *Les Tribunaux régionaux des Comptes sont nés des limites de la centralisation du système de contrôle et d'apurement des comptes publics* »[377]. Le contrôle juridictionnel à travers les juridictions inférieures des comptes apparaît donc comme étant un contrôle externe de deuxième niveau[378]. Malheureusement, cette architecture n'est pas toujours effective.

Par ailleurs, une autre limite tient au fait que la juridiction des comptes actuelle n'effectue pas un contrôle de gestion. En effet, à l'heure actuelle, le contrôle de gestion existe, mais il est effectué par une instance administrative à savoir le Conseil de discipline budgétaire et financière. Il s'agit en d'autres termes d'un contrôle de performance de la structure. La performance et le

---

374 KOUA (S. E.), « La prescription de la Cour des comptes comme institution supérieure de contrôle des finances publiques par le droit communautaire CEMAC aux États - membres : le cas du Cameroun », *RAFiP* n° double 3 & 4, p.44.

375 YONOBA (S.), « La difficile intégration des règles budgétaires et comptables des États membres de l'Union économique et monétaire ouest-africaine (U.E.M.O.A) », *RFFP*, n°79, 2002, p.225

376 SOMA (A.), « Les caractères généraux du droit communautaire », *Revue CAMES/SJP*, n°001/2017, p.2.

377 SIETCHOUA DJUITCHOKO (C.), « La difficile gestation des juridictions inférieures des comptes au Cameroun », *Juridis Périodique*, n° 68, Octobre-Novembre-Décembre, 2006, p. 111.

378 WATINE (P. H.), « Le système français de contrôle des comptes des collectivités locales : quelles évolutions ? », *R.F.F.P*, n° 85, février 2004, p. 24.

contrôle de gestion sont donc fortement liés[379]. Le contrôle de gestion est alors une impérieuse obligation avec la démarche de performance,[380] car il permet d'analyser et de mettre en évidence les sources potentielles d'amélioration de l'efficacité de la gestion[381].

Comme écart avec la nouvelle gestion publique, il faut ajouter l'exclusion de certaines matières du contrôle.

La soustraction de certaines dépenses au contrôle est une règle presque aussi répandue que le principe de la vérification des comptes[382]. C'est ainsi qu'un grand pan des finances publiques échappe au contrôle juridictionnel. Il s'agit des comptes des organes constitutionnels. En effet, l'article 38 de la loi du 21 avril 2003 dispose que « *les comptes des organes constitutionnels sont soumis à l'examen d'une commission composée d'un représentant de chaque organe et présidée par le Président de la Chambre des Comptes* ». L'article 38, alinéa 2 qui ajoute que : « *la Commission (...) examine les comptes ou tout document en tenant-lieu et, si nécessaire, entend le comptable de l'organe constitutionnel concerné. Elle adresse un rapport confidentiel de ses observations et recommandations au Président de la République et aux dirigeants des autres organes constitutionnels* ».

Si le juge spécialisé des comptes est limité, il en est de même des autres juges.

2- Les limites des autres juges

Les limites concernent d'une part le juge constitutionnel et d'autre part les juridictions ordinaires.

En principe, le contrôle juridictionnel des comptes publics s'est enrichi d'un nouvel acteur à savoir le Conseil constitutionnel. La mise en place du Conseil constitutionnel depuis 2018[383], même si aucune loi de finances n'a encore été soumise à un contrôle de constitutionnalité[384], suscite l'espoir quant au rôle que cet organe sera appelé à jouer quant à la conformité des lois de finances à la constitution, mais également aux prescriptions communautaires

---

379 ZAHED (M.), *La démarche de performance dans la gestion locale*, *op. Cit.*, p. 108

380 MORDACQ (F.), *La LOLF : un nouveau cadre budgétaire pour réformer l'État*, Paris, Dalloz, coll. Système, 2006, p. 253.

381 *Ibid.*

382 FLIZOT (S.), *Les relations entre les institutions supérieures de contrôle financier et les pouvoirs publics dans les pays de l'UE*, *Op. cit.*, p. 338.

383 Le décret n°2018/104 du 07/02/2018 et le décret n°2018/105 du 07/02/2018.

384 Il est l'organe régulateur du fonctionnement des institutions. Ainsi, il statue souverainement sur : la constitutionnalité des lois, des traités et accords internationaux ; les règlements intérieurs de l'Assemblée nationale et du Sénat, avant leur mise en application, quant à leur conformité à la Constitution, les conflits d'attribution : entre les institutions de l'État ; entre l'État et les régions et entre les régions. Par ailleurs, il donne des avis sur des matières relevant de sa compétence.

et internationales. Il peut en effet contrôler la constitutionnalité des lois de finances avant leur promulgation[385]. Il peut également contrôler la compatibilité des engagements financiers contenue dans la loi des finances à la constitution et aux normes communautaires. C'est ainsi que le prévoit l'article 19, alinéa 5 de la loi N° 2004/004 du 21 avril 2004 portant organisation et fonctionnement du Conseil constitutionnel : « *il peut, en vertu de l'article 46 de la Constitution, se prononcer sur l'ensemble de la loi déférée tant sur son contenu que sur la procédure d'élaboration* ».

Malheureusement, tout se passe comme s'il existe un contrôle de constitutionnalité en théorie, mais il n'est pas encore mis en pratique[386]. La faible effectivité du contrôle de constitutionnalité en matière financière ne permet pas d'améliorer la transparence puisque les lois de finances, une fois votées par le Parlement, ne font pas l'objet d'un contrôle constitutionnel[387].

Les juges ordinaires sont également limités par la trop grande proximité avec le pouvoir exécutif. En effet, pour mener à bien son ardente mission de contrôle des finances publiques[388], les juridictions doivent être indépendantes. Mais, la configuration actuelle des juridictions n'est pas satisfaisante à plusieurs égards. En effet, considérée comme l'ensemble des structures chargées de l'exercice du pouvoir de juger, l'architecture juridictionnelle est imparfaite et pousse à réduire la portée des contrôles effectués. Il en est ainsi dans la mesure où le pouvoir exécutif influence la composition des cours et tribunaux.

Le pouvoir exécutif est fortement impliqué dans l'organisation de la justice et des juridictions. Il s'agit de l'un des paradoxes constitutionnels que relève Jean Mermoz Bikoro. En effet, selon lui, le pouvoir judiciaire est inféodé par le pouvoir exécutif[389]. Cette inféodation se traduit concrètement par la dépendance du pouvoir judiciaire à l'égard de l'exécutif présidentiel[390]. Il existe une forte dépendance organique du pouvoir judiciaire à l'égard de

---

[385] Art. 31.- (1) de la constitution « Le Président de la République promulgue les lois adoptées par le Parlement dans un délai de quinze (15) jours à compter de leur transmission, s'il ne formule aucune demande de seconde lecture ou s'il n'en saisit le Conseil constitutionnel. »
[386] BOUVIER (M.) (dir.), *La gestion de la dépense publique dans les pays de l'Afrique francophone subsaharienne*, *op.cit.*, p. 106.
[387] *Ibid.*
[388] LAMBERT (A), « vers un modèle français de contrôle budgétaire ? », *Pouvoirs, Revue française d'Études constitutionnelles et politiques,* n°134, 2010, p. 57. BOUVIER (M.) (dir.), *La gestion de la dépense publique dans les pays de l'Afrique francophone subsaharienne*, *op.cit.*, p. 104.
[389] BIKORO (J. M.), *Les paradoxes constitutionnels en droit positif du Cameroun*, thèse doctorat en droit public, Université de Yaoundé II, 2010-2011, p. 158.
[390] *Ibid.*

l'exécutif et de la dépendance matérielle du pouvoir judiciaire vis-à-vis à l'exécutif[391].

Du coup, on assiste à une instrumentalisation des contrôles. En effet, l'État contemporain en récupérant le dogme politique de la séparation des pouvoirs l'a vidé de sa dimension d'équilibre des pouvoirs pour en faire une règle d'organisation purement formelle qui au demeurant n'empêche nullement une concentration des pouvoirs chez l'un ou l'autre des trois organes classiques. En effet, si ‹‹ *le pouvoir judiciaire est exercé par la Cour suprême, les cours d'appel et les tribunaux. Il est indépendant du pouvoir exécutif et du pouvoir législatif* »[392], plusieurs éléments permettent de confirmer que « *la justice n'est pas une institution en dehors de nos institutions* »[393] comme l'affirmait le Président Paul Biya.

Au-delà des prescriptions textuelles, « *les rapports entre la justice et le pouvoir exécutif soulèvent des problèmes à la fois complexes et importants* »[394]. La justice s'affirme comme un simple démembrement de l'Exécutif[395]. Son intrusion dans l'activité juridictionnelle[396] est un fait. À titre d'exemple, le 3 mai 2012, le TGI du Mfoundi avait acquitté (décision d'acquittement) l'ex-Secrétaire général de la Présidence de la République Jean Marie ATANGANA MEBARA dans l'affaire du détournement de fonds relatifs à l'achat de l'avion présidentiel. L'ordre de mise en liberté du Président du TGI Gilbert Schlick, et signé par les autres juges du procès n'a jamais été exécuté. L'ex-SGPR a été maintenu en prison avant d'être inculpé pour une autre affaire avec un nouveau mandat de détention provisoire.

À la suite de l'identification des limites de la reconfiguration des structures de la comptabilité publique, il sied de résoudre le problème de l'amélioration desdites limites.

Section II- L'amélioration de la reconfiguration structurelle de la comptabilité publique

Le changement de philosophie comptable a entraîné sur le plan technique sous l'impulsion des partenaires au développement, du processus d'intégration communautaire et des pouvoirs publics camerounais un

---

391 *Ibid.*

392 Art. 37 al.2, loi constitutionnelle du 18 janvier 1996.

393 Discours prononcé à l'audience solennelle de la rentrée de la Cour suprême le 23 décembre 1982.

394 PERROT R., Institutions judiciaires, *op.cit.*, p. 35.

395 MONEMBOU (C.), *La séparation des pouvoirs dans le constitutionnalisme camerounais : Contribution à l'étude de l'évolution constitutionnelle, op.cit.*, p.235.

396 OND – TONYE (J.D C) « L'émergence d'un pouvoir judiciaire dans l'ordre constitutionnel camerounais », *in* ONDOUA (A) (dir.), *La constitution camerounaise du 18 janvier 1996 Bilan et perspectives,* Yaoundé, Afrédit, avril 2007, p. 41.

ensemble de réformes. Celles-ci ont permis d'effectuer une reconfiguration réelle des institutions (**Paragraphe I**) et une amélioration de leur fonctionnement (**Paragraphe II**).

Paragraphe I- La reconfiguration effective des institutions

Elle est tributaire des réajustements des institutions classiques de mise en œuvre de la comptabilité publique (**A**), mais également des institutions spécifiques (**B**).

A- Le réajustement des institutions classiques de la comptabilité publique

Il s'opère à travers l'actualisation du principe de séparation des ordonnateurs et comptables par le contrôle hiérarchisé de la dépense publique (**1**) et la redéfinition de leur régime de responsabilité (**2**).

1- L'actualisation du principe de séparation des ordonnateurs et comptables par le contrôle hiérarchisé de la dépense publique

La séparation des ordonnateurs et comptables est une règle fondamentale formulée dès l'origine de la comptabilité publique moderne[397]. Elle est la pièce maîtresse de l'organisation des finances publiques[398]. Elle est fondée sur la nécessité de fonctionnement rationnel du service public[399]. Au Cameroun, l'article 6 du décret n° 2013/16 du 15 mai 2013 portant règlement général de la comptabilité publique au Cameroun précise que *« les opérations relatives à l'exécution des budgets ou à la gestion des biens de l'État et des organismes publics sont effectuées par : les ordonnateurs d'une part et les comptables publics d'autre part »*. Ce principe qui a été introduit au Cameroun par l'ordonnance n° 62/OF/4 du 7 février 1962 portant régime financier de la République fédérale du Cameroun de 1962 consacre donc la division des tâches qui permet d'alléger la procédure d'exécution des opérations de dépenses et de recettes[400].

Dans sa mise en œuvre, le principe signifie que le comptable ne peut encaisser et décaisser qu'à la suite d'une décision prise par l'ordonnateur. Ce qui induit que les fonctions d'ordonnateur et celles de comptable public sont incompatibles. Par ailleurs, *« les conjoints, ascendants et descendants des ordonnateurs ne peuvent exercer comme comptables publics des services de l'État ou des organismes publics auprès desquels ces ordonnateurs sont*

---

[397] SAÏDJ (L.) et ALBERT (J. L.), *Finances publiques*, Paris, Dalloz, 2007, 5e éd. p. 82.
[398] MARTINEZ (J. C.) et Di MALTA (P.), *droit budgétaire, Op. cit.*, p. 689.
[399] DAMAREY (S.), *L'exécution et le contrôle des finances publiques, op.cit.*, p. 73.
[400] DAMAREY (S.), *L'exécution et le contrôle des finances publiques, op.cit.*, p. 73.

affectés ou élus. Il n'existe pas de lien hiérarchique entre l'ordonnateur et le comptable public »[401].

Toutefois, ce principe considéré comme le *« principe cardinal de notre droit public* »[402] se heurte à l'usure du temps qui commande son évolution. Même s'il apparaît en effet comme *« un principe essentiel [...] dont l'intérêt n'a jamais été remis en cause* »[403], il se voit être assoupli au fil du temps avec des rénovations telles que le contrôle partenarial et le contrôle hiérarchisé de la dépense, qui impliquent l'évolution des fonctions d'ordonnateur et de comptable.

Il convient de préciser que la loi n° 2018/12 du 11 juillet 2018 portant régime financier de l'État prévoit en son article 64, alinéa 1 que : « *les opérations d'exécution du budget de l'État incombent aux ordonnateurs, aux contrôleurs financiers et aux comptables publics* ». Ces dispositions ne sont pas encore implémentées au Cameroun.

En effet, le régime financier de 2018 identifie clairement le contrôleur financier comme acteur du processus budgétaire, ce qui n'était pas le cas avant[404]. Les contrôleurs financiers sont nommés auprès des ordonnateurs principaux ainsi qu'auprès des ordonnateurs secondaires placés à la tête des services déconcentrés. Le contrôleur financier est chargé des contrôles a priori par l'apposition d'un visa préalable des opérations budgétaires, les propositions d'actes de dépense qui lui sont transmises par le ministre ou ses ordonnateurs délégués selon les modalités définies par le ministre chargé des finances. Le contrôleur financier donne un avis sur le caractère sincère et soutenable des plans d'engagement des dépenses.

Toujours selon le nouveau régime financier, les fonctions de contrôleur financier et de comptable public peuvent être cumulées comme le précise l'article 72, alinéa 2 selon lequel : « *les fonctions de contrôleur financier et de comptable public peuvent être cumulées* ». Par contre, les fonctions d'ordonnateur et celles de comptable public sont et demeurent séparées et incompatibles tant en ce qui concerne l'exécution des recettes que celle des dépenses.

Puisque le principe, non encore évolué au Cameroun, assure la division du travail et la spécialisation des activités des agents d'exécution, le budget s'exécute selon des modalités propres à chaque étape de la procédure. Il est

---

401 Article 7, alinéa 1, du décret n°2013/16 du 15 mai 2013 portant RGCP.

402 Cette expression est des Professeurs Lascombe et Vandendriessche.

403 DAMAREY (S.), *Droit public financier*, Paris, Dalloz, 2018, paragraphe 1204.

404 Le décret n° 77/41 du 03 février 1977 fixant les attributions et l'organisation des contrôles financiers se limitait à présenter leurs attributions, sans les identifier distinctement et précisément dans l'exécution de la chaîne de dépense.

également important de revoir la responsabilité des ordonnateurs et des comptables.

2- La restructuration de la responsabilité des ordonnateurs et comptables

Le régime unifié de responsabilités des ordonnateurs et des comptables publics est contenu dans trois principaux textes juridiques, notamment de la loi N° 2018/011 du 11 juillet 2018 portant Code de transparence et de bonne gouvernance dans la gestion des finances publiques, la loi N° 2018/012 du 11 juillet 2018 portant Régime financier de l'État et son décret d'application N° 2020/375 du 7 juillet 2020 portant Règlement général de la comptabilité publique.

Au regard de ce dispositif, il convient d'effectuer d'abord un recentrage du fait générateur de la responsabilité des ordonnateurs et des comptables publics[405]. Tandis que la faute conditionne la mise en œuvre de la responsabilité de l'ordonnateur et des autres agents financiers devant le juge des comptes, celle du comptable public est engagée même en l'absence de toute faute. Il convient, pour rétablir l'équilibre et l'équité des sujets de droit à la responsabilité, de soustraire du régime de responsabilité applicable au comptable public, ce principe inique et cynique de la responsabilité objective situé aux antipodes des fondements de la Justice authentique et universelle dont devraient bénéficier tous les humains.

La « re-réforme » du régime de responsabilités des ordonnateurs et des comptables publics doit opérer une scission du fait matériel punissable en fonction des catégories d'agents financiers[406]. La double responsabilisation du comptable public pour faute de gestion et pour faute ou défaut comptable trahit une confusion dans l'esprit du législateur communautaire.

Il est donc important d'effectuer un rééquilibrage entre les responsabilités des deux catégories d'agents et surtout des institutions publiques spécifiques chargées de les mettre en œuvre.

B- Le réaménagement des institutions spécifiques de la comptabilité publique

La réussite de la réforme du droit de la comptabilité publique passe par le réaménagement des institutions non juridictionnelles (**1**) et des institutions juridictionnelles (**2**).

---

[405] ONANA FOUDA (P. P.), *L'application du principe de séparation des ordonnateurs et des comptables au sein de l'administration publique camerounaise : Contribution à la construction d'un modèle séparatif adapté à l'établissement public*, Thèse de Doctorat/Ph. D. en Droit public, Université de Douala, 2020, p. 464.

[406] *Ibid.*

1- Les institutions non juridictionnelles

Il convient de mettre essentiellement l'accent ici sur l'institution parlementaire. Le parlement est l'organe central de discipline de l'État et de contrôle externe de la gestion des finances publiques. À cet effet, le renforcement de ses pouvoirs apparaît comme un objectif qui doit être intégré, car le contrôle est un gage de la bonne et transparente gestion des finances publiques.

La course contre le temps constitue l'une des préoccupations majeures des responsables du Parlement,[407] car le temps est l'un des facteurs qui amenuisent véritablement l'action du parlement dans le contexte camerounais. Il est une dimension essentielle de la vie parlementaire[408]. C'est dire que le parlementaire doit pouvoir « *gérer son temps* »[409] lui-même. Il doit manifestement faire une « *alliance avec le temps* »[410]. Le nouvel enjeu des débats parlementaires est donc de remporter la victoire sur le temps[411]. On doit nécessairement aboutir à un élargissement du temps parlementaire. Le temps de travail des commissions des finances du parlement doit être plus long. Aussi, l'information parlementaire doit être plus continue. Les auditions doivent être plus régulières ou continues, car il s'agit de veiller en cours d'année à la bonne exécution de la loi de finances. On peut également avoir au moins un contrôle sur pièces et sur place par an[412].

Il doit avoir une flexibilité du temps de travail parlementaire. S'il est avéré que l'allongement du temps parlementaire n'est pas nécessairement gage d'une amélioration de la qualité du travail parlementaire, le renforcement des pouvoirs budgétaires du corps législatif devrait améliorer la transparence, la responsabilité et l'intégrité dans la gestion des dépenses publiques.

Par ailleurs, l'accroissement des pouvoirs de contrôle du parlement doit se traduire tout d'abord par l'amélioration de l'information parlementaire[413]. Le souci de développer une meilleure information parlementaire participe de

---

407 MAUS (D.), *Le Parlement sous la Ve République*, *op.cit*., p. 63.

408 COUDERC (M.), « La bataille parlementaire contre le temps », *Revue française de science politique*, n° 1, 1981, p. 85.

409 BECANE (J.-C.), « Le règlement du Sénat à la recherche du temps maîtrisé », *Pouvoirs*, n° 44, 1988, p. 85.

410 *Ibid.*, p. 81. « *Considérer que le temps peut être un allié pour ses activités suppose pour le sénat qu'il lui soit possible tout à la fois de prendre son temps, de gérer le temps disponible et aussi de choisir le moment même de ses activités* ».

411 *Ibid.*, p. 80.

412 V. LASCOMBE (M.) et VANDENDRIESSCHE (X.), « La loi organique relative aux lois de finances (LOLF) et le contrôle des finances publiques », *RFAP*, n° 17, 2006, p. 142.

413 ONDOUA EKOBENA (J. M.), *Les démarches de modernisation du système camerounais de contrôle des finances publiques*, Mémoire de Master en Administration publique, École nationale d'administration, 2013, p. 28.

l'amélioration du contrôle[414]. Les moyens d'action du parlement en vue d'un véritable contrôle doivent être améliorés ou renforcés. Il est possible de revoir la configuration des groupes parlementaires, d'aménager et rendre obligatoire un poste d'assistant parlementaire, d'améliorer les capacités du parlement en infrastructures livresques, et de renforcer quelque peu ses pouvoirs face à un exécutif qui n'entend lui laisser aucune marge de manœuvre. L'institution judiciaire doit également être réaménagée.

2- Les institutions juridictionnelles

« Le juge, au-delà de sa place exposée à la critique dans les systèmes politiques africains, joue un rôle fondamental dans la garantie de l'État de droit, et davantage dans la protection des deniers publics »[415]. C'est pourquoi, depuis 2011, les textes nouveaux obligent les États à créer des Cours des comptes, à la fois organe d'audit, d'expertise et de jugement au service des finances publiques[416]. La création de cette juridiction permettra d'alléger l'échiquier institutionnel des organes de contrôle de la gestion de la fortune publique qui est pléthorique,[417] car la Cour des comptes devient la juridiction financière unique[418].

La mise en place de la Cour des comptes présente des avantages dans le processus d'assainissement des finances publiques. D'abord, elle garantit l'indépendance du contrôleur[419]. Cette indépendance est une exigence des directives communautaires. Notamment de l'article 72 de la Directive n° 01/11-UEAC-190-CM-22 relative aux lois des Finances qui prévoit que *« le contrôle juridictionnel des opérations budgétaires et comptables des administrations publiques est assuré par une Cour des comptes qui doit être créée dans chaque État membre. Cette Cour des comptes est une juridiction, et ses membres ont le statut de magistrat. Elle est indépendante par rapport au gouvernement et au Parlement et autonome par rapport à toute autre juridiction. Elle décide seule de la publication de ses avis, décisions et rapports. Elle est l'Institution Supérieure de Contrôle de chaque État »*. Et

414 *Ibid.*, p. 29.
415 AKONO OLINGA (A.), *L'apport de la performance au contrôle des finances locales au Cameroun*, Thèse de Doctorat en Droit public, Université de Yaoundé II, p.231.
416 MEDE (N.), « L'Afrique francophone saisie par la fièvre de la performance financière », *RFFP*, 2016, n°135, p.4.
417 NNANGA (S. H.), « Le juge des comptes au Cameroun : institution nouvelle pour une mission nouvelle ? », *op. Cit*, p. 28.
418 Expression empruntée notamment à STEPHANIE FLIZOT (S.), « La responsabilité des gestionnaires publics en Europe », *AJDA*, n°13, 2005, pp. 708-713.
419 SEBAN (A.), « Les pouvoirs de la Cour des comptes à l'égard des comptables en recettes. Conclusions sur Conseil d'État, Assemblée, 27 octobre 2000, Mme Desvigne », *RFDA*, 2001 p. 738. DUCHON-DORIS (J-C), « Les pouvoirs de la chambre régionale des comptes en matière de contrôle budgétaire. Conclusions sur Cour administrative d'appel de Marseille, Assemblée plénière, 1er juillet 1999, SA Daninvest », *RFDA* 2001, p. 155

aussi de la directive n° 06/11-UEAC-190-CM-22 relative au Code de transparence et de bonne gouvernance dans la gestion des finances publiques.

Au regard de ces prescriptions d'indépendance, la Cour des comptes sera la plus haute juridiction de l'État en matière des comptes. Elle ne sera plus inféodée à la Cour suprême, ce qui permettra de résoudre les problèmes de saturation et surtout de spécialisation de celle-ci. Son indépendance vis-à-vis des autres juridictions sera organique, matérielle et financière. Il est indéniable que la création d'une cour des comptes distincte de la Cour suprême va davantage dans le sens d'un renforcement de la légitimité ainsi que de l'indépendance de l'organe de contrôle des comptes[420].

La formule de la Cour des comptes permettra de mettre un terme à la cacophonie institutionnelle. Autrement dit, sa mise en place permettra de mettre un terme au flou institutionnel généré par la foultitude des organes qui donne l'impression d'une anarchie institutionnalisée[421]. La Cour des comptes sera donc chargée d'assurer l'unité[422].

La mise en place des juridictions inférieures des comptes doit également être assurée. En effet, la consécration constitutionnelle des tribunaux régionaux des comptes a été regardée comme une réelle avancée dans le processus d'assainissement des finances publiques. Malheureusement dans les faits, ils n'existent pas pourtant, leur mise en place présente des avantages divers notamment en matière de renforcement de la décentralisation, mais également de désengorgement de la juridiction supérieure.

Il est donc impérieux de mettre en place les tribunaux régionaux des comptes afin de décongestionner la chambre des comptes existante ou la Cour des comptes à venir. On sait d'ailleurs que l'éloignement de cette dernière ne facilite pas la réalisation des contrôles sur place. Les tribunaux seraient plus aptes à la réalisation des contrôles sur place. D'ailleurs, il ne fait aucun doute que ces tribunaux sont les reflets de la volonté de donner une véritable impulsion à la décentralisation. Il s'agissait de soumettre à une juridiction propre les problèmes financiers des collectivités locales[423]. L'amélioration du fonctionnement des institutions doit également être recherchée.

---

420 BOUVIER (M.) (dir.), *La gestion de la dépense publique dans les pays de l'Afrique francophone subsaharienne*, Colin Frères, ministère des Affaires étrangères, 2005, p.224.

421 NNANGA (S. H.), « Le juge des comptes au Cameroun : institution nouvelle pour une mission nouvelle ? », *op.cit.,* p.23.

422 MAGNET (J.), « Les pouvoirs de la Cour des comptes contre les arrêtés et jugements relatifs aux comptes des collectivités et établissements publics locaux », in*Mélanges en l'honneur de Paul-Marie Gaudemet. Etudes de finances publiques*, Paris Economica, ,1984 p.520. YANOBA (S.), « L'expérience africaine du modèle français du contrôle juridictionnel des finances publiques : traits communs et diversité », *RFFP,* n° 101, 2008, p. 12.

423 TAUGOURDEAU (J. P.), « Le rôle extrajuridictionnel des chambres régionales des comptes », *op.cit.,* p. 541.

Paragraphe II- L'amélioration du fonctionnement des institutions

La volonté d'amélioration du fonctionnement des institutions passe par l'implémentation véritablement des réformes fonctionnelles (**A**) et la dotation des structures financières en moyens appropriés (**B**).

A- L'implémentation des réformes fonctionnelles

Sur le plan fonctionnel, l'implémentation des différentes réformes implique d'alléger et de s'approprier la règlementation (**1**) tout en espérant des pouvoirs publics, la manifestation d'une véritable volonté politique (**2**).

1- L'allègement et l'appropriation de la règlementation

Dans le cadre de l'implémentation des réformes, il est tout d'abord indiqué d'alléger la règlementation et ensuite de s'en approprier véritablement.

D'une part, l'allègement du dispositif juridique est nécessaire. Il s'agit de mettre un terme aux « *systèmes financiers incontrôlés et désordonnés* »[424]. Pour assurer la simplification du travail administratif[425], *« faisons peu de lois, mais qu'elles soient bonnes »*[426].

L'allègement permet d'assurer en outre la cohérence et permet d'éviter les désordres. En effet, *« la question essentielle à laquelle une réforme des procédures budgétaires devrait apporter une réponse n'est pas étroitement financière. Elle porte en réalité sur la régulation et la mise en cohérence de l'ensemble très diversifié que fortement les pouvoirs financiers publics aussi bien politiques qu'administratifs (...) »*[427]. L'administration ne saurait se résumer à la juxtaposition de techniques dont rien ne pourrait garantir la cohérence. La cohérence soulève ainsi le problème de la hiérarchie des normes en droit, le droit communautaire et le droit national. Elle est problématique parce que ces deux aspects du dispositif juridique sont la manifestation formelle de deux logiques distinctes qui se superposent sans nécessairement s'articuler de manière harmonieuse. Ce mouvement a été repris et renforcé

---

[424] BOUVIER (M.) (Dir.), *La gestion de la dépense dans les pays de l'Afrique francophone subsaharienne*, *op. Cit.*, p. 34.

[425] SCOM, *La simplification du travail administratif. Étude de processus*, ministère de l'Économie et des finances, Paris, 1971.

[426] SADE, *La philosophie dans le boudoir*, cité par VIANDIER (A.), « La crise de la technique législative », *Droits*, 1986, 4, pp.75 et s.

[427] BOUVIER (M.) (dir.), *La gestion de la dépense dans les pays de l'Afrique francophone subsaharienne*, *op. Cit.*, p. 35.

dans le cadre du processus d'intégration communautaire[428] et dans le cadre national par l'adoption de nouveaux textes en 2018[429].

L'internalisation des directives amorcée doit se poursuivre en respectant un délai raisonnable de peur que les textes de transposition ne soient pris dans un timing qui les rend inopportuns ou anachroniques. À ce titre, l'option retenue d'étendre le délai de transposition des directives de 2011 initialement prévu le 1er janvier 2014 à 2021 et à 2023 pour celles relatives à la comptabilité générale doit intégrer la célérité.

Enfin, il est important de prendre en compte de l'esprit de la réforme dans la mesure où on le dit souvent, « *un texte, un esprit et une pratique* »[430] en vue d'assurer une meilleure appropriation et implémentation de la règlementation qui est par ailleurs subordonnée à une véritable manifestation d'une volonté politique.

2- La manifestation d'une volonté politique

On a coutume de dire qu'« *on ne change pas la société par décret* »[431]. C'est dire que la norme ne se suffit pas à elle-même. Se pose alors le problème de « *l'internalisation des valeurs du système par les acteurs* »[432]. Elle pose la question générale de la place de la culture administrative voire de la volonté politique réelle.

En effet, c'est en prenant appui sur l'environnement réel ou concret qu'on peut espérer intégrer le changement de philosophie. C'est à ce prix que la nouvelle gestion publique cessera d'être une simple incantation, une réalité mythique[433]. L'État performant, dans le contexte camerounais, passera d'une idée dans les esprits à une réalité vécue[434].

Ainsi, le pilotage des performances dans le domaine des finances publiques suppose au-delà du discours déclamatoire, une adhésion des acteurs sociaux et surtout le ralliement de l'ensemble des composantes de l'Administration[435].

---

[428] Six textes (Directives) fondés sur cette nouvelle idéologie ont été pris dans le cadre de la CEMAC, V. Guide didactique des Directives, 2011, p. 5.

[429] La Loi n° 2018/012 du 11 juillet 2018 portant régime financier de l'État et des autres entités publiques et la Loi n° 2018/011 du 11 juillet 2018 portant code de transparence et de bonne gouvernance dans la gestion des finances publiques.

[430] CALMETTE (J.-F.), « La loi organique relative aux lois des finances (LOLF) : un texte, un esprit, une pratique », *Revue française d'Administration Publique*, n°117, pp. 43 et s.

[431] CROZIER (M.), *On ne change pas la société par décret*, Paris, Éditions Poche, 1982, p. 13.

[432] BOUVIER (M.) (Dir.), *La gestion de la dépense dans les pays de l'Afrique francophone subsaharienne*, *op. Cit.*, p. 38.

[433] MERRIEN (F.-X.), « La nouvelle gestion publique : un concept mythique », *Lien social et politique*, n° 41, 1999, pp. 95 et s.

[434] SCHICK (A.), « L'État performant : réflexions sur une idée dans les esprits mais pas encore dans les faits », *op. Cit.*, p. 13.

[435] EVINA OBAM (R.), *L'intégration du pilotage des performances en finances publiques camerounaises, op. Cit.*, p. 15.

Il faut donc une véritable volonté politique d'exercer cette fonction[436]. Cette volonté politique constitue une sorte de *« stimulation politique au développement »*[437]. Il faut en réalité une prise d'une prise de conscience maximale tant par les acteurs politiques de la nécessité de mettre en œuvre la réforme. Elle est nécessaire pour que toutes les parties prenantes aient à cœur de transformer radicalement non seulement la logique de gestion publique. C'est bien parce que les acteurs intervenant dans la gestion des finances publiques n'ont déjà en amont pas intégré la nouvelle logique de la gestion des finances publiques. Il devient dans cette mesure difficile, voire inacceptable pour eux, de se soumettre à la nouvelle logique basée sur la performance des finances publiques.

La volonté politique doit nécessairement se manifester par l'implémentation de toutes les exigences de la nouvelle gestion publique, notamment les exigences normatives et techniques. Cela doit s'accompagner par le renforcement des moyens.

B- Le renforcement des moyens

La mise en œuvre du nouveau droit de la comptabilité publique est un processus qui nécessite des moyens humains d'une part (**1**) et des moyens matériels d'autre part (**2**).

1- Le renforcement des moyens humains

Les développements ne seraient pas complets sans une mise en rapport de la réforme de la comptabilité publique avec les autres réformes en cours au sein de l'administration camerounaise, notamment celle qui concerne la gestion des ressources humaines publiques[438]. La ressource humaine est le déterminant essentiel lorsqu'il s'agit de mettre en œuvre des politiques et des réformes. On doit toujours tenir compte du fait qu'au-delà du formalisme, ce sont des hommes qui les mettent en œuvre. Et pour la circonstance, ils doivent être en nombre suffisamment important et avoir la qualification nécessaire. À cet effet, le Rapport des Nations Unies sur cette question est clair : « *il est essentiel de sélectionner des agents de changement et d'en faire des relais dans l'ensemble de l'entité concernée par une réforme. Les réformes qui font appel à des agents de changement sélectionnés dans toute l'entité sont deux fois plus susceptibles de mettre en œuvre de façon approfondie les éléments*

---

436 Union Interparlementaire, Le Contrôle parlementaire : Un outil d'auto-évaluation, Projet 12 octobre 2018, p.3.

437 DUPRAT (J. P.), « L'activité des cours et chambres des comptes », *in* CONAC (G.) (dir.), *Les Cours suprêmes en Afrique*, Paris, Economica, 1989, Tome 2, p. 195. ORSONI (G.), « Le juge des comptes. Que juge-t-il ? Doit-il même encore juger ? », *op. Cit.*, pp. 333-358.

438 CHEVALIER (Y.), « La réforme budgétaire et la gestion des ressources humaines : quelles conséquences pour la fonction publique ? », *op. cit.*, p. 17.

clés de la gestion du changement »[439]. Malheureusement, on ne dispose pas suffisamment des moyens humains pour accomplir les missions assignées. Pourtant, les pays « *qui ont atteint un niveau exemplaire d'opérationnalité, comme l'ensemble des pays de l'OCDE, montre qu'il est tout à fait illusoire d'espérer doter un pays de semblables institutions en l'espace d'un faible laps de temps et sans un effort tout particulier de recrutement et de formation* »[440]. Il faut donc convenir que « *la question du personnel est de loin la plus cruciale* »[441]. Le renforcement des capacités humaines est donc l'une des clés de l'amélioration de la gestion comptable en vue de l'adapter à la nouvelle gestion publique. Le déficit en personnel qualifié et suffisant est à l'origine des lenteurs et lourdeurs qui entachent la qualité de l'information comptable. Il faut donc non seulement accroître les effectifs, mais également renforcer les capacités des agents.

La mobilisation des moyens humains est donc importante pour la réalisation du droit de la comptabilité publique. Les effectifs doivent être consistants numériquement et qualitativement afin d'être à la hauteur des adaptations fonctionnelles, c'est-à-dire qu'ils doivent être dotés d'expertise technique et de personnel formé au nouveau management public. À cela, il convient de renforcer les moyens matériels.

2- Le renforcement des moyens matériels

Pour remédier aux critiques, le processus comptable doit être allégé. À ce titre, il peut par exemple s'appuyer sur les nouvelles technologiques, notamment à travers son informatisation rationalisée. Il s'agit là d'un vieux plaidoyer de la doctrine[442] qui doit présager l'avènement de la République numérique[443].

La dématérialisation postule la mise en œuvre des innovations techniques qui vont renforcer et faciliter l'implémentation de la nouvelle règlementation. Le déficit d'informatisation du circuit de la dépense au Cameroun a déjà été souligné[444]. Il s'agit là d'une faiblesse dont la correction permettrait une amélioration substantielle du contrôle comptable. En France, le processus d'informatisation de la gestion financière et comptable de l'État a connu une

---

439 *Examen de la gestion du changement dans les entités des Nations Unies*, *op. Cit.*, p. IV.
440 YONABA (S.), « L'expérience africaine du modèle français du contrôle juridictionnel des finances publiques : traits communs et diversité », *R.F.F.P*, n° 101, mars 2008, p. 61.
441 *Ibid.*, p. 65.
442 LASCOMBE (M.) et VANDENDRIESSCHE (X.), « Plaidoyer pour assurer le succès d'une réforme : la LOLF et la nécessaire refonte de la responsabilité des ordonnateurs et des comptables », *RFDA*, 2004, pp. 398 et s.
443 En France, loi n° 2016-1321 du 7 octobre 2016, pour une République numérique.
444 EKOBENA (J. M.), *Les démarches de modernisation du système camerounais de contrôle des finances publiques*, *op. Cit.*, p. 65.

accélération avec la LOLF de 2001[445]. Elle garantit la disponibilité d'une information fiable et actualisée. Elle est également un facteur de simplification et d'accélération des procédures. Elle réduit le risque de corruption et de détournements des deniers publics en limitant le contact entre les hommes. Une observation attentive de la pratique administrative révèle une acclimatation progressive, mais largement mitigée du service public à l'informatisation. Ce constat implique que la réussite de la réforme des finances dans le sens de son informatisation est conditionnée de manière déterminante par une formation massive et qualitative des différents acteurs concernés aux nouvelles technologies de l'information et de la communication.

Il importe de rappeler que certains aspects de la gestion publique font déjà l'objet d'informatisation dans le cadre de ce qu'on peut appeler l'*E-government*. On peut citer sans souci d'exhaustivité : les expériences du Système Intégré de Gestion du Personnel de l'État et de la Solde (SIGIPES), de SYDONIA en matière douanière, la dématérialisation des procédures de paiement en matière fiscale. Ces expériences pourraient inspirer la mise en place d'un logiciel intégré, dans le cadre du circuit comptable, qui permettrait un suivi systématique de l'acte d'engagement jusqu'au paiement par le comptable. Ce logiciel couvrirait entre autres : la mise en place des dotations (nomenclature, répartition, blocage, déblocage, gestion des enveloppes), la gestion des dépenses (engagements juridiques et comptable, service fait, liquidation, ordonnancement et paiement), la gestion des investissements, la gestion des recettes, paiements et gestion des fournisseurs, fichiers des tiers, seuil des marchés, domiciliations bancaires, régies d'avance[446].

---

[445] Le logiciel ACCORD (Application Cordonnée de Comptabilisation, d'ordonnancement et de Règlement de la Dépense de l'État en vigueur a été remplacé par l'application informatique CHORUS en 2005. Ce dernier a été étendu à tous les services de l'État. Ce logiciel permet une gestion automatisée et intégrée de la chaîne de dépense publique.

[446] BARILARI (A.), *op. cit.*, p. 148.

Conclusion chapitre II

Au fil des années, la comptabilité publique au Cameroun a subi de profondes transformations formelles. Ces changements ont été cruciaux pour moderniser et améliorer la gestion des finances publiques dans le pays. De nombreuses réformes ont été mises en place pour renforcer la transparence, l'efficacité et la responsabilité dans la comptabilité publique. Pour autant, ces transformations ne semblent pas être allées en profondeur. C'est la raison pour laquelle certaines difficultés demeurent.

Cela dit, les transformations du droit de la comptabilité publique sont restées limitées sur le plan institutionnel. Les limites touchent non seulement les institutions non juridictionnelles, mais également les institutions juridictionnelles. S'agissant des institutions non juridictionnelles, il a été possible de relever les limites concernant les instances non juridictionnelles qui se heurtent à la souveraineté des États d'une part et aux réalités camerounaises d'autre part. Concernant les organes nationaux, les limites sont relatives aux organes administratifs et politiques. Les instances juridictionnelles tant communautaires que nationales voient leurs compétences difficiles à réaliser.

Le constat a été fait que les transformations dans le droit de la comptabilité publique n'ont pas été totales sur le plan institutionnel. Il est à cet égard important que le comportement des institutions existantes s'améliore notamment par l'appropriation véritable de la règlementation comptable, mais surtout par la manifestation de la volonté politique réelle d'implémentation de celle-ci. Par ailleurs, il faut clairement envisager la mise en place des institutions et le renforcement de leurs capacités tant sur le plan humain que sur le plan matériel.

Conclusion du Titre II

Dans un contexte institutionnel profondément soumis à l'impératif de la construction de l'État de droit, il apparaît de plus en plus urgent que les décideurs publics se saisissent de leurs prérogatives notamment en matière financière, afin d'améliorer l'environnement économique et financier, en évitant le gaspillage des recettes publiques pour des dépenses non prévues[447].

La présente étude s'est donc attelée à démontrer l'étendue des transformations structurelles de la comptabilité publique en droit camerounais.

Dans le cadre de la reconfiguration des structures de la comptabilité publique, il a été démontré que les structures d'information ont connu une réformation. Ceci à travers la réorganisation des acteurs classiques et le réaménagement des acteurs spécifiques. De même, cette étude a dévoilé la dynamisation des structures du contrôle comptable qui s'effectue par l'entremise de la fortification des organes nationaux qui seront aidés par l'intervention des organes internationaux.

Dans la seconde articulation, nous avons procédé par une approche de « *problem solving* ». En réalité, rien ne sert de dénicher et d'exposer les difficultés sans pour autant y proposer des solutions. C'est la raison pour laquelle il a été question, d'une part, d'identifier les limites inhérentes à la reconfiguration des structures de la comptabilité repartie en limites non juridictionnelles et en limites juridictionnelles. D'autre part, l'on a procédé à une analyse prospective de l'amélioration de la reconfiguration des structures de la comptabilité publique.

Assurément et au vu de ce qui précède, on assiste aujourd'hui au passage à une nouvelle mouvance du droit comptable avec le nouveau régime financier de l'État de 2018. Cela dit, le Cameroun est entré dans une logique nouvelle de gestion comptable qui exige de rompre[448] avec les anciennes méthodes inadaptées au contexte actuel de rigueur de la comptabilité publique.

---

447 DUVERGER (M.), *Finances publiques*, *op cit*, p.10.

448 Non de manière catégorique, mais plutôt de manière sélective. Il en clair que toutes les anciennes méthodes ne sauraient être perçues comme inutiles voir inefficaces.

Conclusion de la première partie

Les transformations formelles de la comptabilité publique mettent en évidence les changements significatifs qui ont été amorcés dans ce domaine[449]. Ces transformations comprennent l'adoption de normes comptables internationales, leur adaptation aux normes comptables nationales, l'utilisation de systèmes informatisés de gestion financière et la mise en place de cadres règlementaires plus stricts.

Il aura donc été question de procéder à des transformations normatives de la comptabilité publique à travers la mutation des sources, mutation qui admet malheureusement des limites[450].

Ensuite, l'utilisation croissante de systèmes informatisés de gestion financière a grandement simplifié et automatisé les processus comptables. Ces systèmes permettent notamment une meilleure gestion des données financières, une réduction des erreurs et un gain d'efficacité dans le traitement des transactions.

Enfin, les transformations formelles de la comptabilité publique se sont traduites par la mise en place de cadres règlementaires plus stricts. Les autorités de régulation ont renforcé leur surveillance et leur contrôle sur les pratiques comptables des entités publiques, afin d'assurer une utilisation transparente et responsable[451] des ressources publiques.

Les transformations du droit de la comptabilité publique sont malheureusement limitées sur le plan institutionnel. Les limites touchent non seulement les institutions non juridictionnelles, mais également les institutions juridictionnelles. Ces limites formelles n'obstruent tout de même pas les transformations matérielles importantes.

---

449 MUZELEC (R.) : « Diagnostic du système financier camerounais », in colloque « pour une meilleure gestion des finances publiques au Cameroun », organisé par le ministère des Finances du Cameroun, Yaoundé les 11, 12 et 13 juillet 2001, cité par GOUDEM LAMENE (B.), *op. Cit.*

450 ARKWRIGHT (E.), in *Réforme budgétaire: quels changements pour la gestion et le contrôle des dépenses publiques ? Cahiers Français*, n° 329, pp.16-20

451 BARILARI (A.) : « La réforme de la gestion publique, quel impact sur la responsabilité des acteurs », *RFFP*, n°92,2005

Seconde partie :

LES TRANSFORMATIONS MATÉRIELLES

La société actuelle vit dans un contexte secoué de toute part au gré des réformes plurielles engagées autour des démarches dites de « *modernisation* » de la gestion des affaires publiques. À celles-ci s'ajoute la recherche de liens solides entre la performance et l'éthique publique élevée comme préoccupation centrale pour les gestionnaires des administrations publiques[452]. Dans ce contexte, le recours au nouveau « *management* » a été envisagé comme moyen indiqué pour se servir des connaissances appliquées au domaine de l'entreprise afin de fournir des outils et des stratégies pouvant porter la nouvelle gouvernance financière en cours d'instauration au Cameroun[453]. Il convient alors de reconnaître qu'il y a eu une mutation du paradigme de la comptabilité publique (**Titre I**) et une mutation des techniques de la comptabilité publique (**Titre II**).

---

[452] BARTOLI (A.), KERAMIDAS (O.), LARAT (F.) et MAZOUZ (B.), « Vers un management public éthique et performant », *Revue française d'administration publique*, vol. 4, n° 140, 2011, p. 629.

[453] MEYUM KEMGNI (G.), « La nouvelle gouvernance financière au Cameroun », *op.cit.*, p. 320.

Titre I :

La mutation du paradigme

Le plus souvent, la déficience dans la gestion provient d'un défaut d'organisation des services comptables et de l'insuffisante mise en œuvre de la réforme comptable. Cette vision plus ou moins négative de la comptabilité publique commande l'adoption de nouvelles règles plus strictes et plus conformes à la réalité. Ainsi, l'adoption d'un nouveau paradigme comptable, qui constitue l'un des aspects les plus importants du nouveau management public, concerne la vague de réformes des systèmes d'information financière[454]. Il convient de s'attarder sur les vicissitudes du paradigme classique (**Chapitre 1**) ainsi qu'à l'adoption d'un nouveau paradigme **Chapitre 2**).

[454] TEMOMO WAMBA (R.) et All, « De la comptabilité de caisse à la comptabilité en droit constaté : Quels enjeux pour la gouvernance des Établissements Publics Administratifs ?», *Revue internationale des Sciences de Gestion*, n° 3, vol. 2, 2019, p. 34.

Chapitre I :

Les vicissitudes du paradigme classique

De façon tout à fait ordinaire, le contrôle en matière financière « *porte sur la régularité des opérations financières, afin d'éviter les fraudes et s'assurer de la conformité de ces opérations aux autorisations budgétaires* »[455]. Il va de soi, qu'en suivant la technicité qui accompagne la nouvelle gestion comptable, et dont la prise de décision constitue le point focal[456], l'on fait le constat de ce que le paradigme traditionnel, dit classique, n'est plus adapté au nouveau contexte dans lequel se trouve le droit et la pratique comptable. Pour se rendre compte de ses insuffisances (**Section II**), il faudra au préalable questionner sa consistance (**Section I**).

Section I- La consistance du paradigme classique

Il faut dire que l'exécution du budget des personnes publiques procède d'un dispositif tout simple, celui que l'on qualifie de principe de séparation des ordonnateurs et des comptables. Ce système est basé sur une comptabilité dite de caisse (**Paragraphe 1**) et permet d'effectuer les contrôles classiques sur l'exécution du budget (**Paragraphe 2**).

Paragraphe I- Un paradigme basé sur la comptabilité de caisse.

D'emblée, il faut indiquer que la comptabilité de caisse se contente d'enregistrer des mouvements de trésorerie. Il convient d'examiner les principes (**A**) avant l'organisation de la comptabilité de caisse (**B**).

A- Les principes de la comptabilité de caisse

Différentes classifications des principes sont proposées dans la littérature comptable, et nous avons retenu celle préconisée par Bernard COLASSE qui distingue entre les principes d'observation (**1**) et ceux de mesure (**2**)[457].

---

[455] OLIVA (E.), *Finances publiques*, Paris, Dalloz, 2015, 3e éd., p. 488.

[456] Pour une vue détaillée du processus de prise de décision dans les administrations publiques, lire SFEZ (L.), *Critique de la décision*, Paris, Cahiers de la fondation nationale des sciences politiques, n° 190, 1976, 2e éd.

[457] COLASSE (B.), *comptabilité générale*, Paris, Economica, 8e éd., 2003, p. 48.

1- Les principes d'observation

Les principes d'observation permettent de déterminer le périmètre spatial et temporel des opérations financières. Ils sont au nombre de deux : le principe de l'arrêté périodique des écritures et le principe de continuité d'exploitation.

a) Le principe de l'arrêté périodique des écritures

Les écritures comptables, les comptes et les états financiers doivent être arrêtés suivant une périodicité fixe, afin de rendre compte de la situation financière et patrimoniale de l'État. Les arrêtés peuvent être journalier, décadaire, mensuel ou annuel[458].

Il est indispensable de découper le temps en périodes, si possible, d'égale durée. La période comptable de référence la plus commune, appelée : exercice comptable, a une durée d'un an. Le découpage en périodes égales est imposé par le droit fiscal et le droit comptable. Ce principe implique le rattachement des opérations financières à une période donnée : l'année, le mois, la décade ou le jour[459].

b) Le principe de continuité d'exploitation

En vertu de ce principe, le fonctionnement de l'État n'est pas limité par le temps[460]. Le cadre conceptuel des normes comptables internationales stipule que :
« *Les états financiers sont normalement préparés selon l'hypothèse que l'entreprise est en situation de continuité et poursuivra ses activités dans un avenir prévisible. Ainsi, il est supposé que l'entreprise n'ait ni l'intention ni la nécessité de mettre fin à ses activités ni de réduire de façon importante la taille de son exploitation* [461]». En d'autres termes, les valeurs portées au bilan ne sont pas des valeurs de liquidation ; au contraire, nous nous plaçons dans l'optique où la pérennité de l'entité s'étend au-delà de l'exercice écoulé et de celui qui vient.

2- Les principes de mesure

Il s'agit du principe de nominalisme monétaire et du principe du coût historique.

a) Le principe de nominalisme monétaire

En respect de ce principe, la FCFA est la monnaie sur la base de laquelle les opérations doivent être comptabilisées. De ce fait, les biens acquis en devises ainsi que les créances et les dettes sont convertis en monnaie nationale,

---

458 Instruction sur la comptabilité générale de l'État.
459 CERRADA (K.) DERONGE (Y.) DEWILF(M.) GATZ (M.), *Comptabilités et analyse des états financiers*, Paris, DeBoeck, 1re éd., 2014, p.18.
460 Instruction générale sur la comptabilité de l'État, p. 8.
461 Cadre IAS/IFRS, n°23.

conformément au taux de change ou au taux de chancellerie en vigueur au moment de la transaction[462].

En comptabilité, tous les faits et toutes les transactions sont exprimés en unité monétaire. La monnaie est le langage retenu pour construire les représentations de l'entité, car il permet d'exprimer la valeur d'objets différents (une machine, un stock, etc.) dans une unité de mesure commune et rend ainsi possible leur agrégation. Il importe de comprendre que le choix du principe de monétarisation et donc d'une quantification monétaire a pour effet d'exclure un certain nombre de phénomènes du champ de la représentation comptable. En d'autres termes, la comptabilité exclut des éléments non monnayables[463].

Le principe de nominalisme monétaire pose l'hypothèse de la stabilité de l'unité monétaire dans le temps. Or, la valeur de la monnaie évolue au fil du temps. Dès lors, ce principe est mis à mal, et des réajustements s'imposent si l'on veut maintenir la représentativité de l'image comptable produite. À titre d'exemple, la valeur monétaire d'un immeuble acquis il y a de nombreuses années risque d'être éloignée de sa valeur réelle actuelle. Une réévaluation du dit immeuble devrait être envisagée et intégrée dans la comptabilité. Par ailleurs, l'existence de plusieurs monnaies dans le monde rend mal aisée la comparaison des opérations financières dans des zones utilisant des monnaies spécifiques[464]. Enfin, la traduction des opérations financières en unité monétaire pose la question des règles d'évaluation, c'est-à-dire des normes comptables permettant de transformer une réalité économique en unités monétaires.

b) Le principe du coût historique

La détermination de la valeur d'un bien peut se faire en adoptant différents critères de valorisations comme le prix d'achat, le coût de production, la valeur de vente, la juste valeur, etc.En droit de la comptabilité, le critère retenu pour évaluer un élément est généralement son coût historique, qui se définit comme son coût d'acquisition (dans le cas d'un achat) ou son coût de production (s'il est fabriqué), exprimé en unité monétaire du moment où il est entré dans le patrimoine de l'entité. Méthode simple, universelle et vérifiable, l'évaluation au coût historique repose sur des éléments clairement identifiables et précisément mesurables, car il existe des preuves objectives d'acquisition ou de production.

---

[462] Lire Instruction sur la comptabilité générale de l'État, p8.

[463] COLASSE (B.), *Comptabilité générale*, Paris, Economica, 8e éd., 2003, p.28.

[464] CERRADA (K.), DE RONGÉ (Y.), DE WOLF (M.) et GATZ (M.), *Comptabilité et analyse des états financiers. Principes et applications*, Paris, De Boeck, 1re éd., 2014, p.13.

B- L'apport de la comptabilité de caisse au système d'information

La comptabilité de caisse permet d'enregistrer des mouvements de trésorerie, ce qui permet d'avoir une remontée de l'information relativement à l'exécution du budget (**1**), avec une portée limitée (**2**).

1- La remontée de l'information sur l'exécution budgétaire

La remontée de l'information budgétaire est une opération permanente. Chaque acteur procède à la collecte, à la saisie et à l'acheminement des fiches de suivi des opérations budgétaires dans les délais prescrits par l'instruction[465], selon l'approche décrite ci-après.

Le recours à ce mode de comptabilité présente deux atouts majeurs qui se trouvent être son objectivité provenant de sa relative indépendance vis-à-vis des conventions comptables, et sa simplicité se trouvant dans les mécanismes qui la composent. À travers ces qualités, il facilite considérablement le contrôle budgétaire et présente l'avantage d'être rapidement disponible pour qui le sollicite[466].

Cette comptabilité trouve aussi comme autre avantage le fait d'être appropriée pour les vérifications lorsque les transactions enregistrées visent à mesurer les flux de trésorerie, soit que l'enregistrement des mouvements de fonds est le principal souci, soit qu'il constitue une obligation juridique[467].

La volonté permanente de faire de la comptabilité des personnes publiques une comptabilité de caisse vise à privilégier le suivi des opérations budgétaires, afin que seules soient appréhendées les opérations de décaissement et d'encaissement. Ce qui permettra par la suite de connaître avec précision l'exécution de la dépense au niveau des chapitres budgétaires, et de fournir par la même occasion une information indispensable[468] et fiable. Son intégration dans les circuits comptables publics touche particulièrement l'administration centrale, privilégiant une approche comptable en matière de

---

[465] Il s'agit de l'instruction N00000440/I/MINFI/SG/DGB du 25 août 2015 sur la remontée de l'information budgétaire, abrogeant l'instruction du 28 juillet 2008.

[466] TEMOMO WAMBA (R.), « De la comptabilité de caisse à la comptabilité en droit constaté : Quels enjeux pour la gouvernance des Établissements Publics Administratifs ? », *op.cit.*, p. 38.

[467] Banque Mondiale, *Manuel de Comptabilité générale, d'information financière et d'audit*, *op. cit.*, p. 55.

[468] LAMBERT (A.) et MARINI (P.), *Rapport d'information sur le fonctionnement des services de l'État dans l'élaboration des projets de loi de finances et l'exécution des lois de finances*, tome 1, n° 485, 2000, p. 150.

trésorerie qui correspond mieux à la nature particulière du contrôle budgétaire et financier de l'État[469].

2- Les limites de la remontée de l'information budgétaire

La comptabilité de caisse porte en elle des faiblesses conceptuelles faisant en sorte que le bénéfice établi selon cette comptabilité peut conduire à des erreurs importantes lorsqu'il y a un décalage entre les opérations d'échange de produits ou de services et les encaissements ou les décaissements qui en résultent. Il nécessite généralement une concomitance des opérations pour être fiable et réduire les erreurs dans la concordance des données enregistrées à chacune des phases d'encaissement et de décaissement. On note également que cette forme de comptabilité n'est pas adaptée à l'économie actuelle caractérisée par le développement du crédit, par le fait qu'elle ne constate pas tous les phénomènes impliqués par le crédit contrairement à la comptabilité d'exercice plus adaptée. Dans le même sens, elle comporte les entorses à certains concepts fondamentaux. C'est ainsi que dans un premier temps elle porte entorse aux qualités caractéristiques de l'information comptable puisqu'elle est réputée n'être ni fiable, ni pertinente, encore moins significative. Dans un second cadre, elle est une entorse aux conventions comptables sur l'indépendance des exercices, la prudence, la réalisation du revenu, le coût historique, le rattachement des charges aux produits.

Malgré ces éléments d'imperfection, la comptabilité de caisse reste et demeure un outil robuste et facilement accessible pouvant rendre compte en temps réel de l'exécution des autorisations budgétaires. Elle permet au contrôleur de disposer d'une information disponible en temps réel, en laissant peu de place à la discrétion du comptable public[470]. Elle indique avec précision et objectivité à quel moment ont eu lieu les encaissements et les décaissements. Pour cette raison, elle se présente comme le meilleur moyen d'enregistrer les transactions, surtout si elle est combinée avec la comptabilité d'engagement[471]. Il y a également eu l'instauration d'une comptabilité générale comme un palliatif aux manquements de la comptabilité de caisse.

---

[469] MARTY (F.), TROSA (S.) et VOISIN (A.), « Les enjeux liés à l'adoption d'une comptabilité patrimoniale par les administrations centrales », *Revue internationale des Sciences Administratives*, vol. 72, n° 2, 2006, p. 215.
[470] MARTY (F.) TROSA (S.) et VOISIN (A.), « Les enjeux liés à l'adoption d'une comptabilité patrimoniale par les administrations centrales », *op.cit.*, p. 215.
[471] Banque Mondiale, *Manuel de Comptabilité générale, d'information financière et d'audit*, *op.cit.*, p. 56.

Paragraphe II- Un paradigme basé sur le contrôle classique de l'exécution du budget.

Ce système impose une double régularisation touchant autant à la régularité des opérations financières publiques (**A**) qu'à leur conformité (**B**).

A- La régularité des opérations financières publiques

La régularité des opérations financières rend compte du développement des entraves au niveau de la régularité procédurale (**1**) tout comme au niveau de la régularité matérielle (**2**).

1- La régularité procédurale des opérations financières

Au sujet des opérations financières et comptables, notons qu'il s'agit des recettes, des dépenses, des emprunts, de la trésorerie, des fonds et valeurs et du patrimoine. Pour apprécier leur régularité, elles doivent être retracées dans les comptabilités, non seulement sur la base de lois et règlements nationaux, mais également selon les normes inspirées de l'ordre juridique international[472]. Il est donc nécessaire que leur traitement suive un ensemble d'opérations homogènes en se conformant aux règles comptables mises en application par la société[473]. C'est dire que les opérations dont il est question doivent être distinctes des opérations comptables.

Les éléments mobilisés pour assurer cette régularité sont assez proches de ceux de la comptabilité générale[474], sans pour autant se confondre à ces derniers. Puisque, quel que soit le domaine dans lequel elle est convoquée, la comptabilité constitue un système formel d'identification, de mesure, de classement et d'enregistrement des transactions opérées par les entités publiques[475]. Elle trouve son sens et sa raison dans les missions qui sont les siennes, et ne peut en aucun moment y déroger à moins qu'un texte ne le lui permette expressément. Il en est ainsi du principe de la séparation des ordonnateurs et des comptables dont la consécration[476] connaît des aménagements avec l'apparition des régisseurs de recettes et des régisseurs d'avance. D'autres aménagements ont été prévus pour éviter le « pointillisme désuet » que dénonce tant la doctrine, pour qui la séparation comme envisagée

---

472 *Ibid.*

473 HINAJE (N.) et ELHADDAD (M. Y.), « Amélioration de la qualité de l'information comptable et financière comme préalable à la convergence du référentiel comptable marocain vers le référentiel comptable international », *Revue internationale des Sciences de Gestion*, vol. 3, n° 2, 2020, p. 358.

474 CATTEAU (D.), *Droit budgétaire. Comptabilité publique, LOLF et GBCP*, Paris, Hachette, 2016, 3e éd., p. 50.

475 CERRADA (K.), DE RONGÉ (Y.), DE WOLF (M.) et GATZ (M.), *Comptabilité et analyse des états financiers. Principes et applications*, Belgique, De Boeck Supérieur, 2014, 1re éd., p. 5.

476 Art. 64 al. 2 de la Loi portant régime financier de l'État de 2018.

est génératrice de pertes de temps et de surcoûts inutiles du fait de la redondance des tâches et des contrôles[477].

C'est pourquoi dans la réalité observable, les principes convoqués n'ont pas la dimension des principes budgétaires, ils constituent plus un corpus de principes servant de point de mire pour l'adaptation des règles de comptabilité publique évoluant vers une comptabilité moderne, plus proche de celle du secteur privé. Ainsi, ces principes concourent à conditionner les actions comptables et les activités d'élaboration des états financiers. C'est pour cette raison qu'on leur attribue un rôle supplémentaire de gardien de la régularité budgétaire[478] qu'elle soit formelle et même matérielle.

2- La régularité matérielle des opérations financières publiques

Dans le prolongement de la régularité procédurale, la régularité matérielle est celle relative au contenu[479] des opérations financières. Elle est appréciée en tenant compte des éléments de fonds, et non plus seule à ceux liés à la procédure ou aux éléments extérieurs. Dans ce cadre, il ne s'agissait plus pour le contrôleur d'apprécier uniquement la simple régularité des opérations financières et de laisser de côté l'appréciation de la « bonne administration » des services, mais encore et surtout d'orienter les acteurs financiers traditionnels vers un nouvel axe d'analyse de la dépense publique se rapportant à la bonne gestion.

Il va de soi que ce type de régularité s'exerce sans préjudice des missions de contrôle et de vérification de la régularité des opérations financières engagées sous d'autres formes, il n'est pas exclusif. C'est en raison de cela que les corps et institutions de contrôle juridictionnel (notamment la Cour des comptes[480]) contrôlent les résultats des programmes et en évaluent l'efficacité, l'économie et l'efficience de l'utilisation des fonds publics[481], sans que cela puisse empêcher le contrôle administratif exercé par les différents acteurs consacrés[482] ou le contrôle parlementaire exercé par le Parlement[483].

Sur un autre prisme, la régularité porte également sur les acteurs. Dans ce cadre, il s'agit pour le contrôleur financier de délimiter l'étendue ou le périmètre des compétences dévolues à chaque gestionnaire de crédits, en même temps que les qualités qui les habilitent à intervenir dans le processus

---

[477] ADANS (B.) et PERRAUD (P.) (dir.), *Quel avenir pour le comptable public ? ..., op. Cit.*, p. 16.
[478] CATTEAU (D.), *Droit budgétaire. Comptabilité publique, LOLF et GBCP*, *op.cit.*, p. 50.
[479] GAUTHIER (E.), « De la rigueur des soumissionnaires dans l'établissement des offres de marché public : les erreurs à ne pas commettre », *op.cit.*, p. 5.
[480] Art. 86 de la Loi de 2018 sur le régime financier de l'État.
[481] FALL (M.) et TOURE (I.), *Finances publiques. Approche théorique et pratique*, Dakar, L'Harmattan-Sénégal, 2018, p. 189.
[482] Art. 84 de la Loi de 2018 sur le régime financier de l'État.
[483] *Ibid.*, art. 85.

budgétaire. En plus de ces éléments, il tient aussi compte du montant des crédits qu'ils sont habilités à engager, le rythme ou les quotités autorisées dans l'utilisation qu'ils en font, à charge pour lui de rapporter ces informations aux documents d'autorisation budgétaire, afin d'en assurer la conformité[484]. C'est en cela que se trouve le sens du contrôle de l'accréditation des gestionnaires, et du rythme de consommation des crédits dont ils ont la gestion. Un autre pan de la régularité matérielle peut être relevé ici, à savoir le respect des normes de fond.

Il est par ailleurs fondamental de noter que la régularité matérielle exige le respect des règles de fond posé lors de la fixation des quotas d'engagements périodiques, ou thématiques des deniers publics, et assure ce respect par l'attribution au contrôleur financier de compétences de vérification dans le cadre du contrôle des engagements comptables. Il importe de noter à titre de complément d'information que les mêmes règles s'appliquent *a posteriori* aux opérations budgétaires dérogeant à la procédure normale d'engagement des dépenses publiques, quel que soit le gestionnaire. Mais au-delà de la régularité, le paradigme classique reposait aussi sur la conformité des opérations comptables et financières.

B- La conformité des opérations financières

En application du principe de la légalité de l'action administrative[485], les opérations financières doivent se conformer aux concepts de conformité procédurale (**1**) et de conformité matérielle (**2**).

1- La conformité procédurale des opérations financières

Pouvant s'exercer *a priori* ou en cours d'exécution, le contrôle formel des opérations financières porte sur la régularité[486]. La conformité recherchée vise à adapter, ajouter et rendre conforme les actes aux procédures, les documents aux éléments de constitution exigés par la loi afin d'éviter toutes erreur ou mauvaise gestion. Ainsi, lorsque l'examen d'un acte de gestion comptable est effectué, il ne se traduit forcément pas par une décision juridictionnelle, mais peut entraîner ultérieurement le jugement des responsables pour faute de gestion ou détournement[487]. Elle consistera alors en une vérification de la

---

[484] KOUMDA AYISSI (A. R.), *Quelle place pour le contrôle financier dans la chaîne des dépenses publiques au Cameroun ? Op. Cit.*, p. 13.

[485] ABANE ENGOLO (P. E.), *L'application de la légalité par l'administration au Cameroun*, Thèse de Doctorat en Droit public, Université de Yaoundé II, 2009, p. 19.

[486] Art. 83 al. 2 de la loi de 2018 précitée.

[487] AKONO ONGBA SEDENA, « La distinction entre faute de gestion et détournement de deniers publics en droit camerounais », *op. Cit.*, p. 42.

régularité des opérations financières et du « *bon emploi des crédits, fonds et valeurs* » dans l'optique d'améliorer la qualité de la dépense publique[488].

Il faut pour cela procéder à une harmonisation des règles et procédures comptables qui sont devenues nécessaires, bien que non suffisantes, avec en toile de fond l'objectif de permettre aux destinataires centraux de garantir que les choix financiers et fiscaux opérés par les autres administrations publiques soient compatibles avec la réalisation des objectifs du pays dans son ensemble[489]. Elle s'attarde alors sur la conformité des éléments extérieurs aux opérations financières, telles que la présence dans le dossier de toutes les pièces de justification et procédurales nécessaires, autant elle impose que les règles fixées et les procédures posées puissent être respectées à toutes les phases de la chaîne constituant les opérations financières.

Par ailleurs, il faut relever que l'angle ou les angles d'appréciation de cette conformité extérieure sont les points de vue sur lesquels on considère les résultats attendus[490]. Il s'agit d'un système de contrôle de la régularité des opérations financières qui fait appel aux juridictions financières pour sanctionner les éventuelles violations des textes[491] ou des procédures qui y sont contenues. Ils sont nombreux et interviennent à différentes étapes du processus de contrôle comptable, mais les uns comme les autres sont d'une importance capitale pour parvenir à une exacte conformité entre ce qui entoure : le formel; et ce qui est entouré : le matériel.

2- La conformité matérielle des opérations financières

Contrairement à la conformité procédurale qui ne porte que sur la régularité, la conformité matérielle porte en plus de cela sur la performance[492] attendue des opérations financières. Elle consiste en une certification portée sur la régularité des opérations financières réalisées ou projetées, par l'examen de l'opportunité des dépenses. Dans l'ensemble, deux types de contrôles de conformité se dégagent de cette catégorie. L'un est qualifié d'audit financier, et l'autre audit de performance.

Concernant la première forme, l'audit financier consiste à examiner la conformité entre le système de gestion et de contrôle financier et comptable

---

488 BENGONO (F.), *L'amélioration de la qualité de la dépense publique auCameroun : Cas des dépenses de consommation des biens et services à la Directiongénérale du Budget*, Yaoundé, édition Clé, 2010, p. 17.
489 MUSSARI (R.), « La comptabilité publique, instrument et enjeu des rapports entre pouvoir central et collectivités locales : le cas du processus d'harmonisation en Italie », *op.cit.*, p. 4.
490 DEMBA BA (B.), *Finances publiques et gestion par la performance dans les pays membres de l'UEMOA : étude de cas du Sénégal*, Thèse de Doctorat en Droit, Université de Bordeauxet Université Cheikh Anta Diop, 2015, p. 438.
491 BOCOUM (W.), *Le contrôle juridictionnel des finances publiques au Mali : contributions à la création d'une juridiction financière autonome*, *op.cit.*, p. 64.
492 Art. 83 al. 2 de la Loi de 2018 précitée.

ainsi que la régularité des opérations financières et comptables. Il est généralement posé comme un contrôle systématiquement opéré à chaque examen de gestion[493]. C'est à travers ce contrôle qu'est vérifiée la régularité du système de gestion ou de management des ressources publiques, ainsi que le mode de contrôle qu'il soit comptable ou financier qui y est exercé. Tout cela est complété par conformité observée au niveau des opérations financières d'abord et comptables ensuite.

De son côté, l'audit de performance s'intéresse à l'appréciation portée sur les critères des « *trois E.* » que sont l'économie, l'efficience et l'efficacité[494]. Pour sa part, il s'agit d'un examen centré sur la qualité de la gestion, sur sa valeur et son contenu. La conformité dont il s'agit porte sur le principe d'économie qui consiste à soutenir l'idée que les ressources disponibles doivent être utilisées au minimum. Elle s'intéresse aussi au principe d'efficience consistant à réaliser le maximum de résultats compte tenu des ressources disponibles. Enfin, elle intègre le principe d'efficacité permettant d'atteindre les objectifs fixés à chaque entité publique. En plus de ceci, un autre examen est effectué de manière régulière à chaque contrôle et dont l'envergure dépend fort largement des services ou des programmes examinés[495]. La mobilisation de tous éléments démontre que la conformité matérielle s'entend de plusieurs éléments qui concourent à la bonne gestion et la saine comptabilité.

Ainsi, l'utilité de la politique menée au regard des résultats produits, résultats basés sur des éléments pertinents tels que l'efficacité, l'efficience, l'économie, la pertinence[496], se projet dans une nouvelle forme de gestion appelée « *nouveau management public*[497] » ou « *New public management* », mais dont la mise en pratique laisse apparaître de part et d'autre des insuffisances qu'il faudrait relever.

Section II- Les insuffisances du paradigme classique

En tenant compte des développements qui précèdent, il apparaît évident que le système de comptabilité publique qui était jusque-là appliqué comportait des insuffisances flagrantes. Ainsi, en s'intéressant dans un

---

493 YOSSUNDARA (A.), *Le contrôle des finances publiques en Thaïlande*, Thèse de Doctorat en Droit public, Université de Paris 1, Panthéon-Sorbonne, 2013, p. 376.

494 ANANTAWAT (B.), *Les lignes directrices en matière de contrôle des organismes publics*, Bureau de vérification des fonds publics, 2009, p. 7.

495 YOSSUNDARA (A.), *Le contrôle des finances publiques en Thaïlande*, *op.cit.*, p. 376.

496 DEMBA BA (B.), *Finances publiques et gestion par la performance dans les pays membres de l'UEMOA : étude de cas du Sénégal*, Thèse de Doctorat en Droit public, Université de Bordeaux et Université Cheikh Anta Diop, 2015, p. 438.

497 La nouvelle gestion publique induite par les nouvelles normes financières a pour souci plus d'efficacité, plus de sincérité, plus de transparence, une meilleure prevision, programmation des dépenses publiques.

premier temps à la nature de ces limites (**Paragraphe I**), il s'agira de questionner leur valeur. Par la suite, il sera judicieux de s'intéresser également à la portée desdites limites (**Paragraphe II**).

Paragraphe I - La nature des limites

On peut trouver plusieurs limites au système actuel de la comptabilité publique pratiquée au Cameroun ; celles concernant la qualité de l'information financière **(A)** et celles portant sur le défaut de sincérité comptable **(B)**.

A- Les limites sur la qualité de l'information financière

L'on note ici que l'information fournie est, par essence, tournée vers le passé (**1**). Et, lorsqu'elle est tournée vers le futur, la tentation est grande de gonfler les chiffres (**2**).

1- Une information tournée vers le passé

La comptabilité s'appuie, à titre principal, sur des évènements passés. Le principe du coût historique, fortement affirmé par le code de commerce français (article L.123-18) s'inscrit dans le sillage de cette analyse. Les biens de la structure sont enregistrés à leur date d'entrée dans le patrimoine de l'entité[498].

Tout d'abord, il importe de noter que la question de la production d'une information comptable et financière de qualité dans la gestion des fonds publics est mise en scène dans de multiples débats en finance ; elle représente un enjeu stratégique dans la politique financière. Cela est d'autant plus vrai dans un environnement économique en perpétuel changement comme celui du Cameroun[499] qui, depuis des décennies, ne parvient pas à trouver une stabilité en matière de croissance continue.

Ensuite, il faut reconnaître que, dans ce domaine sensible, l'information joue un rôle important et doit obéir à un certain nombre de principes que sont les principes de sécurité, de pérennité et d'irréversibilité. Ces derniers exigent que la protection des transactions et la sauvegarde des droits et obligations de l'État vis-à-vis des tiers soient assurées[500]. Pour que cela soit possible, il importe que l'information comptable puisse être bien conservée, disponible pour être mise à disposition en temps opportun, et elle ne doit pas subir de

498 *Ibid.*

499 NGONGANG (D.) et NGOE MEKANDO (A. C.), « Caractéristiques de l'organisation comptable et qualité de l'information comptable et financière produite par les PME : le cas du Cameroun », *Revue Économie, Gestion et Société*, Vol. 1, n° 31, août 2021, p. 3.

500 Art. 12 al. 1 du Décret n° 2019/3199/PM du 11 septembre 2019 fixant le cadre général de présentation du Plan comptable de l'État.

modifications après l'approbation des comptes annuels[501]. Ainsi dans l'ensemble, les qualités de l'information comptable dépendent aussi des objectifs assignés à la comptabilité choisie[502], elle s'exprime en matière de pertinence, de régularité, de sincérité, d'exhaustivité, de clarté, de fiabilité, de rapidité et de coût raisonnable.

2- La tentation de gonfler les chiffres

Bien que s'appuyant essentiellement sur les évènements passés, l'information comptable est également tournée vers le futur. À ce titre, elle a vocation de permettre à son destinataire d'effectuer une projection dans l'avenir de l'entité. Ce qui explique qu'elle se réfère également, à titre accessoire, à des évènements futurs. Et le problème réside dans le fait que certains dirigeants sont tentés de gonfler les états financiers (bilan, compte de résultat, etc.).

À la lumière des développements précédents et compte tenu du respect des principes et règles à appliquer, il est évident que l'information comptable soit transparente et fiable, elle doit respecter les principes énumérés dans l'article 5 du décret de 2019 fixant le cadre général de présentation du Plan Comptable de l'État[503]. Toutefois, cette information peut paraître insuffisante pour certains utilisateurs qui peuvent exprimer le besoin de disposer d'informations complémentaires répondant à leurs besoins pour la prise de décisions[504]. C'est pourquoi l'intérêt accordé à la production d'information comptable et financière de qualité témoigne ardemment de la nécessité de tendre vers une transparence avérée dans la communication financière[505] des entités publiques.

Généralement, on observe une avalanche de détails, la présence de descriptions vagues ou excessivement techniques et les formules de présentation complexes qui conduisent à des confusions et donnent lieu à des interprétations erronées. Cela déroge à la règle qui voudrait que les utilisateurs disposent d'informations présentées de façon claire et simple ; à défaut, une information sur les états financiers qui n'est pas compréhensible pour les

---

501 Art. 12 al. 2 du Décret n° 2019/3199/PM du 11 septembre 2019 fixant le cadre général de présentation du Plan comptable de l'État.

502 RICHARD (J.) et COLLETTE (C.), *Comptabilité générale. Système français et normes IFRS*, *op.cit.*, p. 58.

503 *Ibid.*, art. 20.

504 HINAJE (N.) et ELHADDAD (M. Y.), « Amélioration de la qualité de l'information comptable et financière comme préalable à la convergence du référentiel comptable marocain vers le référentiel comptable international », *Revue internationale des Sciences de Gestion*, Vol. 3, n° 2, 2020, p. 358.

505 NGONGANG (D.) et NGOE MEKANDO (A. C.), « Caractéristiques de l'organisation comptable et qualité de l'information comptable et financière produite par les PME : le cas du Cameroun », *op. cit.*, p. 3.

utilisateurs ne peut aucunement leur être utile. L'information comptable faisait aussi face au défaut de sincérité.

B- Le défaut de sincérité comptable

Il s'apprécie relativement au caractère difficultueux de la mise en œuvre du principe de sincérité **(1)** ainsi qu'aux difficultés d'appréciation dudit principe **(2)**.

1- Les difficultés de mise en œuvre de la sincérité en comptabilité publique

Il faut relever trois défauts majeurs de la politique financière, défauts toujours présents dans les projets de budget : le décalage entre le discours et la réalité[506], le recours systématique à des artifices[507], et l'équivoque dans l'action[508]. Les parlementaires (d'opposition) ne manquent plus, à l'occasion de la présentation d'un projet de loi des finances, de critiquer les trucages des chiffres, la dissimulation de la réalité de l'excès des dépenses et de la surestimation des recettes, prévisions de croissance jugées utopiques, fortes sollicitations des recettes exponentielles sont ainsi régulièrement invoquées. Le souci de sincérité semble préoccuper jusqu'à la chambre des comptes de la Cour suprême qui, dans son rapport annuel, relève qu'« *au cours des récentes années, les lois de finances sont parfois préparées puis votées par le Parlement à partir d'une information irréaliste et périmée*[509] ».

Les difficultés de mise en œuvre de la sincérité en comptabilité publique font dire à Sebastien SKOTT que « *Il existe une différence fondamentale entre le secteur marchand et le secteur public non marchand du point de vue de la gestion financière. La présentation de l'information financière témoigne de cette divergence. Les activités marchandes, centrées sur la notion de restitution de l'activité, ont développé une information financière enrichie*[510] ». Il convient de rappeler que « *La comptabilité publique propose une représentation financière d'une entité comptable, c'est-à-dire de quelque chose (une entité) qui rend des comptes à des tiers. Mais de quelle entité fait-on les comptes quand on évoque les comptes publics ?* [511]». La question de la délimitation du périmètre comptable se pose.

Comment aborder la souveraineté en comptabilité ? Il semble difficile de proposer une restitution de nature financière d'un État sans envisager les

---

506 BARRE (R.), le budget de l'État est entré dans une crise grave et durable, *Le Monde*, dimanche 10 octobre 2004, p. 35.
507 *Ibid.*
508 *Ibid.*
509 Rapport annuel 2009 de la chambre des comptes, p. 17.
510 SKOTT (S.), « Les limites de la comptabilité générale dans la sphère publique », *RFAP*, n°183, 2022, p. 803-814, en ligne sur www.cairn.info, consulté le 17 mai 2022.
511 *Ibid.*

questions que soulève sa souveraineté. C'est un premier péril auquel est confrontée la comptabilité publique, incapable de transcrire financièrement une volonté transcendante, non formalisée.

En prolongeant ce raisonnement, on peut également se demander comment aborder la complexité de l'État en comptabilité ? Dans une perspective institutionnelle, il convient de distinguer le souverain des institutions qu'il a créées pour exercer cette souveraineté. Quel que soit le type de souveraineté (populaire ou nationale), son exercice se subdivise entre différentes institutions que sont le gouvernement, le parlement, les juridictions, les CTD, etc. Ce découpage, ou ce partage, des pouvoirs représente un obstacle à la production des comptes clairs. C'est un obstacle à l'imputabilité des politiques publiques, parce qu'on ne peut pas aisément faire les comptes du gouvernement d'une part et les comptes du parlement d'autre part. La séparation des pouvoirs, conçue comme une façon d'organiser la souveraineté, percute la notion d'entité comptable[512].

2- Les difficultés d'appréciation du principe de sincérité en comptabilité publique

La sincérité en comptabilité publique impose l'exactitude des comptes, c'est-à-dire que ces derniers correspondent à la réalité de l'État ou des autres entités publiques. Le budget ne présente qu'une sincérité relative ; car la prévision s'écarte toujours de la réalisation, pour un certain nombre de lignes budgétaires. Au motif que « *des aléas inhérents à l'évaluation des recettes et une incertitude relative à l'évolution de l'économie*[513] » existent. L'existence des lois de finances rectificatives entérine la divergence entre les montants prévus et les montants réellement dépensés ou perçus. La sincérité du résultat n'est pas satisfaisante. L'existence du contrôle de gestion révèle l'importance de la prise en compte des écarts constatés entre les prévisions et les réalisations, aussi bien pour les expliquer que pour essayer de les réduire[514].

Au doute sur les prévisions s'ajoute la confusion qui entoure la définition du concept de sincérité. Une telle entreprise semble délicate après tant d'essais restés sans résultat. Sur le plan strictement des finances publiques, la comptabilité budgétaire qui est la base du paradigme classique ne suffit pas à donner une image fidèle et complète de la situation financière et patrimoniale de l'État et de la performance des politiques publiques. En effet, on ne peut pas rattacher les consommations de ressources aux périodes correspondantes ni saisir l'ensemble des évènements qui les affecte. Parmi ceux-ci, il convient de relever le rattachement des charges d'exercice, les dotations aux

---

[512] SKOTT (S.), « Les limites de la comptabilité générale dans la sphère publique », *RFAP*, n°183, 2022, p. 803-814, en ligne sur www.cairn.info, consulté le 17 mai 2022.
[513] CALVI-REVEYRON (M.), « L'adaptation de la comptabilité publique à l'exigence de la sincérité », *Cahier de recherche,* N°2010-12, p.8.
[514] *Ibid.*

amortissements, la constitution des provisions pour risque, ou les variations des stocks, qui ont une influence sur la sincérité des comptes[515]. En fait, la chambre des comptes est chargée de la certification et de la sincérité des comptes. Elle peut certifier, refuser de certifier ou certifier avec réserves les comptes publics. Depuis la réforme comptable de 2007, elle a certifié avec réserves, dont certaines sont qualifiées de substantielles les comptes de l'État[516]. Les difficultés du système comptable public sont surtout dues à la spécificité et la complexité des éléments qui composent son patrimoine, lesquelles rendent délicates l'application des normes comptables comme elles ont été édictées et inspirées de la comptabilité privée. Beaucoup de réserves de la Chambre des comptes, qui portent sur le défaut de sincérité des actifs de l'État, sont dues à un défaut d'exhaustivité des recensements.

L'interférence budgétaire est aussi regardée comme un moyen de blocage qui réduisait l'efficacité comptable.

C- L'interférence budgétaire comme blocage

L'on note que le chevauchement entre exercices budgétaires (**1**) sème la confusion comptable (**2**).

1- Le chevauchement entre exercices budgétaires

Il y a peu de pratiques qui paraissent aussi naturelles, voire évidentes, que celle qui consiste à inscrire le déroulement des opérations financières de l'État dans un cadre annuel[517]. Les contributions publiques seront délibérées et fixées chaque année. Érigée au rang de principe fondamental par les auteurs français de finances publiques du XIXe siècle, l'annualité budgétaire paraît aller de soi. Il en va de même pour le cycle annuel utilisé en comptabilité publique. Résultat : on se retrouve avec deux techniques différentes : la technique de *gestion* et la technique de l'*exercice*.

Le droit budgétaire a choisi, non sans quelques nuances, la seconde technique parce qu'elle est mieux adaptée à la logique de l'autorisation annuelle. Mais cette autorisation donnée par le parlement porte sur des faits générateurs (de dépenses ou de recettes) qui ne trouvent pas forcément leur aboutissement dans l'année. L'exercice suppose donc le dépassement du cadre annuel. Il se prolonge pendant une durée de quelques mois de façon à permettre la réalisation des autorisations accordées. La technique de l'exercice favorise ainsi l'approche parlementaire des problèmes budgétaires. Les «

[515] PANCRAZI (L.), *Le principe de sincérité*, *Op. cit.*, p.591.
[516] V. Rapports annuels de la chambre des comptes 2018 et 2019.
[517] BOTTIN (M.), « Les origines comptables du principe d'annualité budgétaire », *in* Actes des journées internationales d'Histoire du droit, *Le temps et le droit*, Nice, mai 2000, pp. 91-105.

pères fondateurs » du droit budgétaire français ont, dès la Restauration, souligné cette sorte de supériorité sur le droit anglais[518].

D'autre part, la technique de l'*exercice* est le fil rouge de l'entreprise. Elle constitue le principe organisateur qui donne son unité, par delà les régimes, au droit public financier.

2- La confusion comptable

Les budgets sont le plus souvent établis en termes de recettes/dépenses, fonctionnement/investissement ; un système comptable établi en conséquence a alors comme rôle majeur d'assurer le suivi d'exécution du budget (une comptabilité d'engagement vient souvent compléter ce dispositif, afin de s'assurer que les dépenses ne dépassent pas le montant de l'enveloppe… et que celle-ci est dépensée en totalité)[519].

Cependant, dans de nombreux pays, des réformes comptables sont en cours dans le secteur public. La tendance générale qui s'en dégage est plutôt celle d'une évolution tendant à passer d'une comptabilité de suivi d'enveloppes budgétaires à une comptabilité plus économique saisissant à la fois des flux de trésorerie et des flux de charges et de produits, donnant également une vue de la situation patrimoniale[520].

Un tel système crée des incitations assez différentes : il met l'accent sur les aspects patrimoniaux et sur le coût d'utilisation des équipements par le biais des calculs de dotations aux amortissements ; il met l'accent sur le poids des engagements futurs par le biais du rattachement des charges et des produits à la période (exemple : intérêts courus non échus, provisions pour risques…), sur une véritable appréciation de l'équilibre économique par un compte de résultat établi régulièrement (tous les trimestres ou tous les mois) ; il souligne également l'importance de la gestion du besoin en fonds de roulement (stocks, comptes de tiers) pour assurer le nécessaire équilibre de trésorerie[521].

En ce sens, et, quelles que soient les limites de certaines conventions retenues par le modèle comptable, il est clair que l'existence d'une comptabilité générale de ce type fournit un cadre de raisonnement économique plus riche qu'une simple comptabilité de recettes et de dépenses. Elle permet, de plus, une cohérence de raisonnement et un bouclage entre comptabilité

---

518 AUDIFFRET MARQUIS, *Système financier de la France*, Paris, Economica, t. 6., 1863, pp. 234-283.

519 DEMEESTERE (R.), « Une analyse comparative des systèmes comptables, budgétaires et de contrôle financier des villes dans différents pays », *Revue Politiques et Management public,* volume 14, n°3, septembre 1996.

520 *Ibid.*

521 DEMEESTERE (R.), « Une analyse comparative des systèmes comptables, budgétaires et de contrôle financier des villes dans différents pays », *Revue Politiques et Management public,* volume 14, n°3, septembre 1996.

générale et comptabilité de gestion, puisqu'elle adopte une optique de coût, à un niveau global.

À cela s'ajoute la question centrale de l'organisation budgétaire : changer la définition de l'équilibre budgétaire est certainement plus difficile que de mettre en place un nouveau système comptable ; c'est pourtant là que se situe le problème essentiel si l'on veut substituer le langage comptable (et économique) des coûts au langage de recettes/dépenses, dont nous venons de souligner les limites[522].

Cette optique poussée à son terme vise à abandonner les notions d'enveloppes et d'équilibre budgétaire pour passer à une logique de gestion prévisionnelle et de fixation d'objectifs de coûts et d'équilibre économique, dont le suivi est effectué de façon régulière en s'appuyant sur le système comptable (arrêtés comptables mensuels).

Cela devient une question politique et un tel système présente aujourd'hui beaucoup d'incertitudes, même techniques.

La comptabilité générale et de gestion permet d'aller plus loin dans le management et la gestion publique ; elle permet des « *bouclages* ». La comptabilité patrimoniale fournit un cadre d'analyse économique. Elle fournit une mesure de coûts complets d'ensemble des services rendus, une évaluation de la performance économique, qui peut être prolongée par une mesure des coûts des différents centres de responsabilité, une comptabilité de gestion établie en pleine cohérence avec la comptabilité générale[523]. Elle peut donc aussi être un cadre responsabilisant, servant de base de dialogue, de gestion, de support à la fixation d'objectifs et à l'allocation de moyens.

Un tel outil trouve toute sa raison d'être quand il est mis au service de démarches de management de services publics. C'est ce que montrent les démarches de ce type entreprises dans différents pays, ou en France dans certaines entreprises publiques. La réforme comptable porte pleinement ses fruits quand elle devient le support de différentes actions de changement.

Paragraphe II- La portée des limites

Les limites se présentent sous une dualité explicitée par l'absence de vision globale **(A)** et les vicissitudes des procédures exceptionnelles **(B)**.

---

522 DEMEESTERE (R.), « La comptabilité de gestion dans le secteur public, la performance publique », neuvième colloque international de la Revue Politiques et Management public, Institut d'Études politiques, Aix-en-Provence, 28 mai et 29 mai 1998.
523 Recueil des normes comptables, version 2021., p. 3.

A- L'absence d'une vision globale

Elle se manifeste par le caractère restrictif du champ d'application de la comptabilité **(1)** et commande un rapprochement entre comptable et ordonnateur **(2)**.

1- Le champ d'application de la comptabilité publique est restreint

La comptabilité publique est limitée, puisqu'elle n'enregistre que les opérations des administrations (l'État, les collectivités locales et les EPA) ; mais son objectif est plus étendu, elle n'est pas simplement informative, elle enregistre toutes les opérations des personnes publiques, afin de permettre d'en connaître l'existence, mais aussi d'en permettre le contrôle[524]. Les règles de la comptabilité publique ne sont pas seulement les règles relatives à la manière dont sont tenus les comptes. Il s'agit aussi et surtout des règles concernant l'organisation des services, la répartition des fonctions entre les agents chargés de l'exécution des dépenses et des recettes publiques et l'étendue de leur responsabilité. Les ordonnateurs tiennent des comptes administratifs (engagement, ordonnancement en matière des dépenses et des droits constatés en matière de recettes), les comptables des comptes de gestion (entrées et sorties de fonds). Le contrôle de la Chambre des comptes est facilité, puisqu'elle peut rapprocher les deux comptes pour déceler les irrégularités. De plus, en raison de la nature différente de leurs tâches, les ordonnateurs et les comptables seront soumis à des procédures différentes au sein de la juridiction financière[525].

Le contrôle juridictionnel de la Chambre des comptes et des tribunaux régionaux des comptes ne couvre que le domaine de compétence de la comptabilité publique. Il s'agit donc exclusivement des comptes de l'État, des établissements publics administratifs nationaux, des établissements publics industriels et commerciaux dotés de comptables publics, des communes, des régions et des établissements publics qui dépendent de ces collectivités.

Or ce champ d'application, s'il correspondait à peu près naguère au champ de l'action publique, est beaucoup plus étroit aujourd'hui. En effet, l'intervention publique est devenue beaucoup plus vaste et dépasse largement les pouvoirs régaliens. Elle passe aussi, et davantage par des organismes privés qui échappent par nature à la comptabilité publique et au contrôle juridictionnel. Il en est ainsi des organismes de sécurité sociale, des entreprises publiques, des associations, des sociétés d'Économie mixte, et de certains établissements publics industriels et commerciaux. Un autre mouvement consiste à sortir du régime de la comptabilité publique certains organismes pour leur appliquer la comptabilité privée. Ainsi, l'article 59 de la loi du 9 juin

---

524 BOUVIER (M.), et alii, *Finances publiques*, Paris, LGDJ, 17e éd. p.277.

525 V. loi du 11 juillet 2018 portant régime financier de l'état et des autres entités publiques.

2007 autorise le gouvernement à sortir les établissements à caractère scientifique et technologique (EPSI) de déroger au régime budgétaire et comptable public. Des sommes considérables sont pourtant en jeu.

En conséquence, ce contrôle ne s'étend pas à toute l'activité publique et cela même si le juge financier a développé la théorie de la gestion de fait de façon à pouvoir suivre les deniers publics même au travers d'organismes privés.

2- Une vision globale des finances publiques nécessite un rapprochement du comptable et de ses ordonnateurs.

Le comptable public ne doit pas se positionner comme un acteur de l'externalisation de la fonction comptable[526]. Il se cantonnerait alors à une problématique de productivité où il serait indéniablement perdant. Il s'agit davantage de passer d'une logique de simple teneur de comptes à une logique d'expert en comptes publics. Pour cela, le comptable public doit être au cœur de l'organisation financière. Les comptes publics ne se limitent plus à la seule vision de caisse. Ils constituent la traduction d'évènements (économique, juridique, de gestion) de l'entité. Cet exercice impose au comptable la compréhension et la maîtrise de ces évènements. La professionnalisation devient une nécessité pour retracer et donner une image fidèle du patrimoine et du résultat[527].

Le rapprochement du comptable auprès de son ordonnateur est une piste de réflexion pertinente. Sans remettre en cause le principe de séparation, le rapprochement géographique et fonctionnel est une solution pertinente.

B- Les vicissitudes des procédures exceptionnelles

On distingue les procédures dérogatoires (**1**) des procédures spécifiques (**2**).

1- Les vicissitudes des procédures dérogatoires

Le juge Roger LÉONARD qui en ce temps était le premier président de la Cour des comptes française expliquait dans un article publié en 1963 que, si la supervision de la régularité des opérations financières demeure indispensable, elle n'est plus suffisante, tant il existe des problèmes à tous les niveaux que même la procédure en est affectée. Cette insuffisance impactait sur l'exigence d'efficience dans la gestion financière[528]. Ce constat a poussé certains auteurs à penser qu'il convenait, pour résoudre le problème, d'alléger les personnes publiques des procédures inutiles et redondantes qui paralysent

---

526 ADANS (B.) et GILLES (W.), « Quel comptable pour les comptes publics au XXe siècle ? », *FONDAFIP*, *op. Cit.*, p.49.
527 *Ibid.*
528 LÉONARD (R.), « La Cour des comptes et le contrôle des finances publiques », *Revuepolitique et parlementaire*, n° 737, sept. 1963, p. 4.

leur action et diluent les responsabilités de leurs agents[529]. Le premier moyen de résolution consiste en une simplification et une clarté des procédures.

Dans cette optique, il est prescrit comme mesure particulière « *de rompre la verticalité [...] par la féodalité des services, par l'institution de pouvoirs déconcentrés polyvalents, qui rassembleront dans une même main les attributions de services qui à l'échelon central s'ignorent* »[530]. Cela participera alors de la simplification des procédures par une nette décongestion ou déconcentration des organes intervenant dans la chaîne de la dépense publique. Il faut aussi tenir compte du rapport qui s'instaure entre la généralisation du contrôle sur la gestion, l'appréciation des résultats de l'action publique et toutes les recommandations tendant à améliorer, en plus des méthodes administratives, le pilotage de l'action publique et la réorganisation des administrations[531].

Par ailleurs, les contrôles effectués par les représentants de l'administration des finances doivent être soumis à une procédure stricte, puisque dans la pratique ces contrôles comportent beaucoup de failles et entraînent d'énormes difficultés. L'une de ces difficultés est que ces contrôles outrepassent quelquefois, pour ne pas dire le plus souvent, la vérification de la seule régularité des opérations financières à laquelle ils devraient se limiter, pour entrer dans les éléments d'opportunité ou d'efficacité.

On peut également constater que des difficultés surviennent dans l'application stricte du principe de séparation des ordonnateurs et des comptables au niveau des procédures. Partie de l'idée de prohiber toutes interférences entre ces deux agents[532], elle a conduit à générer de pertes de temps considérables et de surcoûts inutiles du fait de la redondance des tâches et des contrôles[533]. Il a donc paru important de lui greffer un nouveau dispositif qui a pris modèle sur la gestion des entreprises. Ce dernier consiste à responsabiliser les gestionnaires des administrations de l'état et à évaluer s'ils ont correctement atteint les résultats qui leur ont été fixés dans le respect des procédures adaptées par les réformes.

Au plan politique, ces difficultés liées à procédure apparaissent également lors du contrôle parlementaire. Dans sa mise en œuvre, ce contrôle politique

---

529 FLIZOT (S.), « Le contrôle du bon emploi des fondspublics : un premier aboutissement en1967 ? », *in* BEZES (P.), DESCAMPS (F.), KOTT (S.) et TALLINEAU (L.) (dir.), *L'invention de la gestion des finances publiques. Volume II : Du contrôle de la dépense à la gestion des services publics (1914-1967)*, Paris, Institut de la gestion publique et du développement économique, Coll. « Histoire économique et financière - XIXe-XXe », 2013, p. 1069.

530 LÉONARD (R.), « La Cour des comptes et le contrôle des finances publiques », *op.cit.*, p. 7.

531 FLIZOT (S.), « Le contrôle du bon emploi des fonds publics : un premier aboutissement en 1967 ? », *op.cit.*, p. 1069.

532 DONFACK LEKÉNÉ (É. C.), *Finances publiques camerounaise*, *op.cit.*, p. 233.

533 ADANSB.et PERRAUD (P.) (dir.), *Quel avenir pour le comptable public ? ...*, *op.cit.*, p. 16.

porte en substance sur la régularité des opérations financières et le respect des procédures comptables. Ce qui empêche de le renforcer en l'orientant vers un contrôle de l'opportunité et de l'efficacité.

2- Les vicissitudes des procédures spécifiques

Les procédures comptables garantissent la régularité, la sincérité ainsi que la fidélité des opérations comptables et financières. Mais elles portent aussi sur le traitement de l'information comptable. Dans la continuité des opérations usuelles, il existe des procédures spécifiques prévues pour chaque cycle de dépense ou de recette[534]. En réalité, la comptabilité publique admet à côté de la procédure usuelle, des procédures spécifiques parmi lesquelles l'on peut recenser les comptes spéciaux, et de manière plus générale, les opérations de trésorerie et les mouvements de fonds, les comptes spéciaux, les opérations spécifiques[535]. Ces éléments jouent un rôle crucial dans la comptabilité publique. Ce sont de données essentielles pour une gestion financière transparente et responsable.

De prime abord, notons que les comptes spéciaux sont des outils qui permettent de gérer et de contrôler des fonds publics spécifiques. Ils sont créés pour des besoins particuliers tels que le financement de projets spécifiques, l'administration de taxes ou de contributions, ou encore la gestion des recettes provenant de sources spécifiques telles que les licences ou les permis. Ces comptes spéciaux sont distincts des comptes généraux de l'entité publique et sont généralement soumis à des règles et à des contraintes spécifiques. Ils doivent être gérés avec la plus grande rigueur et en conformité avec les lois et les règlementations en vigueur. Cela garantit une traçabilité et une transparence dans l'utilisation des fonds. La réalité des comptes spéciaux est malheureusement loin de combler les attentes. Les comptes spéciaux constituent en principe des exceptions à la règle de non-affectation du budget, seulement, le risque c'est qu'ils peuvent permettre aux ordonnateurs ou eux comptables d'affecter une dépense non prévue à une recette quelconque.

Par ailleurs, les opérations spécifiques, quant à elles, englobent toutes les activités liées à la gestion des liquidités d'une entité publique. Cela inclut la collecte des recettes, les paiements des dépenses, les investissements, les prêts et les emprunts, ainsi que la gestion des risques financiers. La trésorerie et les mouvements de fonds doivent être gérés avec soin afin de maintenir l'équilibre financier[536] de l'entité publique, d'éviter les déséquilibres

[534] Notamment les opérations d'achat, de vente ou encore de trésorerie.

[535] Opérations de trésorerie et les mouvements de fonds, les transferts, les dépenses à régulariser…

[536] Même si selon monsieur Adam, « *le budget général peut être voté en déficit (autorisation de dépenses supérieures aux prévisions de recettes), et c'est même désormais presque systématiquement le cas* ». Lire dans ce sens ADAM (F) et al, *Finances publiques*, Clichy-sous-Bois, éd Science pô et Dalloz, p.29

budgétaires[537] et de garantir la disponibilité des fonds pour répondre aux obligations financières. Ces opérations spécifiques sont composées des opérations de trésorerie, des mouvements de fonds, des transferts, etc. En ce qui concerne les opérations de trésorerie au Cameroun, force est de constater que les liquidités ne sont pas toujours disponibles pour les réaliser, ce qui crée un énorme préjudice à l'État, mais aussi aux individus.

Dans le domaine de la comptabilité publique, il est essentiel de mettre en place des procédures strictes pour assurer une gestion adéquate de ces comptes spéciaux, des opérations de trésorerie et des mouvements de fonds. Cela implique la mise en place de contrôles internes solides, la tenue de registres précis et la supervision appropriée par des organes compétents[538]. Il est donc important de souligner que la transparence et la reddition de comptes sont des éléments fondamentaux de la gestion des comptes spéciaux, des opérations de trésorerie et des mouvements de fonds en comptabilité publique.

Au-delà de tout, la gestion des comptes spéciaux, des opérations de trésorerie et des mouvements de fonds en comptabilité publique est un processus complexe, mais essentiel pour assurer une gestion financière transparente et responsable. En respectant les règles et les procédures en vigueur, en garantissant la traçabilité des fonds et en favorisant la transparence, les entités publiques peuvent assurer une gestion efficiente et efficace de leurs ressources financières. Pourtant, la situation n'est pas toujours aussi reluisante en réalité comme nous venons de le voir, d'où l'urgence de repenser le système comptable.

---

[537] Il faut tout de même relever que la tendance actuelle est à la systématisation des déficits budgétaires dans les lois de finances annuelles au Cameroun. En d'autres termes, le budget est quasi systématiquement voté et adopté en déficit comme en témoignent les dernières lois de finances du Cameroun.

[538] *Cf.* Loi n°74/18 du 05 décembre 1974 modifiée par la loi n°76/4 du 08 juillet 1976 relative au contrôle des ordonnateurs, des gestionnaires et gérants de crédits publics et des entreprises d'État.

Conclusion du chapitre I

La comptabilité publique a longtemps, au Cameroun, été basée sur les paradigmes de la régularité et de la conformité de l'information comptable[539]. Ceux-ci n'étaient pas de nature à permettre une meilleure efficacité des finances publiques puisqu'ils ne se souciaient pas des questions liées à la performance et à la transparence. Les conséquences de ce formalisme ont d'ailleurs été désastreuses sur les finances publiques et l'économie. C'est ainsi que le paradigme classique instauré au Cameroun va connaître un certain nombre de vicissitudes puisqu'ils ne permettaient pas d'avoir une comptabilité de qualité et surtout des informations fiables. Ces vicissitudes du paradigme classique vont pousser l'État à adopter un paradigme nouveau en vue de pallier les difficultés antérieures.

---

539 *Cf.* Ordonnance n° 62/OF/04 du 07 février 1962 réglant le mode de présentation, les conditions de l'exécution du budget de la Republiue Federale du Cameroun, de ses recettes, de ses dépenses et de toutes opérations s'y rattachent.

Chapitre II :

L'adoption d'un nouveau paradigme

En tenant compte des développements qui précèdent, il apparaît évident que le système de comptabilité publique qui était jusque-là appliqué comportait des insuffisances flagrantes. Cela permet de se rendre compte de ce que, malgré le fait que toutes les administrations publiques aient été soumises aux mêmes principes comptables, la situation actuelle de la comptabilité du secteur public est loin d'être harmonieuse[540] d'où l'urgence de l'adoption d'un nouveau paradigme. En s'intéressant dans un premier temps à la justification du nouveau paradigme (**Section I**), il s'agira de questionner sa valeur en tant que principes et outils de management. Par la suite, il sera judicieux de s'intéresser également à l'articulation dudit paradigme afin d'en saisir le contenu tout en se projetant vers des solutions concrètes (**Section II**).

Section I- Les justifications du nouveau paradigme

L'adoption d'un nouveau paradigme comptable au Cameroun se justifie par le vent de libéralisation et de démocratisation qui a soufflé dans le continent en général et au Cameroun en particulier dans les années1990. Certains observateurs soulignent qu'en Afrique, la démocratisation et la libéralisation de nombreux États ont ouvert un nouvel espace d'expression[541]. Cela amène à marquer un temps d'arrêt sur le contenu de la libéralisation (**Paragraphe I**) et de la démocratisation (**Paragraphe II**) au Cameroun.

Paragraphe I- La libéralisation financière

La libéralisation économique en tant que conséquence des crises financière et économique doit être analysée en présentant son sens (**A**) et son importance (**B**).

---

540 MUSSARI (R.), « La comptabilité publique, instrument et enjeu des rapports entre pouvoir central et collectivités locales : le cas du processus d'harmonisation en Italie », *op.cit.*, p. 4.
541 Au lendemain de son indépendance, le Cameroun opta pour un modèle de développement socialiste axé sur la planification de l'économie.

A- Le sens de la libéralisation

L'analyse du sens de la libéralisation postule la présentation de la théorie même qui en est à l'origine (**1**) avant de relever son importance pour la comptabilité publique au Cameroun (**2**).

1- La théorie de la libéralisation

Le libéralisme est une doctrine politique apparue au XIXe siècle, réclamant la liberté politique, religieuse, économique, etc., dans l'esprit des principes de 1789. Contrairement à la majorité des férus de la science économique, on peut s'aligner sur le canal tracé par l'économiste Charles GAVE qui déclare que « *le Libéralisme est une Philosophie du DROIT et non pas du tout une série de recettes économiques… le principe fondamental du Libéralisme est donc que le Droit régit TOUT et est supérieur à TOUT. Dans un monde organisé selon une philosophie libérale, le DROIT est le cœur même du système* »[542]. Il a donc pour fondement des principes juridiques qui ont émergé au cours du XVIIe et XVIIIe siècle[123]. Ceux-ci ont mieux été synthétisés par LUDWIG qui mettait en évidence les notions de propriété, liberté, de paix, d'égalité, de disparités de revenus, d'éthique, d'État, de gouvernement, de démocratie, et surtout de critique de la théorie de la force[543]. Appliqué à la gouvernance en général, notamment en ce qui concernait l'impulsion du développement économique par le truchement des politiques publiques, le libéralisme au Cameroun a consisté à restreindre au maximum les dépenses de l'État, tout en mettant en œuvre un panel incitant l'essor d'initiatives de la sphère financière privée.

L'essoufflement de l'économie camerounaise, dès le premier choc pétrolier de 1973, allait d'une part conduire à des réajustements politiques, mais aussi à une résurgence affirmée des théories libérales, jusque dans leurs versions extrêmes[544]. Le nouveau management public influence considérablement à nos jours la gestion des finances publiques dans le monde.

La prise en compte des exigences du NMP dans le cadre du droit public financier se matérialise à travers l'approche de gestion axée sur les résultats (GAR). Il s'agit d'une approche de gestion moderne des finances publiques qui doit sa paternité à l'économiste américain Peter DRUCKER[545]. La GAR

---

542 GAVE Charles, « De la difficulté d'être libéral en France », l'institut des libertés (IDL), mai 2013, p.1. On peut lister sept principes qui encadrent cette manière de penser : la coopération (avec un État minimal), la régulation (définissant le cadre de la coopération), l'égalité (devant l'État), le respect et la tolérance, l'ordre spontané (comme mode d'organisation sociétal par opposition à la planification centrale), la non-agression et l'humanisme.

543 LUDWIG VON Mises, « Les fondements du libéralisme », Montréal, le Québécois libre, 1964, pp. 47-157 ; mise à jour janvier 2008, N°249.

544 ORSONI (G.), *Science et législation financière : budgets publics et lois de finances*, Paris, Econimica, 2005, p.37.

545 DRUCKER (P.), *managing for results*, TRUMAN TALLEY BOOKS/EP. DUTTON/New York, 1964.

suppose un modèle de gestion basé sur les cycles de vie des politiques publiques qui intègrent à son tour les stratégies, les processus, des personnes et ressources susceptibles d'améliorer la prise de décisions, la transparence et la reddition des comptes.

Sur le plan économique, il faut rappeler que la libéralisation a été impulsée par l'ouverture des échanges à l'échelle internationale[546]. En effet, les négociations amorcées sous l'égide du GATT[547] ont surtout porté sur la libéralisation des échanges. Avec la naissance de l'Organisation mondiale du Commerce après la conférence de Marrakech, l'option forte est au démantèlement des barrières tarifaires à l'horizon 2008[548]. Cette nouvelle donne va amener les pays en développement à prendre irréversiblement conscience de la décrue de la fiscalité de porte au rang des ressources publiques et de l'irrésistible montée en puissance de la fiscalité interne comme principal pourvoyeur du budget de l'État.

En somme, dans le cadre de la libéralisation, et afin de rendre plus performante l'économie camerounaise, les pouvoirs publics se sont résolus à restructurer tous les secteurs d'activité de l'économie avec un accent particulier sur la bonne gouvernance[549].

Que peut-on dès lors retenir de la réalité de la libéralisation dans le contexte camerounais ?

2- La réalité de la libéralisation

Dans la réalité, des versions plus atténuées de politique libérale ont pu être mises en œuvre en Europe (Espagne, Italie, France). Même si toutes les préconisations des économistes libéraux[550] n'ont pas été suivies par le Cameroun, la tendance lourde, depuis les années 80, a été, à des degrés divers, la réduction du périmètre de l'État dans la sphère économique et sociale. Pour ne citer que deux exemples : les privatisations et les remises en cause de programmes sociaux.

Les opérations de privatisation des entreprises publiques et parapubliques se sont multipliées ces dernières années de manière exponentielle à travers le monde[551]. Cette vague d'affadissement de l'aspect public de ces entités fait

---

546 EVINA OBAM (R.), *L'intégration du pilotage des performances en finances publiques camerounaises*, Mémoire présenté en vue de l'obtention du master en administration publique, ENA, 2005, p. 34.

547 GATT : General agreement on tariffs and trade

548 EVINA OBAM (R.), *L'intégration du pilotage des performances en finances publiques camerounaises*, *op.cit.*, p. 22.

549 NJOUM NGUENIN (M.), *L'analyse des déterminants de l'investissement direct au Cameroun*, Mémoire de DEA, Université de Douala, 2006, p. 19.

550 Friedrich Von Ayek (1899-1992), Milton Friedman, etc.

551 Quelques chiffres permettent de donner un aperçu de l'ampleur du phénomène. En effet, une récente étude sur l'investissement étranger dans des transactions de privatisation dénombre

suite à une longue période durant laquelle la tendance était aux nationalisations. Ce renversement de tendance s'explique assurément par des raisons multiples, qui varient différemment selon les pays et les types d'entreprises concernées.

Le terme « *privatisation* » est, en effet, susceptible d'être utilisé dans plusieurs acceptions[552]. Au sens strict, elle vise le transfert à titre définitif d'entreprises du secteur public ou parapublic au secteur privé, sous la forme d'une cession de titre ou d'actifs. Mais dans un sens large, la privatisation peut inclure toute mesure qui opère le transfert temporaire au secteur privé d'activités qui jusque-là avaient été exercées par un organisme public ou parapublic.

À un deuxième niveau, on peut parler de la privatisation d'un secteur, qui implique à titre principal l'ouverture dudit secteur à l'initiative privée à travers l'abolition du monopole public et l'octroi de nouvelles licences à d'autres exploitants.

Le passage d'un système à objectifs sociaux à celui du capital privé devient de plus en plus manifeste. Dès lors, la question que posent les privatisations est la suivante : comment un gouvernement peut-il concilier la nécessité de privatiser une entreprise publique avec celle de la prise en compte des revendications des populations ?

L'exemple de la CDC (Cameroon Development Corporation) est fort édifiant. Après avoir choisi de céder séparément ses quatre branches (banane, thé, hévéa, huile de palme), le gouvernement camerounais a réussi, en octobre 2002, à vendre la filière thé au groupe sud-africain Brobon Finex, qui a créé CTE (Cameroon Tea Estates). Constituant un enjeu majeur de 13 000 employés, son démantèlement suscite bien des inquiétudes. Au-delà de la réalité de la libéralisation, interrogeons aussi son importance.

B- L'importance de la libéralisation financière

Elle s'est traduite par une rupture de l'unicité du modèle comptable **(1)** et une harmonisation comptable [553]**(2)**.

---

2 600 transactions de plus de 10 000 dollars américains à travers le monde entre 1988 et 1993, générant des revenus de près de 270 milliards de dollars. Source : GUISLAIN (P.), *Les privatisations : un défi juridique et stratégique*, éd. Nouveaux Horizons, 1996, p.17.

[552] FOKO (A.), *Le régime juridique de la privatisation au Cameroun*, thèse Droit, Yaoundé II, 1994, pp. 156 et s. ; FOUEGOUM (S.), *L'efficacité des entreprises publiques comme instrument de politique économique au Cameroun*, mémoire de Maîtrise en sciences économiques, Université de Yaoundé, 1987, pp. 50 et s.

[553] HORAU(C.), « L'harmonisation comptable internationale », dans *Comptabilité Contôle Audit*, éd. Association Francophone de Comptabilité, 1995/2, pp. 75-88.

1- La rupture de l'unicité du modèle comptable

La libéralisation est perçue comme un moyen d'améliorer l'efficacité économique et financière d'un pays. Il est désormais admis qu'aucun pays ne peut prospérer sous le poids d'une infrastructure de services inefficace et onéreuse. Qu'il s'agisse de n'importe quel produit, les producteurs et exportateurs ne seront pas compétitifs sans un accès à des systèmes bancaires et systèmes d'assurance, et de comptabilité efficaces. Sur les marchés où l'offre est insuffisante, les importations de services essentiels peuvent jouer un rôle aussi vital que les importations de produits de base. Les avantages de la libéralisation des services vont bien au-delà du secteur des services lui-même : leurs effets se font sentir sur toutes les autres activités économiques. L'organisation mondiale du commerce dénombre six avantages de la libéralisation à savoir la performance économique, le développement, les économies réalisées par le consommateur, l'accélération de l'innovation[554], davantage de transparence et de prévisibilité[555], et le transfert de technologie[556].

La libéralisation apparaît comme un moyen d'encourager l'innovation, la qualité de service et la baisse des prix pour le client, et facilite l'entrée dans la vie professionnelle. La libéralisation d'une activité n'implique pas que le prix du service fourni aux usagers soit fixé par le marché si l'autorité publique conserve la prérogative de fixer une tarification du service indépendante des coûts de production des opérateurs, notamment dans certains transports publics. Les monopoles antérieurs à la libéralisation sont souvent de fait des entreprises publiques[557]. Certains courants économiques considèrent ainsi que sur un marché captif, les monopoles ne sont pas encouragés à adapter l'offre et les prix à la demande, alors que la libéralisation d'un secteur le ferait, ce qui donnerait un nouvel optimum économique.

La libéralisation de l'activité économique avive la concurrence et impose une valorisation des ressources et les capacités nationales pour pouvoir atteindre les objectifs fixés par le gouvernement[558]. Le premier objectif de l'ouverture à la concurrence est de réduire les inconvénients de la situation de monopole, ou plus généralement de concentration de l'offre de produit par un nombre restreint d'entreprises et d'obtenir les avantages de la libre

[554] Les pays dont les marchés des services ont été libéralisés ont constaté une progression de l'innovation concernant les produits et les procédés.

[555] La libéralisation permet à tous ceux qui sont parties prenantes dans le secteur de se faire une idée claire des règles du jeu. Ils peuvent faire des projets pour l'avenir avec une plus grande certitude, ce qui encourage les investissements à long terme.

[556] OMC, « Pourquoi la libéralisation des services est-elle importante ? », disponible en ligne sur www.wto.org, consulté le 23/11/2021..

[557] OMC, « Pourquoi la libéralisation des services est-elle importante ? », *op.cit.*, p. 6.

[558] NJOUM NGUENIN (M.), *L'analyse des déterminants de l'investissement direct au Cameroun, op.cit.*

concurrence. La situation de monopole peut provenir d'une situation de monopole légal[559], de monopole naturel ou de monopole de circonstances[560].

Notons que la concurrence joue deux rôles principaux pour inciter chaque entreprise à mettre en œuvre les techniques de production les plus efficaces, et à offrir les services les plus adaptés à la demande et les plus performants. En effet, dans un monde en évolution, il est difficile pour le régulateur, et même pour les firmes du secteur, de connaître à chaque instant la véritable frontière technologique. L'instauration d'une forme de concurrence permet de faire émerger les techniques innovantes et de rendre publiques la nature et les performances des entreprises performantes.

2- L'harmonisation internationale des comptabilités

La mondialisation des économies, notamment des marchés financiers, rend plus aigu le besoin de comparabilité des états financiers à travers le monde ; et par la même, le besoin d'harmoniser au plan international les normes comptables. Le mouvement d'intégration économique s'est accéléré avec la mise en place de la CEMAC par le biais des directives de 2008 et de 2011. Le système de normalisation comptable doit comporter à la fois une instance chargée d'élaborer les normes sur le plan technique, ainsi qu'une procédure permettant d'homologuer ces normes en leur conférant un statut juridique sans ambiguïté, et doit également disposer d'un instrument rassemblant les normes et organisant leur présentation. Cela implique de réaliser une unification et une simplification des textes traitant des règles comptables, afin d'« *encadrer la prolifération actuelle, source de confusion et d'insécurité pour les usagers*[561] ».

En réponse à un besoin grandissant d'homogénéité à l'échelle mondiale des informations comptables diffusées par les organisations publiques, l'IPSASB[562], le normalisateur international de la comptabilité publique, a élaboré un référentiel de normes IPSAS[563].

Ce sont les normes IPSAS (International Public Sector Accounting Standards) qui deviennent les normes de référence pour cette nouvelle comptabilité des États. Elles sont produites par l'International public Sector Accounting Standards Board (IPSASB) qui est un comité de l'International Federation of Accountants (IFAC). C'est ainsi un groupe multinational issu des associations professionnelles de comptables libéraux (au sens de

559 Compagnie des Indes
560 OMC, « Pourquoi la libéralisation des services est-elle importante ? », *op.cit.*, p. 6.
561 BURLAUD (A.), *Comptabilité et droit comptable*, Paris, Gualino, 1998, p.699.
562 IPSASB : International Public Sector Accounting Standards Board
563 Walid AMALOU, La normalisation comptable publique est-elle démocratique ? Analyse du processus d'élaboration du cadre conceptuel par l'IPSASB, Thèse de doctorat en sciences de gestion, Université de Lorraine, 2017, p. 11.

professions libérales) qui élaborent les normes comptables pour les gouvernements. Ces normes s'inspirent largement des nouvelles normes internationales pour le secteur privé, les normes IFRS (International Financial Reporting Standard). Ces dernières ont été produites par l'International Accounting Standards Board (IASB), organisme de droit privé, émanation des professions comptables libérales et donc très lié à l'IFAC jusqu'au début des années 2000, créé en 1973 dans l'objectif de produire des normes comptables internationales.

On peut résumer ces normes par trois caractéristiques principales. Tout d'abord, elles sont faites, en premier lieu, pour les actionnaires ; énoncer cela n'est pas faire œuvre de dévoilement et de sociologie critique, ce n'est même pas faire œuvre d'analyse, puisque c'est un fait explicitement inscrit dans leur introduction. Deuxièmement, le choix des biens à valoriser dans le bilan repose sur le principe du contrôle et non pas de la propriété. Ainsi un bien en crédit-bail figure au bilan en tant qu'actif et au passif en tant que dette à rembourser, il n'est pas traité comme une location, mais comme un achat à crédit, quand bien même l'entreprise n'en est pas juridiquement propriétaire : « *Mis en œuvre dans des pays marqués par le pragmatisme économique, ce référentiel accorde une grande importance à la réalité économique des opérations et moins à leur qualification juridique* [564]», comme c'est le cas du modèle franco-allemand. Troisièmement, le principe de valorisation privilégié, ou autrement dit la forme du calcul monétaire, est la « *juste valeur* » (*fair value*[565]) ou valeur de marché, plutôt que le coût il y a des années d'acquisition de ce bien ou « *méthode du coût historique* » retenue tout au long du XXe siècle pour l'évaluation de quasiment tous les biens.

On pouvait déjà, à propos du développement des normes IFRS, trouver « *choquant que des décisions (essentielles pour le fonctionnement des entreprises) qui jusqu'à maintenant relevaient des autorités publiques se voient confiées à un organisme privé, financé par des capitaux privés, qui est, de surcroît, largement sous l'influence de la culture anglo-saxonne et (ce qui va de pair) sous l'étroite surveillance des grands cabinets d'audit*[566] ». On peut trouver cela encore plus surprenant pour la comptabilité des gouvernements et entités publiques, même si le financement des travaux de l'IPSASB provient essentiellement des organisations internationales interétatiques. D'autant que ces deux organismes (IASB et IFAC) « *n'ont pas*

---

564 COLASSE (B.), *Les fondements de la comptabilité*, Paris, La découverte, collection repères, 2007, p.54.
565 On peut noter la dimension normative de cette appellation.
566 CAPRON (M.) et CHIAPELLO (E.), *Les normes comptables internationales, instrument du capitalisme financier,* Paris, La découverte, coll. Entreprise et société, 2005, p. 85.

de véritables contre-pouvoirs et ne rendent quasiment de comptes à personne[567] ».

L'adoption d'un nouveau paradigme s'est aussi basée sur la démocratisation comptable.

Paragraphe II - La démocratisation financière

L'analyse de la démocratisation sera basée sur sa consistance (**A**) et son importance (**B**).

A- L'articulation de la démocratisation

Il convient d'analyser ici la réhabilitation de la loi de règlement (**2**) après avoir élucidé la participation du citoyen (**1**).

1- La participation accrue du citoyen

Le renforcement du rôle du Parlement en matière financière passe en théorie par l'instauration d'un chaînage vertueux lors de l'adoption de la loi de finances et de la loi de règlement. L'objectif principal de la loi de règlement est de constater les résultats de l'exécution du budget c'est-à-dire d'arrêter le montant définitif des recettes et des dépenses du budget ainsi que son résultat. Elle est adoptée postérieurement à la clôture de l'exercice budgétaire auquel elle se rapporte et en règle générale, lorsque la gestion de la loi de finances de l'année suivante est largement entamée.

L'examen de la loi de règlement deviendra donc pour le Parlement un moment privilégié de revue d'ensemble de l'action de l'État, grâce à un arrêté de compte beaucoup plus complet et à une évaluation de la politique budgétaire dans chacun de ses domaines d'intervention[568].

La présentation des comptes à travers l'adoption de la loi de règlement doit dorénavant être sincère et la sincérité des comptes de l'État s'apprécie de manière beaucoup plus stricte, car ils doivent précisément être réguliers, sincères et donner une image fidèle de l'exécution du budget et de l'évolution du patrimoine de l'État. Cette sincérité est en outre garantie par la certification des comptes effectuée par la chambre des comptes[569].

Au-delà de la certification par la chambre des comptes, l'on note la mobilisation du parlement en tant que représentant de la nation. Cette

[567] BURLAUD (A.) et COLASSE(B.), Normalisation comptable internationale : le retour du politique ? « *Comptabilité-Contrôle-Audit* », T16, Vol 3, décembre 2010, pp. 153-176.www.cairn.info, consulté le 05 mai 2021.
[568] Fabrice ROBERT, « La rénovation des pouvoirs du Parlement », *RFFP*, n°76, 2001, p. 89.
[569]Article 18 alinéa 10 et 138 du RGCP.

mobilisation du parlement est perçue à terme comme une revalorisation de cet organe.

2- La réhabilitation de la loi de règlement

Dorénavant, la loi de règlement a une portée plus large grâce à une « *portée comptable nouvelle* »[570]. En cela, en plus de procéder aux modifications de crédits qui s'avéreraient nécessaires notamment en ratifiant les ouvertures de crédits intervenues par décret d'avance postérieurement à la dernière loi de finances afférente à l'année budgétaire en cours, elle ouvre pour chaque programme concerné les crédits nécessaires pour régulariser les dépassements constatés sur les crédits évaluatifs, procède à l'annulation des crédits n'ayant pas été consommés ou encore majore le montant du découvert autorisé au niveau du découvert constaté d'un budget annexe ou d'un compte de commerce. Elle arrête également les résultats de la comptabilité budgétaire et de la comptabilité générale de l'exercice considéré et en donne quitus au gouvernement.

À travers l'élargissement de la loi de règlement, le contrôle parlementaire se « professionnalise » pour devenir « *un contrôle parlementaire professionnalisé des finances de l'État* »[571]. Cette « *professionnalisation* » se fait donc par l'institution d'un chaînage vertueux entre la loi de règlement et la loi de finances initiale.

Par ailleurs, avec la loi de règlement, l'information parlementaire est considérablement entendue concernant la situation financière de l'État. La situation financière de l'État est connue à travers la présentation des comptes de l'État qui comprennent les résultats de la comptabilité budgétaire avec le développement des recettes et dépenses du budget général, des budgets annexes et des comptes spéciaux et le compte général de l'État comprenant la balance générale des comptes de l'année et les états financiers tels que le bilan, le compte de résultat, le tableau des flux de trésorerie et état annexé dans les conditions définies par le RGCP (règlement général sur la comptabilité publique). Il est accompagné d'un rapport de présentation qui indique notamment les changements de méthodes et des règles comptables appliquées au cours de l'exercice. Les informations concernant la gestion des crédits découlent du tableau présentant le développement des recettes du budget général, de l'état récapitulatif et justifiant tous les mouvements de crédits intervenus en cours d'année et des annexes explicatives développant par programme ou par dotation le montant définitif des crédits ouverts et des dépenses constatées ainsi que la répartition définitive des crédits par titre comparé à leur répartition initiale. Elles présentent également l'écart entre les

---

[570] BOUVIER (M.), (M.-C.) ESCLASSAN et (J.-P.) LASSALE, *Finances publiques*, *op. Cit.*, p 494.

[571] *Ibid.* p. 495.

estimations et les réalisations au titre des fonds de concours. Mais l'innovation la plus importante à notre sens s'agissant de l'élargissement du champ de la loi de règlement réside dans le contrôle des résultats avec la remise aux parlementaires des rapports annuels de performance (RAP) qui présentent sous le même format que les projets annuels de performance (PAP), pour chaque programme, les résultats obtenus comparés aux objectifs fixés, les actions développées et les moyens utilisés, accompagnés d'indicateurs d'activités et de résultat ainsi que d'une estimation des coûts des activités ou des services rendus[572].

L'explicitation de la réhabilitation de la loi de règlement étant désormais perçue, quel en était le véritable objectif ? Dès cet instant, la préoccupation légitime que l'on peut avoir est celle de questionner l'importance même de la démocratisation.

B- L'importance de la démocratisation

Elle fait ressortir la réhabilitation de la loi de règlement **(2)** ainsi que la revalorisation du Parlement **(1)**.

1- La revalorisation du Parlement

Si le parlement, comme le remarque François BURDEAU, est introduit au sein du processus d'exécution des décisions financières depuis 1791 en France, tel n'a pas été le cas dans le contexte camerounais. En effet, il aura fallu attendre le vent de démocratisation pour voir réellement le parlement entrer dans le système comptable. À supposer que la démocratie trouve ses meilleurs exemples dans le champ politique, ces derniers ne sont pas moins importants ni moins nombreux dans d'autres domaines. Légalisée ou juste empruntée aux « best practices », la démocratie s'est largement « démocratisée » en dehors du champ purement politique, notamment en sciences de gestion. C'est dans son expansion que la démocratisation emporta, avec elle, les prémices d'une revalorisation du parlement.

Dans un contexte dominé par les technostructures toutes puissantes comme le rappelait LEKENE DONFACK,[573] le parlement semble être l'unique rempart des citoyens contre la mégastructure fiscale étatique. Il faut dire que la renaissance du parlement en matière financière et comptable s'opère avec l'avènement de la constitution de 1996. Cette dernière vient ajouter aux pouvoirs du parlement la capacité de questionner à doublement le gouvernement,[574] sans oublier l'instauration après 1996 de nouveaux acteurs

---

572 NGOUNMEDJE MIRABO (F.), « Loi de règlement et conrôle de l'exécution du budget : contribution à l'étude de la pertinence de la loi de règlement dans les États d'Afrique noire francophone », *RAFiP*, n° 3 et 4, p.76.

573 LEKENE DONFACK (E. C.), *Finances publiques camerounaises*, *op cit*, p.355

574 À travers le bicamérisme

du contrôle politique[575]. En prenant pour point de départ la fin des années 90, l'on peut constater que le parlement devenait peu à peu, un acteur majeur de la pratique de la comptabilité publique au Cameroun[576]. Rappelons par ailleurs le rôle majeur de la loi de règlement qui permet au parlement de constater les résultats de l'exécution du budget de l'État en se basant sur les prévisions et les réalisations présentées par le gouvernement.

L'inspiration de cette revalorisation du parlement provient sans aucun doute de la pratique française où la loi d'août 2001 a officialisé la pratique en précisant et en renforçant les pouvoirs des présidents, rapporteurs généraux et spéciaux des commissions de finances des deux assemblées. De manière significative, le parlement camerounais a désormais la possibilité de demander à la chambre des comptes de réaliser des enquêtes sur la base des conclusions que le parlement aura lui-même fournie. C'est dire en définitive que la démocratie a introduit dans le champ politique, des adjectifs qui viennent la qualifier et affiner son champ d'application.

2- L'importance de la réhabilitation de la loi de règlement

L'objectif majeur qui a poussé les pouvoirs publics camerounais de concert avec la Communauté et les bailleurs de fonds internationaux à entreprendre des réformes sur les finances publiques est qu'il faille moderniser le cadre juridique y afférent. La modernisation du cadre juridique des finances publiques devrait à son tour favoriser l'amélioration de la gestion financière publique. Une gestion améliorée des finances publiques est une gestion axée sur les résultats, une gestion tournée vers la performance. Et c'est ce concept de performance qui constitue en réalité le leitmotiv, le fil d'Ariane voire l'épine dorsale des réformes des finances publiques ; elle se trouve au cœur de la gestion moderne des finances publiques[577].

Les réformes des finances publiques témoignent notamment : l'accession à la modernité qui trancherait nettement avec l'obsolescence de l'ordonnance de 1962 ; l'amélioration des procédures d'engagement des dépenses publiques ; la responsabilisation accrue des acteurs de la chaîne budgétaire ; l'introduction de la transparence dans la gestion de l'argent public ; l'instauration des contrôles démocratiques des finances publiques ; la rénovation des procédures parlementaires de vote et de contrôle du budget.

Si la démocratie trouve ses meilleurs exemples dans le champ politique, ces derniers ne sont pas moins importants ni moins nombreux dans d'autres domaines. Légalisée ou juste empruntée aux « *best practices* », la démocratie

---

575 Nous pensons ici aux rapporteurs spéciaux

576 L'importance des questions aux membres du gouvernement sans oublier que le parlement a la capacité de transmettre toute information utile à la chambre des comptes de la Cour suprême afin qu'elle juge de l'opportunité des poursuites.

577 MINKOE (N.), *op. Cit*, p 24.

s'est largement démocratisée en dehors du champ purement politique, notamment en comptabilité publique. Toutefois, ce terme peut être utilisé à tort pour désigner des notions relevant de la gouvernance de l'organisation. La démocratisation repose sur un mécanisme participatif consistant à ouvrir la participation à toute partie prenante intéressée par la normalisation, inscrivant le processus de normalisation dans le champ de la démocratie participative[578]. L'ouverture des budgets est une première étape vers la démocratisation du processus budgétaire. Elle donne la parole aux citoyens dans la formulation des politiques de dépenses publiques. L'on en infère, que la transparence budgétaire est une condition préalable à la participation du public[579].

Les principaux dispositifs de la démocratisation sont les budgets participatifs, les débats publics et les jurys citoyens. Suite à de nombreux dispositifs uniquement consultatifs, le budget participatif représente une vraie révolution dans le champ de la démocratie participative. Il est consacré au Cameroun dans la loi portant code général des collectivités territoriales décentralisées. Celle-ci dispose en effet que « *(1) toute personne physique ou morale peut formuler à l'intention de l'Exécutif communal ou régional, toutes propositions tendant à impulser le développement de la Collectivité territoriale concernée ou à améliorer son fonctionnement. (2) Tout habitant ou contribuable d'une Collectivité territoriale peut, à ses frais, demander communication ou prendre copie totale ou partielle des procès-verbaux des organes délibérants, des budgets, projets et rapports annuels de performance, plans de développement comptes ou arrêtés, suivant des modalités fixées par voie règlementaire* »[580].

Aux termes de l'article 41 du même texte, il est prévu que « Les associations et organisations de la société civile locales, ainsi que les comités de quartier et de village concourent à la réalisation des objectifs des Collectivités territoriales. Cette forme d'association des masses aux questions techniques qui interpellent pourtant l'ensemble de la population, est une sorte de garantie de la démocratisation du processus comptable.

Au final, l'on admet, par hypothèse, que la démocratisation aura permis une revalorisation du parlement à travers l'information de ce dernier, mais aussi le suivi de la comptabilité dans son entièreté. À la suite de l'identification du nouveau paradigme, il sied de s'intéresser à l'articulation

---

578 AMALOU (W.), *La normalisation comptable publique est-elle démocratique ? Analyse du processus d'élaboration du cadre conceptuel par l'IPSASB*, Thèse de Doctorat en Gestion et management, Université de Lorraine, 2017, p. 11.

579 BEGNI BAGAGNA, « Le principe de transparence dans les finances publiques des États membres de la CEMAC », *op. Cit.*, p. 188.

580 Article 40.

Section II- l'articulation du nouveau paradigme.

Depuis la réforme financière du 26 décembre 2007, le système financier de l'État camerounais s'est enrichi d'une sémantique nouvelle. Cela marque le souci du législateur de renforcer la lisibilité du budget et d'organiser la dépense selon les politiques publiques clairement définies. L'adoption d'un nouveau paradigme tourne donc essentiellement autour de l'introduction d'une nouvelle vision du droit comptable axée essentiellement autour des notions de performance (**Paragraphe I**) et de transparence (**Paragraphe II**).

Paragraphe I- La performance comptable

Il sera mis en avant ici le sens de cette nouvelle donne en droit camerounais (**A**) ainsi que son importance (**B**).

A- Le sens de la performance comptable

La performance est perçue tantôt comme une norme juridique (**1**), tantôt comme un principe managérial (**2**).

1- La performance comme norme juridique

La performance peut être appréhendée comme « la capacité à mener une action pour obtenir des résultats conformément à des objectifs fixés préalablement, en minimisant le coût des ressources et des processus mis en œuvre »[581]. Les pays africains soumis aux rigueurs des programmes économiques et financiers négociés avec les partenaires au développement essayent d'améliorer leur mode de fonctionnement en s'orientant de plus en plus vers une gestion par la performance[582]. Cette option apparaît plus pressante dans le domaine du pilotage des finances publiques dont les dysfonctionnements appellent un besoin réel d'assainissement pour le redressement économique. La prise en compte de la performance en droit budgétaire constitue un axe majeur des politiques menées par beaucoup de nations développées en vue de mettre en œuvre une allocation plus rationnelle des ressources publiques. Plusieurs textes aussi bien au plan national qu'au plan international consacrent l'obligation de transparence.

Au plan communautaire, la directive n° 01/11-UEAC-190-CM-22 du 19 décembre 2011 relative aux lois de finances au sein de la communauté économique et monétaire de l'Afrique centrale prévoit, au rang du dispositif

[581] Paragraphe 86 de la Circulaire n°001/C/MINFI du 02 janvier 2018 portant Instructions relatives à l'Exécution des Lois de Finances, au Suivi et au Contrôle de l'Exécution du Budget de l'État, des Entreprises et Établissements Publics, des Collectivités territoriales décentralisées et des autres Organismes subventionnés, pour l'Exercice 2018.

[582] EVINA OBAM (R.), *L'intégration du pilotage des performances en finances publiques camerounaises*, *op.cit.*, p. 1.

d'informations que le pouvoir exécutif est tenu de mettre à la disposition du Parlement, la production des rapports annuels de performance de chaque programme ayant donné lieu à une production d'un projet annuel de performance, des documents comptables.

Au plan national, la loi n° 2018/012 du 11 juillet 2018 portant régime financier de l'État et des autres entités publiques ira dans le même sens[583]. Elle prévoit en effet que le rapport annuel de performance annexé à la loi de règlement présente pour chaque programme, les résultats obtenus comparés aux objectifs fixés, les actions développées et les moyens utilisés, accompagnées d'indicateurs d'activités et de résultats, ainsi que d'une estimation des coûts des activités ou des services rendus. Les rapports annuels de performance doivent être présentés par rapport aux projets annuels de performance, ces résultats de l'exercice sont évalués programme par programme[584].

Ces rapports annuels de performances (RAP) font également apparaître, par programme, les écarts entre les résultats de l'année considérée et les réalisations constatées dans la dernière loi de règlement et s'accompagnent des annexes explicatives développant par programme pour chaque budget annexe et chaque compte spécial le montant définitif des recettes et des dépenses constatées, des crédits ouverts ou du découvert autorisé ainsi que les modifications de découvert demandées. Tous ces documents permettront, non seulement aux parlementaires d'être informés des résultats de l'action de l'État en termes de performances, mais également sur l'efficacité des crédits autorisés. Les parlementaires y trouveront : « *L'instrument privilégié d'une analyse de l'ensemble de l'action de l'État et d'une évaluation de son fonctionnement* »[585].

2- La performance comme outil managérial

Pour qualifier la performance de l'action publique, la LOLF définit trois axes : celui du citoyen, celui de l'usager du service public et celui du contribuable. Ces axes de performance correspondent à des objectifs stratégiques qui sont détaillés dans le projet de loi de finances chaque année. Ces objectifs doivent ensuite être déclinés en objectifs opérationnels pour les gestionnaires à tous les niveaux de l'administration chargés de mettre en œuvre les différents programmes. Pour chaque objectif, des indicateurs[586]

---

583 Article 21 alinéa 1 c)

584 Art. 50 al. 3 de la directive n° 01/11-UEAC-190-CM-22 du 19 décembre 2011 relative aux lois de finances au sein de la communauté économique et monétaire de l'Afrique centrale.

585 BOUVIER (M.), ESCLASSAN (M-C.) et LASSALE (J-P.), *Finances publiques*, *op. Cit.*, p. 495.

586 Un indicateur permet de mesurer l'écart entre les résultats obtenus et les objectifs poursuivis, pour déterminer si ces derniers sont en voie d'être atteints.

mesurent les résultats des actions menées. Ces indicateurs représentent la clé de l'appréciation portée sur l'atteinte des objectifs.

Au bout d'un travail acharné en quête de performance, l'on devrait être en mesure d'apporter la preuve de son importance.

B- L'importance de la performance

La performance tire son importance de l'alliance entre économie, efficacité et efficience[587] **(1)**, en gardant à l'esprit que le nouveau paradigme a pour ambition de fiabiliser les prévisions de trésorerie (**2**).

1- L'économie, l'efficacité et l'efficience

La performance comptable reprend les concepts fondamentaux de la nouvelle gestion publique (NGP), qualifiée par le Professeur BOUVIER Michel de gouvernance financière publique, qui sont l'efficacité, l'efficience et l'économie. En introduisant la performance, ce nouveau paradigme a profondément bouleversé le droit de la comptabilité publique.

Historiquement, la comptabilité, outre le rôle de tenue des comptes pour laisser des traces (retranscription comptable des opérations) et de sécurité financière (contrôle interne, séparation des taches), s'est vite revêtue de qualités informationnelles doublées d'obligation de transparence et de « reporting », avec le développement de l'actionnariat et des obligations fiscales. L'information financière est certainement ce qu'on attend le plus aujourd'hui de la comptabilité des entreprises. Monsieur DESCHEEMAEKER fait remarquer qu'en comptabilité privée, la préoccupation essentielle est de transcrire exactement les opérations effectuées et de donner en fin d'exercice une image aussi fidèle que possible de la situation patrimoniale de l'entreprise.

Au contraire, la comptabilité publique traditionnelle est tournée vers la seule régularité comptable et budgétaire et ne donne pas l'image de la situation d'ensemble des collectivités. Les opérations sont vues les unes après les autres. Les deux comptabilités (public et privé) ont des objectifs différents, qui viennent des intérêts respectifs en jeu. Ainsi, ce qui préoccupe les entrepreneurs, les actionnaires et les bailleurs de fonds, ce n'est pas la correction juridique des opérations, c'est la connaissance du résultat de l'exploitation, duquel dépendent leurs bénéfices, leurs dividendes ou leurs intérêts, et la capacité à retranscrire les opérations.

En comptabilité publique, les recettes viennent de l'impôt (exercice de la puissance publique) et les dépenses correspondent à l'exécution de fonctions générales assignées par les pouvoirs publics (et non à des services rendus ou des biens produits). « *Aucun équilibre naturel d'intérêts opposés n'assure que*

---

[587] POWER (M.), *La société de l'audit : l'obsession de contrôle*, Paris, éd.la decouverte, 2004, p.110.

ces opérations sont régulièrement exécutées. Les règles de la comptabilité publique ont pour objet principal de fixer les procédures à suivre et les contrôles exercés pour que les recettes et les dépenses publiques s'exécutent conformément aux lois[588] ».

La comptabilité publique vise donc principalement à vérifier la régularité des opérations financières de ces organismes. Partant de comptabilités différentes, les contrôles ont des objectifs différents. Dans la droite ligne de la comptabilité publique, le contrôle des comptes s'inscrit dans la stricte régularité. Cette vision est aujourd'hui largement insuffisante, même dans le secteur public aussi bien pour l'État que pour les collectivités locales.

2- La fiabilisation des prévisions de trésorerie

La trésorerie nationale est le point central des recettes et dépenses de la République.[589] Il s'agit *in concreto*, des activités de crédit à court terme, chargé d'équilibrer, à tous moments, les rentrées et sorties de fonds[590]. Sur la trésorerie, les aménagements de la comptabilité publique permettent de centraliser les fonds tout en maintenant une séparation entre le trésor public et les puissances financières. L'on observe donc, pour cela, l'avènement d'un dispositif de suivi de la trésorerie (a) ainsi que le nouveau principe de gestion de ladite trésorerie (b).

a) L'avènement d'un dispositif de suivi de la Trésorerie de l'État

La marche vers la gestion par la performance des finances publiques a amené les autorités camerounaises dans le cadre de leurs rapports avec les bailleurs de fonds à mettre en place un dispositif de gestion de la trésorerie à l'instar de la pratique avérée dans le secteur privé[591]. Autant une entreprise a le souci de connaître ses besoins en fonds de roulement, autant l'État cherche à ajuster sa trésorerie aux dépenses et aux recettes budgétaires préalablement quantifiées à travers le tableau des opérations financières.

Dans un environnement de gestion caractérisé par plus d'exigences de discipline budgétaire, le plan de trésorerie assigne aux Administrations des objectifs précis que l'on évalue a priori et a posteriori. En ce qui concerne les dépenses, les plafonds de crédits ouverts sont dorénavant considérés comme des « *possibilités de consommation* » et non plus « *des consommations obligatoires* ». À cet effet, les mouvements de fonds de L'Agence Comptable Centrale du Trésor obéissent à un contrôle strict de manière à irriguer le réseau des postes comptables en fonction des restes à payer réels et éviter des gaspillages. On assiste alors à une régulation budgétaire qui se traduit par des

---

[588] DAMAREY (S.), *Droit de la comptabilité publique*, *op. Cit.*, p. 131.
[589] *Cf.* article 102 de la constitution française de 1793.
[590] DUVERGER (M), *Finances publiques*, *op. Cit*, p.179.
[591] KOBOU DJONGUE (L.), « La modernisation de la gestion de trésorerie de l'État », *Bulletin de trésor camerounais*, N°17, août 2018, p 45.

quotas au niveau des ordonnancements des dépenses permettant à terme d'équilibrer l'offre de paiement à la demande de paiement.

La logique qui sous-tend la pratique du plan de trésorerie permet d'arriver à la vérité budgétaire qui amènerait les gestionnaires de crédits à ne dépenser que ce qu'il y a de disponible comme le rappelait le ministre de l'Économie et des Finances : « *sur le plan budgétaire, le principe de la régulation des dépenses en fonction des ressources disponibles a continué à être appliqué avec rigueur, permettant d'apurer la dette intérieure de manière significative, tout en exécutant le budget 2005, conformément au tableau prévisionnel des opérations financières de l'État convenu avec nos* partenaires[592] ».

b) Le nouveau dispositif de gestion de trésorerie

Il s'agit ici d'un ensemble de mesures qui permettront, à compter de l'exercice 2018, d'encadrer la dépense publique à travers l'apurement des arriérés de l'État, une gestion méliorative des dépenses de personnel, et des biens et services.

Dans la même perspective, le recours aux procédures dérogatoires (avances de trésorerie, mises à disposition des fonds...) est dorénavant limité. Seules sont éligibles à cette procédure, les dépenses qui ne s'accommodent pas de la procédure normale. Aussi, une nouvelle procédure de traitement des factures d'eau, d'électricité et de téléphone a été instituée.

Plus concrètement, il convient d'énumérer quelques innovations relatives au nouveau dispositif de gestion de trésorerie :

- La déconcentration de l'édition des autorisations de dépense. À partir de 2018, les contrôles financiers régionaux ont dorénavant compétence pour éditer les autorisations de dépense.

- L'interdiction de paiement des primes ou avantages non prévus par un texte juridique. L'attribution des avantages financiers non prévus par un texte est désormais prohibée.

- Le retour à l'orthodoxie en matière de marches publiques. À travers la soumission des marches au respect des prix de la mercuriale (projets de marchés estimatifs et descriptifs).

- Les dispositions relatives à l'approvisionnement des comptes. L'interdiction des consignations des crédits dans les comptes 420. Sont visées ici, uniquement, les mesures tendant à la sauvegarde des crédits budgétaires

---

592 Intervention de Monsieur ABAH ABAH Polycarpe, ministre de l'Économie et des Finances à l'occasion de la conférence annuelle des responsables des services centraux et extérieurs du ministère de l'Économie et des Finances

et non les subventions. Il y a également des implications sur la comptabilité des CTD.

Les contrôles administratifs au Cameroun ont longtemps été érigés sur la base des contrôles a priori, aussi bien en ce qui concerne l'utilisation des crédits que la régularité des opérations d'exécution budgétaire. Ces contrôles sont amenés à se transformer avec l'introduction de la budgétisation de la performance qui vise à accorder une plus grande marge de manœuvre aux gestionnaires en contrepartie de leur engagement sur la performance[593]. L'instauration d'une démarche de performance change profondément la logique de gestion. Il ne s'agit plus simplement de consommer et de suivre la consommation des crédits[594]. La finalité ultime de cette nouvelle architecture comptable est de favoriser la présentation d'un budget plus lisible, plus transparent pour une meilleure information des structures qui ont en charge les différents contrôles[595]. Avec la responsabilisation des gestionnaires sur la performance de leurs services ou la politique dont ils ont la charge, l'objectif de gestion devient la réalisation d'un programme d'activité dans le cadre d'un budget donné[596]. De même, avec la démarche de performance introduite par la loi portant régime financier de 2018, le contrôle de gestion devient une nécessité impérieuse. La démocratie participative, connue pour ses dispositifs longs et coûteux, permet de faire de la normalisation une procédure formelle, transparente et ouverte à tous en vue de garantir l'objectivité et l'impartialité des décisions prises à son issue[597].

La performance n'est possible que dans un système de transparence.

Paragraphe II- La transparence financière

L'analyse de la transparence financière commande de s'attarder sur l'obligation légale de transparence (**A**), ainsi que sa portée (**B**).

---

593 ONDOUA EKOBENA (J. M.), *Les démarche de modernisation du système camerounais de contrôle des finances publiques, op. Cit.*, p. 19.

594 SOROK A BOL (P. G.), « L'apport de la nouvelle comptabilité à la gestion des finances publiques au Cameroun », *RAFiP*, n°5, 2019, p. 15.

595 ONDOUA EKOBENA (J. M.), *Les démarche de modernisation du système camerounais de contrôle des finances publiques, op. Cit.*, p. 20.

596 En dotant les gestionnaires de plus de liberté et en les engageant sur la performance, la loi portant régime financier de 2018 renforce le rôle de « manager » des responsables de l'administration.

597 AMALOU (W.), *La normalisation comptable publique est-elle démocratique ? Analyse du processus d'élaboration du cadre conceptuel par l'IPSASB*, *op.cit.*, p. 11.

A- L'obligation de transparence des comptes publics

Dans le contexte camerounais, il faut retenir que la transparence est un principe consacré depuis fort longtemps, même si ses origines sont plus internationales (**1**) qu'internes (**2**).

1- La transparence comme exigence de mise à disposition de l'information comptable

Le principe de transparence voit son émergence effective dans le droit international communautaire en Europe. En fait, l'Union européenne a consacré un ensemble d'exigences sur l'information du citoyen et l'accès aux documents publics. Aussi, avec la révolution numérique, la *e-administration* a été amplifié et elle continue de s'étendre à tous les secteurs d'activité. C'est ainsi que le Conseil de l'Europe a pu adopter la convention sur l'accès aux documents publics en 2009, qui constituait, alors, le premier traité continental sur le droit d'accès aux documents administratifs. Toutefois, il faut relever que la garantie offerte aux citoyens des États parties à la Convention demeure indirecte puisqu'elle ne leur confère pas un droit subjectif opposable dont le non-respect peut être judiciairement sanctionné (…)[598] ».

Sur le plan international, la transparence est une exigence qui découle des normes internationales qui structurent le système financier international et mis en place par la Banque Mondiale et le Fonds monétaire international dans le cadre de leurs activités. Il s'agit du Code de bonnes pratiques en matière de transparence adopté en 1998 sous le label de « *standards internationaux de la bonne gouvernance* »[599]. Ce Code a été suivi de l'élaboration, par le FMI, des articles d'information et d'assistance comme le Manuel de transparence dans la présentation des données de finances publiques en intégrant le système de la comptabilité d'exercice, le Manuel de statistiques des finances publiques, le Rapport d'Observation sur les Normes et les Codes (RONC).

Dans l'espace communautaire CEMAC, la consécration du principe de transparence est l'œuvre de textes communautaires qui forment le cadre financier communautaire. Ces textes communautaires ont été adoptés en vertu de l'article 54 de la Convention UEAC visant l'harmonisation des législations budgétaires des États membres[600]. Il s'agit, entre autres, de la directive relative aux lois de finances[601] dans les États membres, de la directive relative au

---

[598] *Cf.* conventions.coe.int/Treaty/FR/Treaties/Html/205.htm, consulté le 18 janvier 2019 à 20h.

[599] BOULET (D.), « Les standards internationaux de la bonne gouvernance selon le FMI », *in* Michel BOUVIER (dir.), *La bonne gouvernance des finances publiques dans le monde*, Actes de la IVe Université de printemps de finances publiques du Groupement européen de Recherches en Finances publiques (GERFIP), Paris, LGDJ, 2009, p. 16 et s.

[600] BEGNI BAGAGNA, *L'harmonisation des politiques fiscales en zone CEMAC : esquisse de théorie du droit fiscal communautaire*, thèse de doctorat/Ph. D. en Droit public, Université de Douala, 2012, 550 p.

[601] Directive n° 01/11-UEAC 190 -CM- 22 du 19 décembre 2011.

règlement général de la comptabilité publique des États membres[602], la directive relative au plan comptable de l'État[603], de la directive portant nomenclature budgétaire dans les États membres[604], de la directive portant tableau des opérations financières dans les États membres[605], de la directive portant code de transparence et de bonne gouvernance dans la gestion des finances publiques dans les États membres[606]. Outre ces textes, d'autres instruments juridiques communautaires contribuent à la consécration communautaire du principe de transparence. Il s'agit, entre autres, des actes additionnels portant respectivement statut de la chambre des comptes de la Cour de la CEMAC[607] et création du groupe d'action contre le blanchiment d'argent en Afrique centrale[608] ; et d'autre part, les règlements portant prévention et répression du blanchiment des capitaux et financement du terrorisme[609] et le règlement COBAC 634 relatif aux diligences des établissements assujettis en matière de lutte contre le blanchiment de capitaux et le financement du terrorisme en Afrique centrale[610].

Dans l'optique de promouvoir l'intégration sous régionale, les pays de la CEMAC ont opté pour un « *cadre harmonisé des finances publiques* ». Plusieurs exigences ont été émises dans les directives de 2008 modifiées en 2011. Les instruments adoptés visent à doter les pays de la sous-région d'un système comptable moderne, alignés sur les standards internationaux et surtout assurant la transparence dans la gestion des deniers publics.

Toutefois, sur la base du volontarisme qui caractérise le droit communautaire, les différents États (et le Cameroun) vont implémenter et adapter ces exigences dans les ordres internes de façon personnalisée. Cela s'est surtout observé par la mise sur pied de l'institution supérieure de contrôle au Cameroun (la chambre des comptes), qui connaît une forte concurrence de la part du CONSUPE.

Ainsi furent dégagés plusieurs principes : la publicité des comptes, principale revendication dans les cahiers de doléances, affirmée par l'article 15 de la Déclaration des droits de l'homme et du citoyen, dans l'optique de rendre compte aux contribuables de la gestion des deniers qu'ils ont conférés. Ce principe, majeur, ayant pour objet et pour effet de contrer l'arbitraire en matière d'utilisation des fonds. Ce principe rentre donc en droite ligne avec l'objectif sinon l'obligation de production des états financiers par les autorités

[602] Directive n° 02/11-UEAC- 190- CM -22 du 19 décembre 2011.
[603] Directive n° 03/11-UEAC-190-CM-22 du 19 décembre 2011.
[604] Directive n° 4/11-UEAC -190- CM -22 du 19 décembre 2011.
[605] Directive n° 5/11-UEAC -190 -CM -22 du 19 décembre 2011.
[606] Directive n° 6/11-UEAC -190- CM -22 du 19 décembre 2011.
[607] Acte additionnel n° 09/00/CEMAC-086-CCE-02 signé le 14 décembre 2000.
[608] Règlement n° 01/03-CEMAC-UMAC -CM du 04 avril 2003.
[609] Règlement N° 2/02/CEMAC/CM.
[610] Règlement COBAC R- 2005/01.

compétentes. Concrètement, l'article 75 al (2) du RFEAEP[611] dispose que : « *les règles applicables à la comptabilité générale de l'État s'inspirent des normes comptables internationalement reconnues. Elles ont pour finalité la production du compte général de l'État* ». Le Compte général de l'État devant ainsi être porté à la connaissance de tous pour un contrôle citoyen efficace.

La transparence en comptabilité, précise DJONGOUE Guy, joue un rôle important dans le maintien de la vigueur des marchés financiers[612]. Dès lors, il faut reconnaître que la consécration au plan international de l'objectif de transparence dans la comptabilité publique a permis sa réception en droit interne.

2- La transparence comme implication du citoyen dans la gestion financière

Le cadre harmonisé de gestion des finances publiques en zone CEMAC consacre un contrôle innovant des finances publiques qui est le contrôle citoyen.

La publicité est une exigence classique qui s'est trouvée renforcée sous le vocable de transparence[613]. C'est à ce titre qu'« *on considère qu'il n'y a pas de finances publiques sans publicité*»[614]. La loi portant régime financier[615] de l'État de 2007 au Cameroun énonce que « *le vote de la loi de finances de l'année est précédé d'un débat parlementaire sur les catégories de ressources et charges (...) la première partie de la loi de finances est discutée et votée par article* »[616]. En effet au Cameroun, le régime financier de l'État fait obligation au gouvernement de produire des documents types ayant vocation à « *contribuer à la bonne information du parlement* »[617] et du public. Ladite information doit être non seulement suffisante, mais aussi pertinente. Ainsi, d'après le régime financier de l'État, « *le gouvernement fournit au parlement, chaque année, au moment de la session budgétaire, en vue de l'examen du projet de loi de finances de l'année, des informations sur l'évolution de l'économie nationale, les orientations des finances publiques et le développement des grands projets d'investissement ; l'exécution du budget de l'État à mi-parcours fait l'objet d'une information écrite fournie au parlement par le gouvernement au plus tard le 30 septembre de l'année courante* »[618].

---

611 Il s'agit de la loi n°2018/012 du 11 juillet 2018 portant régime financier de l'État et des autres entités publiques au Cameroun.

612 DJONGOUE (G.), *Qualité de l'information comptable,* Thèse de doctorat en gestion, université de Bordeaux, 2015, p.8.

613 DOUAT (E.), *Finances publiques*, Paris, PUF, 3e éd., 2006.

614 JÈZE (G.), *Cours élémentaire de science des finances et de législation financière*, Paris, édition Giard, 1912.

615 Loi n° 2007/006 du 26 décembre 2007 portant Régime financier de l'État.

616 Art. 43 al.1 et 3.

617 CRUCIS (H.-M.), *Finances publiques*, Paris, Montchrestien, 2003, p. 227.

618 Art. 35 de la loi n° 2007/006 du 26 décembre 2007 portant Régime financier de l'État.

De manière évidente, la comptabilité générale de l'État doit fournir une description régulière et sincère et donner une image fidèle des opérations et des situations se rapportant à l'exercice. Cette description suppose nécessairement le respect des règles et procédures comptables internationales, notamment les normes IPSAS et le système comptable OHADA[619].

La consécration législative de la transparence des comptes au Cameroun est un élément clé dans la promotion de la bonne gouvernance, la lutte contre la corruption[620] et la garantie de la responsabilité financière dans le pays. Au fil des années, des efforts conséquents ont été déployés pour renforcer la transparence des comptes et améliorer la gestion des ressources publiques au Cameroun.Tout d'abord, il convient de souligner que la législation camerounaise comprend plusieurs textes qui abordent la question de la transparence des comptes. Parmi ces textes, on peut citer les Lois de Finances, la loi portant Code de transparence et de bonne gouvernance de 2018, etc. Ensuite, notons que c'est la Loi de Finances qui constitue le principal instrument législatif en charge de la gestion des finances publiques au Cameroun. Elle prévoit également des dispositions relatives à la transparence des comptes et à la publication des informations financières.

De même, en France, la LOLF, adoptée en 2001, vise à renforcer la transparence, la qualité et la sincérité des comptes publics. Elle introduit des principes tels que l'annualité budgétaire, la performance, la fongibilité des crédits, l'évaluation des politiques publiques, etc. Cette loi organique définit également les missions et les attributions de la Cour des comptes, qui est chargée du contrôle de l'exécution des dépenses publiques et du suivi de la gestion des ressources.

En ce qui concerne la publication des informations financières, le Cameroun a également mis en place des dispositifs visant à assurer la transparence des comptes. Par exemple, l'Ordre national des Experts-Comptables du Cameroun (ONECCA) [621]qui est responsable de l'élaboration des normes comptables et de la certification des comptes publics. Il émet régulièrement des circulaires et des directives pour guider les administrations

---

[619] *Cf.* article 10 décret n° 2019/3199/PM du 11 septembre 2019 fixant le cadre général de présentation du Plan comptable de l'État.

[620] Le président Paul Biya lui-même, s'exprimant lors d'un sommet des chefs d'Etats de la CEMAC, revenait sur la gestion des finances publiques en ces termes : « avec la même détermination que par le passé, nous devons poursuivre la restauration des équilibres macroéconomiques et budgétaires de nos finances publiques. Notre politique monétaire devra également garder son orientation vers une stabilité extérieure forte dans le cadre d'une coopération internationale plus affirmée. Il y va de la crédibilité de notre régime de change. L'évolution de notre endettement public et les enjeux de soutenabilité commandent une gestion plus rigoureuse et plus transparente, en phase avec les exigences de bonne gouvernance ». Discours d'ouverture du Président Paul Biya, à l'occasion du sommet extraordinaire virtuel des chefs d'État de la CEMAC à Yaoundé le 188 août 2021.

[621] Cet ordre a été créé en 1985 par la loi n°85/11 du 11 décembre 1985. Il est placé sous la tutelle du ministère des finances.

publiques dans l'établissement de leurs états financiers. En outre, le Cameroun a ratifié plusieurs conventions internationales qui encouragent la transparence et la lutte contre la corruption. Parmi ces conventions, on peut citer la Convention des Nations Unies contre la Corruption (UNCAC), la Convention de l'Union africaine sur la Prévention et la Lutte contre la Corruption (CNUAC) et la Convention de la Communauté économique des États de l'Afrique Centrale (CEEAC) contre la Corruption.

Au final, la consécration législative de la transparence des comptes au Cameroun est un enjeu important pour assurer la bonne gouvernance et la responsabilité financière dans le pays. Conformément à la hiérarchie des normes, la consécration législative est automatiquement suivie de la consécration règlementaire.

La transparence se réfère à l'étendue et la facilité avec lesquelles les citoyens peuvent accéder à des informations et des commentaires sur les recettes publiques, les allocations et les dépenses. Techniquement, les budgets sont des documents clés, car ils exposent les priorités du gouvernement en matière de politique et de programmes[622]. La transparence irradie la gestion des finances publiques par les pleins feux de la bonne gouvernance[623]. Loin d'être une simple recherche de l'efficacité, la transparence constitue un véritable cadre de l'action publique, un système de gestion tourné vers la performance[624]. Car, c'est sous le prisme de la transparence budgétaire, voire de la bonne gouvernance qu'ont été orientées les réformes budgétaires en Afrique[625], en raison des avantages déjà évoqués et sous l'impulsion des bailleurs de fonds internationaux.

Il faut dire que la consécration juridique du principe de transparence budgétaire entraîne un certain nombre de conséquences.

B- La portée de la transparence

La transparence permet la reformulation matérielle des finances publiques (**1**). Même si l'on peut y déceler des limites (**2**).

---

622 BEGNI BAGAGNA, « Le principe de transparence dans les finances publiques des États membres de la CEMAC », *op.cit.*, pp. 186-187.
623 LEIDDER (S.) et WOLFF (P.), « Gestion des finances publiques : une contribution à la bonne gouvernance financière », *Annuaire suisse de politique de développement*, vol. 26, n° 2, 2007, disponible sur http://aspd.revues.org/142, consulté le 18 novembre 2021.
624 CHEVALLIER (J), « Performance et gestion publique », *Mélanges Robert HERTZOG, Réforme des finances publiques et modernisation de l'administration*, Paris, Economica, 2011, p. 5.
625 Rapport de l'OCDE sur la transparence budgétaire au Maroc : renforcer la capacité d'analyse des parlementaires, disponible sur http://www.l'opinionmaldef.asp?, consulté le 18 novembre 2021.

1- La reformation matérielle des finances publiques

L'exigence de transparence dans la gestion des finances publiques n'est pas le fruit du hasard. Elle participe de la volonté des pouvoirs publics d'arrimer la comptabilité camerounaise aux normes et exigences internationales ratifiées par l'État. De toute évidence, il ne s'agit non pas d'une entreprise facultative, mais plutôt d'une obligation morale dans la mesure où l'obligation nait de l'acte de ratification consenti par l'État lui-même[626].

Il est clair que le principe de transparence des finances publiques au Cameroun n'a pas que transformé l'aspect en relation avec la gouvernance desdites finances, il en a également permis la réformation du cadre matériel. On peut aisément faire le constat selon lequel la transparence est requise dans l'élaboration des lois de finances. Elle l'est encore plus dans leur phase exécutive.

Au Cameroun, l'élaboration des lois de finances s'effectue sur la base d'un calendrier et des modalités fixées par voie règlementaire, telle sont les dispositions de l'article 55, alinéa 2 de la loi de 2018 portant régime financier de l'État. Elle est initiée par le Président de la République par le biais d'une circulaire, coordonnée par le Premier ministre, chef du Gouvernement, et conduite concrètement par le ministre des Finances. Le caractère fondamental de cette étape a poussé les pouvoirs publics à scrupuleusement l'encadrer.

Dans la réalisation de cette phase de la gestion financière publique, le principe de transparence des finances publiques impose que les budgets annuels soient réalistes et sincères tant au niveau de leurs prévisions de recettes qu'au niveau des dépenses. Il exige, spécifiquement pour le budget de l'État, une identification et une évaluation des risques budgétaires, lesquels doivent être consignés dans un rapport joint aux documents à acheminer au Parlement[627].

L'article 27 de la loi portant code de transparence et de bonne gouvernance dans la gestion des finances publiques au Cameroun ajoute que : « *Les données financières sont présentées sur une base brute, en distinguant les recettes, les dépenses et les opérations de financement et de trésorerie. Les dépenses de fonctionnement et d'investissement sont réunies dans un même budget et la procédure de préparation et d'adoption est unique et commune à ces deux catégories de dépenses* ». De plus, l'obligation est faite de décrire les mesures de dépenses et de recettes en précisant leur contribution aux politiques économiques et de leur cohérence avec chacune des grandes politiques publiques arrêtées par les pouvoirs publics[628].

---

[626]MBASSA (G.), *Les principes des finances publiques à l'épreuve du budget-programme en droit camerounais*, thèse, droit public, université Yaoundé 2, 2018, p.412.

[627] *Cf.* article 25 de la loi de 2018 sur le code de transparence et de bonne gouvernance

[628] *Cf.* article 29 de la loi de 2018 portant code de transparence et de bonne gouvernance dans la gestion des finances publiques au Cameroun.

Toutes ces règles ont pour objectif principal de fournir des informations claires, sincères, exhaustives, fiables et vérifiables aux Assemblées parlementaires ainsi qu'aux citoyens. Le strict respect de ces obligations permet d'avoir une autorisation parlementaire efficiente.

Une fois adoptées, les lois de finances entrent dans leur phase d'application. Dans cette dernière, l'implication, l'utilité et l'incidence du principe de transparence sont encore plus accrues. Cette partie fait intervenir deux paramètres : l'exécution proprement dite et le contrôle.

Concernant l'exécution proprement dite des lois de finances, au-delà des règles édictées par les nombreux textes juridiques y relatifs, notamment le décret de 2013 portant règlement général de la comptabilité publique ou la loi de 2018 organisant le régime financier de l'État et des autres entités publiques[629], le principe de transparence des finances publiques intègre plusieurs exigences pour améliorer la gestion financière publique camerounaise. On peut l'observer par le canevas de ses articles 35 à 39. Ces dispositions font savoir que chaque étape du processus de gestion des finances publiques est clairement déterminée, sans confusion ni duplication. De même, ils ajoutent que les ressources et les charges relatives aux budgets des administrations publiques sont usuellement comptabilisées dans le respect des principes, règles et pratiques comptables internationalement reconnus.

S'agissant du contrôle de l'exécution des lois de finances, l'article 40 de la loi de 2018 portant code de transparence et de bonne gouvernance dans la gestion des finances publiques au Cameroun dispose que : « *Toutes les opérations relatives aux recettes, aux dépenses et au financement des budgets des administrations publiques doivent être soumises à un contrôle politique, juridictionnel et administratif* ». Durant le déroulement de ces différents contrôles, la publication des rapports est requise dans l'optique d'avoir une véritable transparence[630]. Cependant, cela n'empêche pas que le principe de transparence soit limité.

2- Des limites de la transparence

La transparence n'est pas une panacée à tous les maux en matière de comptabilité tant s'en faut. Elle n'est pas une notion absolue. Elle est assortie de nombreuses exceptions, prévues par la loi, et son application n'est toujours pas évidente. La permanence d'un secret légitime et indispensable renforce

---

629 Délibérément on fait le choix de ne pas entrer dans les méandres de l'exécution proprement dite des lois de finances. Ce qu'il est nécessaire de savoir dans cette orientation est qu'elle est largement développée dans les articles 62 à 78 de la loi de 2018 portant régime financier de l'État et des autres entités publiques.

630 V. articles 42 et 47 de la Loi portant code de transparence et de bonne gouvernance dans la gestion des finances publiques au Cameroun.

cette question de la relativité de la transparence. Deux cas de figure illustrent parfaitement ces affirmations.

Le premier cas de figure est relatif aux fonds spéciaux prévus pour le financement des services de renseignement, et les fonds destinés aux autres activités sensibles de l'État. Leur spécificité tient au fait qu'ils dérogent aux règles relatives à l'établissement des budgets publics. En effet, « *Les crédits destinés au financement des activités sensibles de l'État posent problème quant à leur périmètre, d'une part du fait de la tentation de les débudgétiser, et d'autre part du fait que même ceux qui sont mentionnés au budget font parfois l'objet d'un périmètre abusivement étendu qui conduit à couvrir du secret des domaines dont la sensibilité ne justifie pas un régime particulier* »[631]. Au Cameroun, tel est le cas des fonds alloués pour garantir la sûreté et la sécurité de la nation. Il en est de même des fonds prévus en cas de survenance d'une urgence[632].

Le deuxième cas de figure concerne les institutions qui bénéficient d'un régime dérogatoire. Au Cameroun, il est question généralement des organes constitutionnels tels que la Présidence de la République et les services qui lui sont rattachés, les Assemblées parlementaires, le Conseil économique et social. En effet, l'élaboration de leur budget obéit à la procédure commune à tous les budgets publics. La dérogation s'observe au niveau de la présentation des budgets desdits organes. En fait, vus de l'extérieur, les budgets de ces institutions s'identifient à des fonds secrets. En regardant de près leur fonctionnement, on se rend compte qu'il n'en est rien. En effet, leur existence et leur montant étant connus, on ne peut donc pas parler de fonds secrets. Leur particularité se constate par le fait que leur destination est très souvent, voire toujours secrète[633].

De manière générale, le droit régalien peut être considéré comme un attribut attaché à la souveraineté d'un chef. Il s'agit d'un droit qui confère des pouvoirs exclusifs à une autorité et que personne d'autre ne saurait exercer sur son domaine de compétence.

Certains documents émis par l'ordonnateur ou le comptable ne sont pas considérés comme des documents administratifs, et ne sont donc pas communicables. Certains documents reconnus « administratifs » ne peuvent être communiqués aux citoyens.

---

[631] V. articles 42 et 47 de la Loi portant code de transparence et de bonne gouvernance dans la gestion des finances publiques au Cameroun.

[632] Voir supra. Les développements qui ont été fait sur la question des fonds spéciaux en rapport avec la gestion de la trésorerie renseignent pleinement sur leurs modalités de fonctionnement.

[633] JEANNENEY (Jean-Noël), *L'argent caché, Milieux d'affaires et pouvoirs politiques dans la France du XXe siècle*, *op. Cit*, p. 320. Cité par SY Aboubakry, *op. Cit*, p. 40.

Il est prévu des exceptions à la règle de communicabilité. Ces exceptions concernent tout d'abord les documents qui ne sont pas qualifiés « administratifs ». Ne sont pas considérés comme les documents administratifs, les actes des assemblées parlementaires, les avis des juridictions administratives, les documents de la chambre des comptes.

Il faut par ailleurs rappeler que les comptables sont tenus au secret professionnel dans le cadre de leurs fonctions. Ceci dit, ils sont dans l'obligation de garder secrètes certaines informations sensibles et pour cela, ils n'encourent aucune sanction étant donné que la loi le leur autorise.

Conclusion du chapitre II

La transformation des sources et des organes est intimement liée au changement de paradigme dans la conduite des finances publiques. En effet, suite aux différentes crises des finances publiques, le paradigme sur lequel elles étaient assises va changer. La régularité et la conformité des opérations comptables, si elles ont été maintenues, ont été complétées par la transparence et la performance portées par les valeurs libérales et démocratiques.

Les exigences de transparence financière occupent une place prépondérante dans la sphère financière publique d'un État. Ces considérations sont justifiées par le souci d'apprécier et d'évaluer l'efficacité de la dépense publique afin de s'assurer que les fonds mobilisés sont utilisés pour les fins souhaitées[634]. La mise en place de systèmes transparents de financiers publics apparaît ainsi comme la première étape dans la modernisation de la gestion publique et la promotion de la bonne gouvernance des finances publiques et surtout de l'atteinte de la performance.

La démarche de performance est martelée par la loi portant régime financier de 2018. L'introduction de la budgétisation de la performance vise à accorder une plus grande marge de manœuvre aux gestionnaires en contrepartie de leur engagement sur la performance[635].

Au-delà de tout, le plus important à retenir demeure la capitalisation des nouveaux principes, notamment la performance et la transparence, dans un environnement où prévarication et laxisme plombent la comptabilité publique. À l'examen, on peut se rendre compte qu'après avoir expérimenté les paradigmes classiques, les lois et les règlements ont été profondément réaménagés afin de participer à l'édification d'un droit comptable plus performant.

634 ONDOUA EKOBENA (J. M.), *Les démarches de modernisation du système camerounais de contrôle des finances publiques, op. Cit.*, p. 7.

635 ONDOUA EKOBENA (J. M.), *Les démarche de modernisation du système camerounais de contrôle des finances publiques, op. Cit.*, p. 19.

Conclusion du titre I

L'amélioration du système comptable exige de connaître les principales lacunes des pratiques courantes par rapport aux standards internationaux, avant de poser des pistes d'amélioration. Cependant, la présente partie structurée autour de la mutation des techniques de la comptabilité publique ne saurait être limitée à l'identification des pesanteurs et l'adjonction des solutions pour y remédier. La mutation étant un processus, il serait plus pertinent de procéder par segment évolutif en analysant les techniques classiques avant d'aboutir aux techniques spécifiques.

Dans le processus de transformation du droit de la comptabilité publique[636], il apparaît que les règles et les techniques comptables ont été remodelées. Il faut dire que ces remodelages sont le reflet des mutations à caractère technique.

Relativement au réaménagement des techniques classiques, l'accent aura été mis sur leur identification qui a permis de déceler le principe de séparation des ordonnateurs et des comptables[637] et la distinction des techniques et du régime applicable aux opérations des acteurs mêmes de la comptabilité publique. À la suite de l'identification des techniques classiques, il a été question de s'appesantir sur la consistance du réaménagement.

En ce qui concerne le second mouvement relatif à l'aménagement des techniques spécifiques, les précédents développements ont été bâtis sur une double articulation : l'identification des règles et techniques nouvelles puis l'implication desdites règles et techniques.

C'est dire au final que la mutation des techniques de la comptabilité publique se démodule en deux opérations essentielles pour une amélioration du cadre matériel de la comptabilité publique au Cameroun.

---

636 TROTABAS (L) et COTTERET (J-M), *Droit budgétaire et comptabilité publique*, Paris, Dalloz, 5e éd, 1995, p.42.

637 Il est issu de l'article 6 du décret n° 2013/16 du 15 mai 2013 portant règlement général de la comptabilité publique au Cameroun qui précise que « *les opérations relatives à l'exécution des budgets ou à la gestion des biens de l'État et des organismes publics sont effectuées par : les ordonnateurs*[637]*d'une part et les comptables publics*[637] *d'autre part* ».

Titre II :

La mutation des techniques

La réforme du cadre juridique des finances publiques camerounaises qui a été amorcé par la loi du 26 décembre 2007 bouleverse par son article 51 lesdites relations, en faisant du comptable-matières le subordonné de l'ordonnateur[638]. En d'autres termes, depuis la LRFE, la comptabilité publique évolue vers une gestion beaucoup plus souple, caractérisée notamment par une redéfinition des relations entre l'ordonnateur et le comptable public et intégrant des préoccupations d'efficacité et d'efficience. C'est au regard des différentes raisons sus évoquées qu'il a été procédé au réaménagement des règles et techniques comptables classiques (**Chapitre I**), ainsi qu'à l'aménagement des règles et techniques spécifiques (**Chapitre II**).

[638] Cité par LANDE (E.) et ROCHER (S.), « 25 ans de politiques et management public », *op. Cit.*, p. 110.

Chapitre I :

Le réaménagement des techniques classiques

En 2007, la Loi portant régime financier de l'État (LRFE), qui remplace l'ordonnance de 1962, constitue une métamorphose radicale du cadre comptable de l'État[639]. La LRFE prévoit ainsi, dans son article 60, que « les comptes doivent être réguliers, sincères et donner une image fidèle de son patrimoine et de sa situation financière ». Par ailleurs, il faut noter que l'adoption de la LRFE a profondément modifié le cadre comptable et le système d'information de l'État au travers de l'introduction de la comptabilité d'exercice, distincte de la comptabilité budgétaire et d'une comptabilité de gestion fondée sur l'analyse des coûts et l'évaluation de la performance. L'analyse de l'étendue du réaménagement des techniques classiques est subordonnée à la présentation préalable desdites techniques (**Section I**) avant de décrypter la consistance du réaménagement (**Section II**).

Section I- L'identification des techniques classiques

La comptabilité publique de l'État en vigueur durant la période 1962-2007 peut être considérée comme classique. Les fonctions des deux principaux agents de cette comptabilité, s'appuyant sur le principe de séparation, demeuraient rigides. Ainsi, les relations entre l'ordonnateur et les comptables étaient régies par le principe de la séparation[640] (**Paragraphe I**). Cela entraînait une distinction des techniques et du régime applicable aux opérations effectuées par les acteurs (**Paragraphe II**).

Paragraphe I- La séparation des ordonnateurs et comptables

Dans son acception devenue traditionnelle, le principe repose sur deux piliers : l'indépendance des autorités (**A**) et l'incompatibilité des fonctions (**B**).

---

[639] BIAKAN (J.), « La réforme du cadre juridique des finances publiques au Cameroun : la loi portant régime financier de l'État », *op.cit.*, p. 12.

[640] BILOUNGA (S. Th.), « Les relations entre l'ordonnateur et les comptables à la lumière de la loi du 26 décembre 2007portant régime financier de l'État au Cameroun », *Gestion & Finances publiques*, n° 3, 2017/3, pp. 109-116.

A- La séparation organique

La séparation organique de l'ordonnateur et du comptable est, en comptabilité publique, un élément essentiel : l'indépendance des autorités en présence, principalement du comptable vis-à-vis de l'ordonnateur.

L'ordonnateur est toute personne ayant qualité pour prescrire l'exécution des recettes et des dépenses publiques inscrites au budget de l'État[641]. En matière de dépense, on distingue en effet trois catégories d'ordonnateurs : les ordonnateurs principaux, les ordonnateurs secondaires et les ordonnateurs délégués. Les ordonnateurs principaux sont les chefs de départements ministériels ou assimilés et les hautes autorités des institutions constitutionnelles[642]. Ceux-ci disposent directement d'une ligne budgétaire[643] et à ce titre, en matière de recettes, ils constatent les droits de l'État et des autres organismes publics; ils liquident et émettent les titres de créances correspondants. Les ordonnateurs secondaires sont les responsables des services déconcentrés de l'État qui reçoivent les autorisations de dépense de la part des ordonnateurs principaux[644]. Il s'agit entre autres des gouverneurs, des préfets et des sous-préfets qui sont ordonnateurs secondaires de l'État. Il n'y a pas d'ordonnateur secondaire au niveau local[645]. Les ordonnateurs principaux et secondaires peuvent déléguer leur signature à des ordonnateurs délégués.

Il faut conclure à ce titre que seul le délégant a juridiquement la qualité d'ordonnateur avec la responsabilité associée ; les délégataires n'acquièrent pas cette qualité, la formule « ordonnateur délégué » étant, de fait, fort usuelle, mais pas très rigoureuse juridiquement. Ceci est parfaitement cohérent avec le sens que donne le droit public à la délégation de signature, qui n'emporte pas dessaisissement de la compétence par le délégant, et qu'il faut distinguer de la délégation de pouvoir.

Le comptable public de son côté est tout agent public régulièrement habilité à effectuer, à titre exclusif et au nom de l'État ou des autres entités publiques, des opérations de recettes, de dépenses ou de maniement des titres, soit au moyen des fonds et valeurs dont il a la garde, soit par virement interne d'écritures, soit par l'intermédiaire des autres comptables. Les comptables publics sont donc des agents de droit public ayant la charge exclusive de manier les fonds et de tenir les comptes des personnes morales soumises aux règles de la comptabilité publique. Ils assurent, de ce fait, une double fonction, de caissier et de payeur. En tant que caissier, le comptable public a le

---

641 Article 4 du décret n°2020/375 du 07 juillet 2020 portant règlement général de la comptabilité publique.

642 Article 66(2) de la loi portant régime financier de l'État de 2018.

643 WASERMAN (F.), *Les finances publiques*, *op. Cit.*, p. 16.

644 Article 66(3) de la loi portant régime financier de l'État de 2018.

645 WASERMAN (F.), *Les finances publiques*, *op. Cit.*, p. 16.

monopole de la manutention des deniers publics, soit directement soit par l'intermédiaire d'agents sous son contrôle et sa responsabilité. En tant que payeur, il lui revient la charge de faire les vérifications sur la régularité des opérations décidées par l'ordonnateur (correcte, imputation des crédits, existence de pièces justificatives...)[646]. Il existe, aux termes du décret portant règlement général de la comptabilité publique, deux catégories de comptables publics : les comptables en deniers et valeurs et les comptables d'ordre[647]. Les premiers sont des personnes habilitées au maniement et à la conservation des fonds publics, des valeurs qui sont des valeurs de portefeuille, bons, traites, obligations, rentes et actions de société[648]. Les seconds, quant à eux, sont ceux qui centralisent et présentent dans leurs écritures et leurs comptes, les opérations financières exécutées par d'autres comptables. Toutefois, les fonctions de comptable d'ordre ne sont pas incompatibles avec celles de comptable en deniers et valeurs[649]. C'est dire que les fonctions sont également séparées.

B- La séparation fonctionnelle

L'on note ici que celui qui décide, à savoir l'ordonnateur (**1**), ne manie pas les fonds tandis que celui qui manie les fonds, à savoir le comptable (**2**), ne décide pas, mais contrôle.

1- Les fonctions traditionnelles de l'ordonnateur

Les ordonnateurs remplissent une fonction de décideurs financiers ; ils sont seuls habilités à apprécier l'opportunité d'une dépense ou à constater l'existence d'une recette. L'article 47 de la LRFE prévoit à ce titre que « (1) la procédure d'exécution de la dépense comprend les phases d'engagement, de liquidation et d'ordonnancement, qui relèvent de l'ordonnateur, et la phase de paiement, qui relève du comptable. (2) La procédure d'exécution des recettes comprend la phase d'émission d'un titre exécutoire, qui relève de l'ordonnateur, et la phase de recouvrement, qui relève du comptable. Pour les recettes encaissées sur versements spontanés, les titres sont émis en régularisation ».

Dans la conception française[650], l'ordonnateur est un agent d'autorité, administrateur élu ou nommé, qui, placé à la tête d'un ministère, d'une collectivité publique, est amené à exercer, en sus de ses fonctions administratives principales des attributions financières en recettes ou en dépenses.

---

646 WASERMAN (F.), *Les finances publiques*, *op. Cit.*, p. 17.
647 Article 6(1) du décret n°2020/375 du 07 juillet 2020 portant RGCP.
648 Article 6(2) du décret n°2020/375 du 07 juillet 2020 portant RGCP.
649 Article 6(3) du décret n°2020/375 du 07 juillet 2020 RGCP.
650 BOUVIER (M.), *Finances publiques*, *Op. Cit.*, p.373.

Néanmoins, tous les ordonnateurs ne détiennent pas la même position dans la hiérarchie des services. Le droit de la comptabilité publique distinguait traditionnellement deux catégories d'ordonnateurs : les ordonnateurs principaux et les ordonnateurs secondaires ; ces deux catégories sont reprises dans le nouveau décret de 2012 (art. 10, 74 et 75)[651].

- Les ordonnateurs principaux sont les ministres pour le budget de l'État, le directeur de l'établissement pour les budgets des établissements publics[652].

- Les ordonnateurs secondaires sont des agents administratifs en fonction dans une circonscription territoriale déterminée auxquels les ordonnateurs principaux ont confié une délégation de pouvoir dans le cadre de la gestion déconcentrée des services. Les préfets sont en principe les ordonnateurs secondaires de droit commun des services déconcentrés de l'État. Mais certains services peuvent avoir leur propre ordonnateur secondaire (service de l'éducation, de l'armée...)[653].

On observera enfin que la compétence étendue des ordonnateurs n'a jamais signifié qu'ils accomplissent par eux-mêmes l'intégralité des tâches nécessaires au processus d'exécution ; celles-ci peuvent être faites (et le sont d'ailleurs) par des fonctionnaires n'ayant pas la qualité d'ordonnateur. Mais les ordres de recettes et de dépenses proprement dits ne peuvent être émis que par les seuls ordonnateurs.

La loi du 26 décembre 2007 portant RFE officialise expressément l'existence des nouveaux acteurs de la gestion budgétaire : responsable des programmes [654]responsable du budget opérationnel du programme[655], responsable d'unité opérationnelle[656]. Ces nouveaux acteurs n'avaient pas été pris en compte par le droit jusqu'alors. Ainsi étendue aux nouveaux acteurs, la qualité d'ordonnateur se trouve réaménagée, par voie de conséquence à la logique d'objectif et de résultat.

2- Les missions traditionnelles du comptable

À la différence des ordonnateurs, les comptables publics interviennent directement dans le processus d'exécution. Ainsi, les comptables publics ont l'obligation traditionnelle :

- de tenir une comptabilité générale, de prendre en charge et recouvrer les ordres, payer les titres transmis par l'ordonnateur ; d'assurer le

[651] BOUVIER (M.), *Finances publiques*, *Op. Cit.*, p.375.
[652] L'ordonnateur principal est le maire pour les communes, le président du conseil régional pour la région, le directeur général pour l'établissement public.
[653] BOUVIER (M.), *Finances publiques*, *Op. Cit.*, p.375.
[654] Article 70 de la loi du 26 décembre 2007 portant RFE.
[655] Article 71.
[656] Article 72.

maniement des fonds (encaissement des recettes, paiement des dépenses, etc.) ; de conserver les pièces justificatives...

- par ailleurs, ils doivent exercer un contrôle de régularité des ordres de recettes et de dépenses qui sont transmises par l'ordonnateur.

D'une manière générale, le comptable public exécute deux types d'opérations. D'une part, il effectue des opérations visant à conclure les actions entreprises en amont par l'ordonnateur. Dans ce cadre, le comptable est chargé, en matière de recettes, de prendre en charge et de recouvrer les ordres de recettes émis par les ordonnateurs, ainsi que les autres formes de créances de l'État. En matière de dépenses, le comptable éteint la dette de l'État (ou de l'organisme public), en procédant au paiement du titre émis par l'ordonnateur[657].

Le deuxième type d'opérations concerne celles qu'il exécute à titre individuel, sans véritable intervention de l'ordonnateur. Il s'agit de certaines opérations de trésorerie relatives au maniement des fonds et des mouvements des comptes de disponibilités. Y figurent également d'une part la garde et la conservation des fonds et valeurs et d'autre part, la production de la comptabilité générale.

La conséquence traditionnellement tirée de la dualité des fonctions est la dualité des comptes. L'ordonnateur tient une « *comptabilité administrative* » (engagements, mandatements...), matérialisée au niveau local, et uniquement au niveau local, par le compte administratif qui décrit l'exécution du budget. De son côté, le comptable établit une comptabilité de gestion, qui non seulement décrit la situation patrimoniale de la collectivité, mais décrit également l'exécution budgétaire.

La loi du 26 décembre 2007 portant RFE a entraîné des évolutions importantes du rôle des comptables publics. Il en est ainsi de la nouvelle comptabilité qu'elle a introduite. Les comptables publics ont désormais l'obligation de produire les comptes de l'État dans leurs trois dimensions (budgétaire, générale et d'analyse des coûts).

La confrontation de ces deux comptabilités permet le règlement définitif du budget. Ainsi, la comptabilité de l'ordonnateur et celle du comptable permettent en effet de constituer le compte général de l'État soumis au Parlement par le biais de la loi de règlement du budget. En France, la déclaration générale de conformité par la Cour des comptes attestant de la conformité entre les comptes individuels des comptables et la comptabilité des ministres était autrefois, annexée à cette loi de règlement[658]. Cette déclaration générale de conformité a néanmoins disparu au profit d'un mécanisme plus

---

657 NSANG ÉMANE (M.), *L'évolution de la gestion budgétaire et comptable de l'État français sous la Ve République. Du RGCP au GBCP : Analyse et perspectives, Op. Cit.*, p. 23.

658 WASERMAN (F.), *Les finances publiques, op. Cit.*, p. 25.

moderne de certification des comptes de l'État[659]. Il y a désormais lieu de parler d'une distinction technique et de régime applicable aux différentes opérations comptables.

Paragraphe II- La distinction des techniques et du régime applicable aux opérations effectuées par les acteurs

L'ensemble du système financier étant orienté sur le contrôle des deniers publics, la comptabilité publique a défini pour les ordonnateurs et comptables, des techniques distinctes (**A**) et un régime de responsabilité particulier[660] (**B**).

A- La distinction des techniques

Il importe de distinguer les techniques d'information **(1)** de celles de maîtrise des risques **(2).**

1- Les techniques d'information

La comptabilité publique est un instrument d'information. De fait, elle est le support technique d'une reddition des comptes[661]. Deux termes résument sa finalité : le résultat et le patrimoine. En effet, le législateur a prescrit une comptabilité générale (1re technique d'information), fondée sur la constatation des droits et obligations. Mise en œuvre suivant le système de l'exercice, cette comptabilité est destinée à évaluer, en temps réel, aussi bien l'actif que le passif de la personne publique, indépendamment de leur date de réalisation. L'avantage de cette technique est qu'elle permet d'évaluer l'ensemble des biens mobiliers et immobiliers recensés au moyen de la comptabilité matières (2e technique d'information) dont la finalité est la production d'un inventaire permanent de ces différents biens.

Toutefois, la comptabilité générale se complète nécessairement par les informations enregistrées en comptabilité budgétaire (3e technique d'information). Les opérations d'exécution du budget ne peuvent être maîtrisées qu'à travers une comptabilité de caisse. D'où la nécessité de bien aménager l'articulation entre la comptabilité générale et la comptabilité budgétaire, afin de prévenir d'éventuels écarts qui seraient forcément synonymes d'erreurs[662].

---

659 *Ibid.*

660 NSANG ÉMANE (M.), *L'évolution de la gestion budgétaire et comptable de l'État français sous la Ve République. Du RGCP au GBCP : Analyse et perspectives, op. Cit.*, p. VI.

661 MORIN (N.), « L'évolution de la fonction comptable dans le cadre de la LOLF », *La Revue du Trésor,* N°7, juillet 2006, pp. 460-462.

662 V. Article 49 et 50 du décret N°2019/199/PM du 11 septembre 2019 fixant le cadre général de la présentation du plan comptable de l'État du Cameroun.

La comptabilité d'analyse des coûts (4e technique d'information) est l'âme de ce dispositif. L'accent y étant mis sur l'économie avec laquelle les ressources sont exécutées. La finalité reste la réduction du gaspillage.

2- Les techniques de maîtrise des risques comptables

Communément, la gestion des risques comprend trois étapes : l'identification[663], l'analyse[664] et le traitement[665] des risques.

Le principal outil d'identification du risque est la cartographie des risques. D'autres techniques peuvent également être utilisées, notamment les recommandations des certificateurs, les rapports d'audit, etc. La cartographie des risques comptables recense et hiérarchise tout évènement potentiel entraînant la non-atteinte d'un objectif. Elle permet d'avoir une vision globale de tous les processus de l'établissement et de leurs risques associés, d'identifier les zones où les risques sont élevés, moyens ou faibles, et d'identifier les processus prioritaires en termes d'enjeux ou de risques et devant donner lieu à des mesures particulières. Elle restitue ainsi de façon synthétique la gravité et la fréquence des risques identifiés[666].

B- Le régime de responsabilité

Si l'existence d'un régime de responsabilité particulier est bel et bien justifiée (**1**), il n'en est pas toujours ainsi pour le préjudice financier (**2**).

1- La justification de l'existence d'un régime de responsabilité particulière

L'importance des missions attribuées aux ordonnateur et comptable explique que ces derniers s'exposent à une responsabilité particulièrement lourde. Les acteurs de la gestion publique bénéficient, aussi bien dans le sillage de la loi portant régime financier de l'État au Cameroun réformé (RFÉR)[667] que dans le décret n° 2020/375 du 7 juillet 2020 portant règlement général de la comptabilité publique, d'une plus grande liberté de gestion qui accroissent leur responsabilité. Aujourd'hui, l'article 15 du décret portant règlement général de la comptabilité publique prévoit ainsi, pour ce qui est de l'ordonnateur, qu'« (1*) en cas d'infraction aux règles et procédures relatives à la gestion des recettes et dépenses des administrations publiques et de leur patrimoine ou en cas de faute de gestion, tous les ordonnateurs encourent, en raison de l'exercice de leurs attributions, les sanctions prévues par les lois et*

---

663 Qui consiste à recenser les éléments menaçant l'atteinte des objectifs

664 Qui consiste à examiner les conséquences potentielles de ces risques.

665 Qui consiste à définir les mesures pour maintenir, réduire ou éliminer la menace.

666 www.lecontroleinternefacile.com, consulté le 04 mai 2022 à 15h45.

667 DJEYA KAMDOM (Y. G.), *La responsabilité des ordonnateurs dans le système financier public contemporain : étude comparée des droits camerounais et français,* Thèse de de Doctorat en Droit public, Université de Lille et Université de Yaoundé II, 2019, p. 1.

règlements en vigueur. Sans préjudice de celles prononcées par la Juridiction des comptes après les avoir entendus. (2) *Nonobstant les dispositions de l'article 14 ci-dessus, tout ordonnateur encourt une responsabilité qui peut être disciplinaire, pénale ou civile, sans préjudice des sanctions qui peuvent lui être infligées par la Juridiction des Comptes à raison des fautes de gestion définies à l'article 88 de la loi n° 2018/012 du 11 juillet 2018 susvisée* ». On distingue les comptables principaux, qui rendent leurs comptes directement auprès du juge des comptes, et les comptables secondaires, qui les rendent à un comptable principal[668].

Ceci revient donc à dire, au regard de ces dispositions, que les ordonnateurs peuvent être appelés à réparer le préjudice que leurs fautes personnelles ont causé à l'État. C'est ce que le Conseil d'État français avait décidé dans l'affaire *Laruelle*[669]

Le régime de responsabilité pécuniaire des ordonnateurs reste un garde-fou important pour le maintien de la discipline financière[670]. Toutefois, il faut dire que celle-ci reste difficile à mettre en œuvre. En application de la jurisprudence classique, le Conseil d'État a longtemps jugé qu'il n'appartenait pas à l'autorité administrative, en l'absence de tout texte législatif, de se prononcer sur la responsabilité pécuniaire des administrateurs. Un avis de la même juridiction précise, à ce propos, qu'« *aucun texte n'attribue aux ministres le droit de décider si la responsabilité des subordonnés vis-à-vis de l'État sera pécuniaire ou non, et de les constituer débiteurs à titre de dommages et intérêts* »[671]. La consécration jurisprudentielle et doctrinale de cette protection s'explique aisément. Elle est, souligne M. Groper, « *la volonté de protéger l'action de l'administration, et donc des agents publics, de l'impossibilité de demander le remboursement des sommes très importantes à ces derniers, car ne bénéficiant que d'un traitement limité* »[672].

Pour ce qui est des comptables publics, ceux-ci sont personnellement et pécuniairement responsables des opérations dont ils ont la charge aux termes de l'article 19, et de l'exercice des contrôles prévus à l'article 23 du décret n° 2020/375 du 7 juillet 2020 portant règlement général de la comptabilité publique[673]. La responsabilité des comptables publics est engagée dans quatre cas de figure : Constatation de déficit de caisse ou de manquant en denier ou

---

668 WASERMAN (F.), *Les finances publiques*, *op.cit.*, p. 50.

669 CE Ass. 28 juillet 1951, *Laruelle et Delville*, req. N°04.032, Rec. 464, RDP 1951 p. 1087, note M. Waline,1952, III. 25, note J. Mathiot, D. 1951 p. 623, note D. Guyen, J.C.P. 1952. II. n°6734, note C. Eisenmann.

670 DJEYA KAMDOM (Y. G.), *La responsabilité des ordonnateurs dans le système financier public contemporain : étude comparée des droits camerounais et français, op. Cit.*, p. 17.

671 Avis de la Section des finances du Conseil d'État rendu le 21 juillet 1885.

672 GROPER (N.), *Responsabilité des gestionnaires publics devant le juge financier*, Paris, Dalloz, 2009, p. 27.

673 Article 27(1).

en valeur, défaut de recouvrement des recettes régulièrement ordonnancées, paiement irrégulier d'une dépense en raison d'un manquement aux obligations de contrôles, et paiement irrégulier d'une indemnisation mise à la charge de l'État du fait du comptable public[674]. La responsabilité pécuniaire des comptables publics s'étend à toutes les opérations du poste qu'ils dirigent depuis la date de leurs installations jusqu'à la date de cessation de leurs fonctions[675]. Ceux-ci ne sont pas tenus de déférer aux ordres irréguliers qui engagent leur responsabilité personnelle et pécuniaire, sauf réquisition émanant de l'ordonnateur principal. Dans ce cas, la responsabilité de ce dernier se substitue à celle du comptable[676].

2- L'incertitude sur la notion de préjudice financier

L'ordonnateur est un agent d'autorité qui constate les recettes, en arrête le montant et en ordonne le recouvrement. Il décide en outre de la dépense, la liquide et en ordonne la mise en paiement. Mais l'ordonnateur n'a pas le droit de manipuler l'argent public, car celui-ci, dit-on, « *brûle les doigts* »[677].

À ce titre, en matière de recettes, il constate les droits de l'État et des autres organismes publics, liquide et émets les titres de créances correspondants. Et en matière de dépenses, il juge de leur opportunité conformément aux objectifs par la loi de finances et aux budgets votés, les engage, les liquide et les ordonnance dans la limite des crédits disponibles et au regard des objectifs des programmes de l'État ou des autres organismes publics. Il émet les ordres de mouvement affectant les biens et matières de l'État ou d'autres organismes publics[678].

La sanction de l'ordonnateur implique dès lors l'existence d'un lien de causalité entre la faute commise par l'ordonnateur et le préjudice subi par l'entité publique. Outre l'influence de cette référence théorique incontournable du fait de l'insertion du mot « préjudice » dans la loi n° 74/18 du 5 décembre 1974, ou dans le CJF, l'obligation d'identifier le lien de causalité résulte des termes des textes précités[679]. Il y est prévu que : « « *il peut être émis à la charge du l'agent fautif à titre de débet, le montant réel du préjudice [réel] chiffré subi par la puissance publique*[680] », ou « *toute personne [...] qui, dans l'exercice de ses fonctions ou attributions, aura, en méconnaissance de ses obligations, procuré à autrui un avantage injustifié*

---

674 Article 28.

675 Article 29(1).

676 Article 27(2).

677 WASERMAN (F.), *Les finances publiques*, *op.cit.*, p. 51.

678 BILOUNGA (S. Th.), « Les relations entre l'ordonnateur et les comptables à la lumière de la loi du 26 décembre 2007 portant régime financier de l'État au Cameroun », *op. Cit.*, p. 109.

679 DJEYA KAMDEM (G.), *La responsabilité de l'ordonnateur dans le système financier public : étude comparée entre les droits camerounais et français,* These de doctorat en droit public, Université de Lille, 2019, p. 71.

680 Articles 13 et 16 de la loi n°74/18 du 5 décembre 1974 relative au contrôle des ordonnateurs.

[...], entraînant un préjudice pour le Trésor, la collectivité[681] ». À ce sujet, MM. ADVIELLE et VAN HERZELE soutiennent que l'emploi des termes « fautif » ou « procuré à autrui un avantage injustifié » semble subordonner le prononcé de la sanction à « *la preuve d'un lien de cause à effet entre le préjudice et la faute de l'ordonnateur apparu à l'occasion d'une opération irrégulièrement réalisée*[682] ». Chaque fois qu'un dommage est établi, il faudra que le fait dommageable en soit bien l'origine. Autrement dit, si le CDBF veut sanctionner un ordonnateur, il ne suffit pas de démontrer un dommage ou un acte fautif, il faut que ce dernier soit la cause du dommage (manque à gagner). Dans l'arrêt École nationale de formation agronomique (ENFA) du 12 octobre 2018, la CDBF a mis en lumière le lien de causalité entre la faute commise et le préjudice subi par cet organisme public[683].

Très souvent, le lien de causalité peut-être beaucoup plus complexe, parce qu'il est rare que la faute du dirigeant poursuivi soit la cause unique du dommage. En cela, il faut retenir deux conceptions de la causalité, notamment en cas de pluralité de causes, qui sont utilisées par le juge et suivre une partie de la doctrine. Il s'agit de la théorie de l'équivalence des conditions et celle de la causalité adéquate[684]. À l'inverse de l'équivalence des conditions, la causalité adéquate ne retient que les facteurs les plus importants qui ont contribué au dommage. D'après cette théorie, le juge financier ne doit imputer la responsabilité à l'auteur du fait générateur que si ce fait est la cause prépondérante du dommage, c'est-à-dire qu'elle figure parmi les causes immédiates et directes du dommage. La doctrine classique privilégie cette théorie parce que seul est retenu, le fait dont on peut estimer qu'il avait une vocation particulière à provoquer le dommage[685].

Quant aux comptables, il s'agit d'agents régulièrement préposés aux comptes. Seuls les comptables publics peuvent manier de l'argent. Il leur appartient, sur l'ordre des ordonnateurs, d'encaisser ou de décaisser l'argent public. Ils sont donc responsables pécuniairement et personnellement (sur leurs deniers propres) des sommes qui viendraient à manquer de leurs comptes. Hormis la catégorie intermédiaire de comptables d'ordre qui sont ceux qui centralisent et présentent dans leurs écritures et leurs comptes les opérations financières exécutées par d'autres comptables. Sur le plan personnel, on distingue principalement les comptables en deniers et valeurs

---

681 Articles L. 313-6 du CJF ; dans le même sens, voir l'article L. 313-7-1 du CJF.

682 Advielle (F.) et Van Herzele (P.), *Le juge des comptes et le préjudice financier*, AJDA, 2014, n°35, p. 1989.

683 CDBF 12 octobre 2018, École nationale de formation agronomique (ÉNFA), req. n°223-786.

684 DJEYA KAMDEM (G.), *La responsabilité de l'ordonnateur dans le système financier public : étude comparée entre les droits camerounais et français*, op.cit., p.72.

685 Lebreton (G.), *Droit administratif général*, Paris, Dalloz, 9e éd., 2017, p. 421.

des comptables d'ordre[686]. Les premiers sont des personnes habilitées à procéder au maniement et à la conservation des fonds publics et des valeurs en portefeuilles, des bons, traites, obligations, rentes et actions de sociétés. Les seconds, quant à eux, sont chargés de la centralisation et de la présentation dans leurs écritures et leurs comptes, les opérations financières exécutées par d'autres comptables. C'est d'ailleurs pourquoi le régime de responsabilité est distinct.

Section II- La consistance du réaménagement

Jadis exclusivement régies par la règle de la séparation, les relations entre ordonnateurs et comptables semblent dorénavant adopter d'autres tendances depuis l'avènement de la loi du 26 décembre 2007, sans toutefois rompre complètement avec l'exigence de la division[687]. Il résulte de ces considérations que le rôle des ordonnateurs et comptables a considérablement été ajusté (**Paragraphe I**), entraînant par là un certain nombre d'effets (**Paragraphe II**).

Paragraphe I- L'ajustement du rôle des ordonnateurs et comptables

Pour mieux appréhender cette relation, il convient d'examiner le rôle propre de chaque organe (**A**) ainsi que leur responsabilité (**B**).

A- L'ajustement du rôle propre de chaque organe

La division « *naturelle* » des opérations d'exécution du budget voudrait qu'il y ait d'un côté un rôle de décideur qui peut être considéré comme un rôle actif et de l'autre un rôle de comptable ou d'exécutant qui peut être considéré comme un rôle passif[688]. Ainsi, il sera donné à l'ordonnateur, la latitude de procéder, de manière opportune, au choix de l'opération à effectuer et le comptable se verra confier la tenue de la comptabilité.

L'ordonnateur est la personne qui est chargée de choisir la dépense à effectuer. L'obligation principale qui pèse sur lui, c'est d'effectuer le bon choix. Il doit donc avoir une vision globale des activités de la collectivité publique qu'il dirige pour savoir si une dépense est opportune ou inconvenante. La fonction d'ordonnateur ne requiert aucune qualification spéciale si ce n'est de pouvoir apprécier l'opportunité de ses choix. C'est pourquoi elle est confiée à l'autorité la mieux placée pour faire cette

---

686 Article 6 du décret n°2020/375 du 07 juillet 2020 portant règlement général de la comptabilité publique.

687 BILOUNGA (S.T.), « Les relations entre l'ordonnateur et les comptables à la lumière de la loi du 26 décembre 2007 portant régime financier de l'État au Cameroun », *op. Cit.*, p. 110.

688 TRAORE (M.), *Le principe de la séparation des ordonnateurs et des comptables*, Mémoire de Maîtrise en Droit, Université Gaston Berger de Saint Louis, 2008, p. 38.

appréciation. Ainsi, à l'échelle de l'État, qui mieux que le ministre chargé des Finances peut avoir une vue d'ensemble sur les opérations budgétaires de l'État ? De même, au niveau des collectivités locales, qui mieux que l'exécutif local peut prétendre être mieux imprégné des nécessités ou attentes de la localité ? Le même constat pourrait être fait dans les services ou le dirigeant est mieux à même de savoir s'il est propice ou non de recruter du personnel ou au contraire d'en diminuer. Cette fonction sera donc toujours dévolue à l'autorité placée à la tête de l'organisme public en question.

À l'opposé de l'ordonnateur qui peut voir ses attributions résumées en un mot : opportunité, ce qui caractérise le comptable, c'est la technicité des opérations. En effet, le rôle de comptable fait avant tout appel à une maîtrise des règles de la comptabilité[689]. Les comptables subissent en principe une formation à la fin de laquelle ils peuvent être accrédités auprès d'un ordonnateur par la voie d'une nomination par le ministre chargé des Finances ou avec son agrément. Les comptables ont ainsi un statut de droit public et sont ès qualités soumis aux règles particulières du droit de la comptabilité publique. Leur rôle se cantonne à un maniement matériel des fonds et à tout ce qui s'y attache.

L'avantage du principe qui réside dans cette spécialisation des rôles, c'est que premièrement toutes ces tâches sont trop denses pour être concentrées entre les mains d'un seul agent. Deuxièmement, l'ordonnateur ne saurait être un comptable puisqu'il n'a aucune qualification pour gérer des fonds tout comme le comptable n'a aucune légitimité pour décider des opérations financières qu'il doit lui-même réaliser. Troisièmement, cette spécialisation fonctionnelle optimise les conditions de cette exécution étant donné qu'il y a un meilleur rendement du côté des ordonnateurs tout comme dans celui des comptables dans l'accomplissement de leurs tâches. Il faut dire que l'ajustement du rôle des acteurs entraîne inéluctablement un ajustement de leur responsabilité afin de ne pas imputer les faits de l'agent *X* à l'agent *Y*.

B- L'ajustement de la responsabilité des acteurs

La LRFE du 11 juillet 2018 a fait émerger une nouvelle responsabilité des acteurs de la gestion publique. Il s'agit de la responsabilité managériale. Il convient d'étudier son instauration (1) avant son imprécision (2).

1- L'instauration de la responsabilité managériale

Cette responsabilité, qualifiée de managériale, repose sur trois principes à savoir, la responsabilisation par rapport aux résultats, la responsabilisation dans la qualité des comptes rendus et, enfin, la responsabilisation quant à la

[689] TRAORE (M.), *Le principe de la séparation des ordonnateurs et des comptables*, *Ibid.*, p. 40.

bonne gestion financière des budgets[690]. Cette responsabilisation accrue, souligne M. Jossé, « *va de pair avec la définition d'objectifs et d'indicateurs de résultats qui permettent de mesurer de façon objective la performance de l'action publique*[691] ».

Le processus de responsabilisation financière a débuté à un moment où il devenait indispensable, face à la crise financière, non seulement de gérer d'une manière rationnelle les finances publiques, mais aussi de responsabiliser les acteurs publics. C'est à ce titre qu'une institution dénommée Conseil de discipline budgétaire, spécialement chargée de sanctionner les irrégularités des ordonnateurs a été mise en place pour pallier ce déséquilibre[692]. La création du CBDF répondait notamment au souci d'apporter un équilibre dans le système de responsabilité entre l'ordonnateur et le comptable public[693].

Il faut préciser que les ordonnateurs sont par ailleurs justiciables de la Cour des comptes par le moyen de la procédure de la gestion de fait[694], laquelle est une excroissance de la responsabilité applicable aux comptables publics. La gestion de fait est consacrée par l'article 38 du décret n° 2020/375 du 7 juillet 2020 portant règlement général de la comptabilité publique, lequel dispose que « *est comptable de fait, toute personne qui, sans avoir la qualité de comptable public ou sans agir sous le contrôle d'un comptable public, s'ingère dans le recouvrement de recettes, le règlement des dépenses et le maniement des fonds ou valeurs appartenant à l'État* ». La responsabilité du comptable public, ainsi étendue à l'ordonnateur, s'applique aussi bien à l'ordonnateur principal, qu'à l'ordonnateur secondaire, selon une procédure consistante à rétablir la légalité budgétaire et comptable[695].

Par ailleurs, et sans lien direct avec leur qualité d'ordonnateur, ils sont également responsables sur d'autres champs relevant du droit commun, lesquels s'appliquent différemment selon que ceux-ci sont ministres ou pas. À la responsabilité politique qui incombe aux hommes politiques, ordonnateurs principaux correspond la responsabilité disciplinaire à travers laquelle leurs collaborateurs sont soumis. La responsabilité politique s'applique exclusivement aux ministres, qui doivent répondre de leurs actions dans les formes fixées par la règlementation en vigueur. La responsabilité disciplinaire est le corollaire pour les fonctionnaires, de la responsabilité politique des

---

[690] Mordacq (F.*), op. cit.*, p. 228.

[691] Jossé (P.), « Une nouvelle architecture budgétaire au service d'une démarche de performance », *Revue du Trésor*, 2006, n°7, p. 431.

[692] NSANG ÉMANE (M.), *L'évolution de la gestion budgétaire et comptable de l'État français sous la Ve République. Du RGCP au GBCP : Analyse et perspectives, op. Cit.*, p. 16.

[693] PHILIP (L.), « La Cour de discipline budgétaire et financière », *RSF*, 1964, p. 760.

[694] TRAORE (M.), *Le principe de la séparation des ordonnateurs et des comptables, op. cit.*, p. 30.

[695] NSANG ÉMANE (M.), *L'évolution de la gestion budgétaire et comptable de l'État français sous la Ve République. Du RGCP au GBCP : Analyse et perspectives, op. cit.*, p. 18.

ministres. Elle est encadrée principalement par le statut de la fonction publique, mais elle est rarement mise en œuvre en vue de sanctionner les manquements aux règles budgétaires et financières des agents publics, compte tenu du fait que « *les fonctionnaires et agents fautifs n'ont bien souvent fait que suivre les ordres des ministres ou des élus ou les pratiques irrégulières établies que les ministres ou les élus ont tolérées : ceux-ci seraient mal venus à sévir contre eux. Lors même que les fonctionnaires ou agents ont commis des irrégularités de leur propre initiative, ils l'ont fait le plus souvent, non pour leurs avantages personnels, mais dans l'intérêt bien ou mal compris du service* »[696].

Quant au comptable, il faut dire que l'article 27 du décret n° 2020/375 du 7 juillet 2020 portant règlement général de la comptabilité publique rappelle le principe selon lequel « *les comptables publics sont personnellement et pécuniairement responsables des opérations dont ils sont chargés aux termes de l'article 19 ci-dessus, et de l'exercice des contrôles prévus à l'article 23 ci-dessus* ». Cela signifie concrètement que « *les comptables publics sont tenus sur leurs deniers personnels de leurs manques en caisse, qui peuvent résulter, le plus souvent, de leur défaut de vigilance dans les vérifications comptables préalables à la dépense, ou à leurs insuffisantes diligences dans les opérations de recouvrement des recettes* »[697]. En effet, le régime de responsabilité qui lui est applicable revêt des caractéristiques particulières qui lui valent le qualificatif d'exorbitant de droit commun[698]. Cette responsabilité, qui est dite personnelle et pécuniaire, représente « l'un des deux éléments majeurs de ce qui constitue les règles de la Comptabilité publique, l'autre étant la séparation de l'ordonnateur et du comptable »[699]. La responsabilité personnelle et pécuniaire est « *indissociablement attachée à la qualité et aux fonctions du comptable public* »[700]. Elle est donc définie en rapport avec l'exclusivité dans les fonctions de contrôle et d'exécution des opérations financières, ainsi de maniement des fonds publics accordé au comptable public[701].

2- L'imprécision de la responsabilité managériale

Être responsable, sur le plan managérial, suppose la capacité du gestionnaire à anticiper et à rendre compte à travers les projets annuels de

---

696 MAGNET (J.), *Éléments de comptabilité publique,* Paris : LGDJ, Coll. Systèmes, 2001, 5e éd., pp. 152-153.
697 WASERMAN (F.), *Les finances publiques*, *op.cit.*, p. 74.
698 NSANG ÉMANE (M.), *L'évolution de la gestion budgétaire et comptable de l'État français sous la Ve République. Du RGCP au GBCP : Analyse et perspectives, op.cit.*, p. 25.
699 BARBEREY (R.), « La responsabilité du comptable », *Rapport introductif in La Comptabilité publique : Continuité et modernité, op. cit.*, p. 159.
700 CHARRIER (J.), « La responsabilité du comptable public », *in* La Comptabilité publique, *Op.cit.*, p. 161.
701 MAGNET (J.), *Éléments de comptabilité publique*, *op. cit.*, p. 158.

performance (PAP) et les rapports annuels de performance (RAP)[702]. Ces documents retracent, par programme, les objectifs fixés par administrations (en PAP), mais également, et dans une perspective d'évaluation, les résultats obtenus (en RAP). C'est dans ce sens que la responsabilité managériale doit être entendue, dans la mesure où le PAP concrétise le passage d'une logique de moyens à une logique de résultats[703]. En l'état actuel du droit, cette responsabilité n'est pas suffisamment définie, ou ne l'est qu'en référence à certains principes et règles. Dès lors, il devient difficile d'en circonscrire le champ d'application.[704]

De nos jours, les transformations du droit public financier ouvrent un nouveau chapitre dans l'histoire de la responsabilité des ordonnateurs. D'ailleurs, les organes chargés de mettre en jeu cette responsabilité doivent relever le défi de réussir la synthèse entre tradition et modernité, ce d'autant plus que la responsabilité demeure un élément structurant du système financier public. Ce défi suppose que soit distingué ce qui relève de la responsabilité managériale, c'est-à-dire la sanction de la gestion elle-même et les irrégularités qui, pouvant être déterminées par un texte, sont susceptibles d'être sanctionnées par un juge[705].

Dans tous les cas, pour assurer la réussite de la réforme, des questions essentielles restent à régler, notamment celles relatives à la responsabilité des acteurs, dans l'accompagnement de la loi portant Régime financier de l'État et des autres entités publiques. En effet, la loi du juillet portant régime financier de l'État introduit le système de la fongibilité des crédits à travers le principe de globalisation des crédits, il se caractérise par une plus grande liberté donnée aux gestionnaires avec pour conséquence de faire évoluer le rôle des gestionnaires publics, en même temps que la mise en place d'un nouveau système de responsabilité, comme le notait André BARILARI : « *C'est l'essence même de la responsabilité managériale qui est ainsi instaurée, mais encore faut-il, pour qu'elle soit effective, que des conséquences soient tirées des succès et des échecs*[706] ». Il reste que la responsabilité managériale n'est définie par aucun texte juridique au Cameroun. Toutefois, un éclaircissement a été donné par André BARILARI « *la responsabilité managériale repose sur la jonction dans la même main d'objectifs (cibles de résultats) et des moyens (enveloppe de crédits) et dans la liberté d'emploi de ces moyens (fongibilité et marges de*

---

[702] INGLEBERT (X.), « Manager avec la loi organique relative aux lois de finances. Pratiques de la nouvelle gestion publique », *Revue fiduciaire*, 2e éd., 2009, p. 4.
[703] DAMAREY (S.), *Droit public financier*, *op. cit.*, p. 843.
[704] DJEYA KAMDEM (C.), *La responsabilité de l'ordonnateur dans le système financier public : étude comparée entre les droits français et camerounais*, *op. cit.*, p.23.
[705] *Ibid.*, p. 38.
[706] BARILARI (A.), *op. cit.*

manœuvre) avec pour contrepartie le fait d'assumer ces résultats, c'est-à-dire les conséquences du succès et de l'échec [707]».

Au demeurant, quelle perception peut-on avoir de la portée du réaménagement réalisée ?

Paragraphe II- La portée du réaménagement

Le réaménagement des règles et techniques comptables a pour finalité ultime non seulement de garantir la fiabilité de l'information comptable (**A**), mais également d'en préserver la régularité (**B**).

A- La garantie de la fiabilité de l'information comptable

Il existe de nombreux outils qui permettent d'obtenir une information fiable **(2)**. Il importe au préalable d'en étudier les enjeux **(1)**.

1- Les enjeux de la fiabilité de l'information financière

La fiabilité de l'information comptable est un élément de la sincérité financière[708]. L'information comptable n'est pas neutre quant aux stratégies d'actions des acteurs. C'est un élément essentiel de prise de décision et c'est en même temps un moyen de structuration des stratégies[709]. Le principe de la séparation des ordonnateurs et des comptables apparaît ainsi comme un des piliers sur lequel repose cette fiabilité et permet de garantir le contrôle interne à l'administration, afin d'éviter les malversations, en instaurant une surveillance mutuelle de deux organes. L'un ne pouvant agir sans l'autre, le comptable détient l'argent, mais ne peut décider de l'employer, l'ordonnateur décide, mais n'a pas accès à la caisse. Enfin, ce principe reste l'un des meilleurs atouts du contrôle externe de l'administration mené par les structures compétentes de l'État. L'un des moyens d'examiner la régularité des comptes est de comparer les opérations mises en œuvre par le comptable et celles consignées par les ordonnateurs au sein d'un compte administratif[710].

Ces transformations progressives de la comptabilité publique répondent à des besoins forts d'évolution de l'information financière des organisations publiques au service du management des organisations publiques[711].

---

707 BARILARI (A.), *op. cit.*

708 LAZREG (M.), « Fiabilité de l'information comptable et gouvernance des entreprises : analyse de l'audit légal dans les entreprises algériennes », *Governance, Social responsibility and sustainable Developpment Review*, vol.3, n°1, 2021, p. 272.

709 *Ibid.*, p.

710 COLLET (M.), *Finances publiques*, Paris, LGDJ, 2017, 2e éd. pp. 46-47.

711 LANDE (E.) et ROCHER (S.), « 25 ans de politiques et management public », *Politiques et management public*, vol. 26, n°3, 2008, p. 150.

Si le principe de la séparation des ordonnateurs et comptables est toujours maintenu, c'est qu'il fait montre d'une utilité indéniable dans l'exécution du budget[712]. Il en est ainsi du souci d'assainir la gestion des deniers publics. En effet, la séparation de l'ordonnateur et du comptable qui induit un contrôle mutuel des deux organes apparaît comme la garantie de la régularité et la fiabilité de l'information financière qui en résultera. Même si, de fait, les réformes contemporaines cherchent à réduire la part du formalisme juridique, il reste que la séparation des ordonnateurs et des comptables apporte des garanties de rigueur et de probité. Cette formule atteste que la séparation est d'abord pensée comme une distinction entre les fonctions ordonnatrices et comptables. Mais comme ces fonctions sont dites « incompatibles », il est alors nécessaire que cette distinction fonctionnelle se prolonge en une séparation organique, la même autorité ne pouvant les cumuler toutes deux entre ses mains. C'est ce qui explique, d'une part, que le comptable ne soit pas placé en situation de subordination par rapport à l'ordonnateur et, d'autre part, que le comptable soit soumis par le Code électoral à un strict régime d'inéligibilité pour les élections locales[713].

Ainsi, le régime de responsabilité des ordonnateurs envers les organismes publics'n'échappe pas à la nécessité de s'adapter aux nouvelles règles de la gestion publique. Le but est de maintenir un niveau satisfaisant de protection des deniers publics[714].

2- Les outils utilisés pour garantir la fiabilité de l'information financière

La comptabilité a pour fonction de décrire chacun des évènements économiques ayant marqué la vie de l'entité pendant une période donnée afin de pouvoir porter un jugement sur sa santé économique et financière[715]. Elle comprend différents outils qui jalonnent le cheminement comptable et qui comprennent : de saisir l'information dans le journal (a), de trier l'information dans le grand livre (b), afin de synthétiser l'information dans des tableaux de synthèse[716].

a) Le journal

L'enregistrement des opérations, directement dans les comptes, ne permet pas de garder une trace chronologique des enregistrements avec, au fur et à mesure, le contrôle de l'égalité entre les ressources et les emplois. Pour éviter

---

712 TRAORE (M.), *Le principe de la séparation des ordonnateurs et des comptables*, *op. cit.*, p. 48.

713 WASERMAN (F.), *Les finances publiques*, *op.cit.*, p. 52.

714 DJEYA KAMDOM (Y. G.), *La responsabilité des ordonnateurs dans le système financier public contemporain : étude comparée des droits camerounais et français, op. Cit.*, p. 1.

715 SALVA (M.), *Iniation à la logique comptable, Op. cit.*, p.19.

716 Les tableaux de synthèse constituent l'aboutissement de la comptabilité ; ils contiennent l'ensemble des éléments permettant d'analyser la situation de l'entité en fin d'exercice.

ces inconvénients, l'on doit tenir un livre journal présentant les enregistrements comptables au jour le jour[717].

Son objet est d'enregistrer chronologiquement les opérations économiques et/ou financières et d'indiquer les imputations comptables[718]. Chacune des écritures de ce journal est justifiée par des pièces comptables (factures, chèque, etc. Le journal permet donc de saisir l'information. Son objet est triple :

« - identifier les composantes de l'échange : détermination des entrées et sorties ainsi que des agrégats économiques concernés,

- *destiner l'échange en fonction des deux pôles : activité et patrimoine ;*
- *affecter comptablement chacune des composantes de l'échange : codification réalisée à partir du plan comptable [719]».*

b) Le grand livre

L'expression « grand livre » trouverait son origine dans le registre propre au système comptable à l'italienne, sous la forme de reliure de feuilles de comptes sous couvertures cartonnées, dont le dos en était renforcé de garnitures en tôles de zinc et dont le poids pouvait facilement atteindre 10 à 15 kg[720].

Le grand livre reprend toutes les écritures dans le journal et les répertorie en fonction de leur numérotation comptable. Ainsi, le grand livre contient l'historique des mouvements se rapportant à chacun des comptes. Le grand livre et le journal fonctionnent simultanément[721]. Pour les postes comptables informatisés, la saisie des opérations en comptabilité générale se fait à partir de la fiche d'écriture. À l'issue de cette saisie, les journaux spécialisés et le grand livre sont automatiquement servis[722].

Il existe une différence entre le grand livre et le journal. Le grand livre reprend les informations contenues dans le journal, mais classées par compte ; tandis que dans le journal, elles sont présentées par ordre chronologique uniquement.

Pour tenir un grand livre, voici quelques conseils pratiques :

- enregistrer chaque opération dès qu'elle se produit ;

---

717 MAESO (R.) et alii, *Comptabilité financière, Op. cit.*, p.46.

718 On distingue le livre journal des recettes (quittancer), le livre journal des dépenses et le livre journal des opérations diverses.

719 *Ibid.* p.22.

720 BURCKEL (V.) et DE CREMIERS (C.), *Histoire de la Comptabilité publique,* Paris, Economica, 1997, p.79.

721 BURLAUD (Alain) (dir.), *Comptabilité et droit comptable. L'intelligence des comptes et leur cadre légal*, Paris, Gualina éditeur, 1998, p.74.

722 Lire Instruction N°2022/017/I/MINFI/SG/DGTCFM sur la comptabilité générale de l'État du 04 mai 2022.

- utiliser des descriptions claires et détaillées pour chaque entrée ;
- vérifier régulièrement les soldes des comptes pour détecter les erreurs ;
- sauvegarder régulièrement les données du grand livre,
- utiliser un logiciel de comptabilité pour une gestion plus automatisée.

Comme le journal, le grand livre doit être conservé pour une période minimale de 10 ans, à compter de la dernière inscription.

Les réaménagements permettent par ailleurs de préserver la régularité de l'information comptable.

B- La préservation de la régularité de l'information comptable

Certaines techniques sont mises en œuvre afin de préserver la régularité de l'information comptable. Il s'agit du modèle de conversion des flux économiques en compte (**1**), des comptes à la balance (**2**) et de la balance au bilan (**3**).

1- La conversion des flux économiques en compte

Les mouvements de biens ou d'argent créent des flux. De manière générale, on entend par flux une quantité en mouvement dans un temps déterminé. Le terme exprime une idée d'écoulement. Exemple : les flux démographiques pour les mouvements de population. Dans le cadre de l'activité économique, on rencontre aussi des flux dits « flux économiques[723] ». Il s'agit :

- des mouvements de biens matériels : machines, véhicules, terrains...
- des mouvements des services immatériels : prestation de service
- des mouvements de valeurs monétaires : chèques, argent...

On distingue deux types de flux : les flux réels et les flux financiers[724]. Chaque flux économique est caractérisé par une valeur et un sens. Le sens d'un flux se traduit par l'existence d'une origine et d'une destination[725].

Il est nécessaire de reconnaître que les opérations comptables enregistrent l'incidence des flux économiques sur une entité publique donnée. Ces flux sont des évènements qui déclenchent les opérations ; en fait, l'évènement est l'arrivée d'un document[726] (acte administratif, pièce justificative, etc.). Il faut donc qu'on préserve les informations relatives aux flux qui touchent l'entité publique.

---

[723] MAESO (R.) et alii, *Comptabilité financière*, Bruxelle, Dunod, 2005, 10e éd., p.28
[724] Les flux réels correspondent à des mouvements de biens ou de services, et les flux financiers correspondent à des mouvements de monnaie ou d'engagements de paiement.
[725] L'origine du flux implique une ressource, et la destination du flux implique un emploi.
[726] *Ibid.* p.30.

2- La conversion des comptes en balance

Historiquement, les premières tenues des comptes ont eu pour but de suivre les dettes et les créances des tiers à l'égard de l'entreprise. Le langage comptable a généralisé ces appellations (dettes et créances) à tous les comptes, par convention[727]. La partie droite d'un compte est appelée crédit (enregistre les ressources). La partie gauche d'un compte est appelée débit (enregistre l'emploi)[728].

Au fur et à mesure que le temps s'écoule, les débits et les crédits des comptes sont modifiés pour noter l'incidence des flux économiques sur l'entité publique. Il est donc nécessaire de faire le point périodiquement (généralement à la fin du mois).

3- La conversion de la balance en bilan

Le bilan est généralement défini comme une photographie de la situation de l'entité à un instant donné. Il apparaît comme la résultante de toutes les décisions et de tous les évènements qui ont eu un impact financier sur l'entité ; et permets de déterminer la situation nette de l'entité qui est la différence entre ses droits et ses obligations. Les droits sont représentés par les actifs et les obligations par l'ensemble des dettes[729].

Selon Michel SALVA : *« Trois agrégats décrivent le patrimoine de l'entité :*

- *Le bilan : ensemble des éléments détenus par l'entité et non encore consommés ;*
- *Les obligations : dettes et créances qui résultent des relations tant commerciales que financières ;*
- *La monnaie : avoirs en banque ou en caisse*[730] ».

Conclusion du chapitre I

L'évolution de la comptabilité publique sous l'impulsion du *New Public Management* (NPM) confirme la convergence de la comptabilité publique vers une comptabilité d'exercice par le rapprochement de leurs objectifs, des opérations qu'elle traite et même de la nomenclature qu'elle utilise. Ainsi, la comptabilité publique commence à se montrer sous d'autres formes, à savoir la comptabilité patrimoniale, en distinguant les actifs des dépenses et les

---

727 MAESO (R.) et alii, *Comptabilité financière*, *Op. cit.* p.32.

728 V. Supra, P. 17.

729 RAIMBOURG (Ph.), *Comptabilité générale*, Paris, Lexifac, 2015, p.32.

730 SALVA (M.), *Iniation à la logique comptable*, Paris, Vuibert, 2015, p.258.

passifs des recettes, ou encore une comptabilité d'exercice telle qu'elle est utilisée par les entreprises du secteur privé[731].

L'étude des transformations de la comptabilité publique impose un arrêt sur les différents éléments qui justifient la réalisation de ce mouvement. Quelles sont en effet les causes profondes des transformations du droit de la comptabilité publique au Cameroun ? Autrement dit, quels sont les principaux facteurs qui ont présidé à la transformation et à l'adaptation progressive des structures et de l'esprit des finances publiques camerounaises, en passant par la sociologie et la science politique ? Bien que frappant de plein fouet le vaste ensemble des sciences sociales, il serait tout de même judicieux de regrouper ces matières en mobilisant le critère de leur connexité ou même de leur complémentarité.

La réforme menée sur la comptabilité publique au Cameroun se justifie en grande partie par des considérations d'ordre économique et financier. Malgré la confusion généralement opérée entre ces deux derniers qualificatifs, du fait soit de leur complémentarité, soit alors de la réflexivité de leurs rapports[732], il convient tout de même d'établir un distinguo entre le fait économique et la chose purement financière au cours de cette étude. Le fait économique portant sur la production des richesses, tandis que le fait financier a surtout trait à l'usage que l'on en fait[733]. Les conséquences issues de chacune de ces catégories sont tout à fait spécifiques. C'est dire que l'aménagement des techniques spécifiques permet également l'évolution de la comptabilité publique.

---

[731] V. MONGBAT ALASSA, *Finances publiques et finances privées au Cameroun: cotribution à l'étude de l'évolution du système public financier*, Thèse de doctorat en droit public, Université de Dschang, 2017, 590 p.
[732] CARREAU (D), JUILLARD (P), *Droit international économique*, 3e édition, Dalloz, Paris, 2007, pp. 559 et suivantes.
[733] *Ibid.*

Chapitre II :

L'aménagement des règles et techniques spécifiques

Le processus de mutation engagé dans le droit de la comptabilité publique camerounais a conduit à revisiter les fondements suivant lesquels étaient aménagés les différents principes, règles et techniques qui le gouvernaient. La réussite observée au niveau des éléments classiques fut un catalyseur sérieux pour amorcer la réforme des éléments spécifiques. Ainsi, l'implémentation de nouvelles règles et techniques classiques a été un porteur d'enjeux aux finalités multiples[734] qui s'est étendu aux éléments spécifiques afin de réduire considérablement le sentiment de complexité managériale[735] qui se faisait observer jadis. Ainsi, autant que les éléments classiques, les éléments spécifiques de la comptabilité publique ont subi des mutations remarquables. Pour en cerner la profondeur, il faudra au préalable identifier les différents changements (**Section I**) avant de s'intéresser aux implications qui en découlent (**Section II**).

Section I- L'identification des règles et techniques spécifiques

Identifier les règles et techniques spécifiques qui ont été introduites dans le système comptable camerounais peut paraître comme un exerce aisé à première vue. Mais loin de cette simplicité apparente, il faut reconnaître que la réalité de l'enjeu se trouve dans la complexité. Il apparaît donc nécessaire de distinguer les mutations dues à l'avènement de règles nouvelles (**Paragraphe I**), des mutations issues de l'intégration de nouvelles techniques comptables (**Paragraphe II**).

---

734 SIMARD (L.), *Développement d'un outil de mesure du dialogue de gestion*, Mémoire de Maîtrise en Environnement, Université de Sherbrooke, 2017, p. 6.
735 *Ibid.*, p. 3.

Paragraphe I- L'identification des règles nouvelles

Concernant les règles de comptabilité nouvelles, on note d'un côté l'institution d'un dialogue de gestion[736] **(A)** et de l'autre côté la reddition des comptes[737] **(B)**.

A- Le dialogue de gestion

L'analyse du dialogue de gestion permet de mettre en lumière ses objectifs **(1)** ainsi que sa mise en œuvre **(2)**.

1- Les objectifs du dialogue de gestion

Selon la circulaire N° 00004918/MINFI/du 5 juillet 2022 régissant les contrats de performance entre l'État et les Établissements et Entreprises Publics : « *Les objectifs à atteindre peuvent être d'ordre opérationnel, technique, économique et/ou financier au terme d'un processus défini d'accord parties* ». Pour déterminer les objectifs à atteindre, il faut prendre en compte à la fois les cibles pertinentes visées par la politique sectorielle de l'État ou de son démembrement concerné et les objectifs apparaissant dans le plan de développement stratégique de l'entité. Suivant le sens qui lui est généralement attribué, le dialogue de gestion fait référence à un process. Il s'agit concrètement d'un ensemble de processus d'échange et de décision entre deux niveaux hiérarchiques ou managériaux relatifs au niveau des moyens et des objectifs assignés[738]. Il est institué comme support de communication entre un niveau administratif supérieur et les niveaux qui lui sont subordonnés. Ce dialogue porte sur les moyens mis à disposition des entités subordonnées, ainsi que sur la mise en œuvre des actions et des objectifs qui leur sont assignés, et plus généralement appelle à la notion de performance[739]. Il consiste alors en une juxtaposition et les attentes des différents programmes[740] concourant à réaliser un même objectif, d'où le fait qu'il soit également appelé « *animation de gestion* ».

Ce concept a émergé progressivement comme moyen important d'arrimage des pratiques comptables, de gestion des risques et de mobilisation

---

[736] BONDAZ (M.), LANGLOIS (F.) VERNHES (M.) (dir.), *État des lieux du dialogue de gestion du point de vue des directions départementales interministérielles*, tome 1, Rapport de la Mission coordonnée par l'Inspection générale de l'administration, juin 2011, p. 3.

[737] POLACK (E.), COTULA (L.) et CÔTE (M.), *Reddition de comptes dans la ruée sur les terres d'Afrique : quel rôle pour l'autonomisation juridique ?* Londres/Ottawa, CRDI, 2013, 1re éd., p. 56.

[738] Ministère de l'Agriculture et de l'Environnement, *Dialogue de gestion et conduite du changement*, Séminaire du lancement du jumelage, République Tunisienne, 18 novembre 2011, p. 12.

[739] SIMARD (L.), *Développement d'un outil de mesure du dialogue de gestion, op. Cit.*, p. 20.

[740] BONDAZ (M.), LANGLOIS (F.) VERNHES (M.) (dir.), *État des lieux du dialogue de gestion du point de vue des directions départementales interministérielles, op.cit.*, p. 5.

des ressources dans la voie de la gestion durable et de la performance[741]. La raison de son introduction en droit comptable est que celui-ci conduit, avec une facilité appréciable, à une meilleure élaboration des budgets, à une bonne programmation des activités, et une meilleure connaissance des moyens mis en place pour atteindre la performance[742]. Il est instauré afin qu'il y ait des échanges, des comptes rendus sur la gestion des ressources et les objectifs assignés, notamment pour permettre que des décisions correctrices soient prises en cours de gestion, le cas échéant[743].

Le dialogue de gestion est une façon nouvelle de concevoir les relations entre les différents services associés dans le cadre d'un programme, en fondant les relations entre ceux-ci sur certains outils, procédures et échéances qui tiennent en compte le cadre, le suivi, l'analyse de la performance, le contrôle de gestion, la préparation et enfin l'exécution budgétaire[744]. Il est ordinairement organisé par le responsable de programme qui, en plus d'en être le gardien, en est l'animateur. Il est structuré autour d'un procédé d'échange d'informations à la fois homogène, formalisée et fiabilisée[745].

Le dialogue de gestion constitue, selon les Professeurs BOUVIER, ESCLASSAN et LASSALE « *le dispositif certainement le plus fondamental et le plus original du système, car il est en rupture totale avec la logique strictement hiérarchique, verticale, utilisée*[746] » jusqu'à avant la réforme. En effet, le dialogue de gestion instaure une concertation à chaque niveau de responsabilité sur les objectifs et la manière dont seront déployés les moyens de leur mise en œuvre. Notre administration doit de véritablement s'en imprégner. Le dialogue de gestion participe ainsi de la mise en œuvre de la performance, en faisant ainsi passer d'une gestion hiérarchisée à une gestion concertée[747].

2- La mise en œuvre du dialogue de gestion

Pour que le dialogue de gestion soit effectif, il nécessite la mise en place de certains éléments essentiels. Il faut pour cela assurer le développement de

---

741 SIMARD (L.), *Développement d'un outil de mesure du dialogue de gestion, op.cit.*, p. 7.
742 Ministère de l'Agriculture et de l'Environnement, *Dialogue de gestion et conduite du changement, op. Cit.*, p. 12.
743 CATTEAU (D.), *Droit budgétaire. Comptabilité publique, LOLF et GBCP*, Paris, Hachette, 2016, 3e éd., p. 62.
744 SIMARD (L.), *Développement d'un outil de mesure du dialogue de gestion, op. cit.*, p. viii.
745 OZWALD (R.), « Le contrôle de gestion dans l'administration : quels outils pour quels besoins ? », *in valoriser les informations financières pour aider à la décision*, Séminaire organisé par l'AMUE, 16 mais 2003, p. 12.
746 BOUVIER (M.), ESCLASSAN (M-C.), et LASSALE (J-P.), *Finances publiques, op.cit.*, p. 467.
747 KENNE TIWA (P.), *La réforme des finances publiques au Cameroun : analyse à partir du droit budgétaire et du droit de la comptabilité publique*, These droit public, Université de Douala, 2022, p. 206.

nouvelles formes de concertation, de coordination et d'engagement entre la hiérarchie et les niveaux inférieurs, entre les différents niveaux inférieurs. On parlera alors selon le cas de dialogue vertical et de dialogue horizontal. Il fait également qu'il existe une meilleure information de l'administration afin d'assurer la convergence des cadres de référence nationaux et locaux de la gestion des programmes[748].

La formalisation du dialogue de gestion s'opère à travers le contrat de performance, tel qu'il ressort de la circulaire N° 00004918/MINFI/du 5 juillet 2022 régissant les contrats de performance entre l'État et les Établissements et Entreprises Publics : « *La présente circulaire vise à préciser les modalités et conditions d'élaboration, de conclusion et de mise en œuvre des contrats de performance entre l'État d'une part et les Établissements Publics et Entreprises Publiques d'autre part* ». Ainsi, les deux parties conviennent des objectifs à atteindre sur une période donnée, des moyens nécessaires, ainsi que des modalités d'évaluation des résultats obtenus conformément au plan de développement stratégique et aux objectifs des politiques publiques.

Même s'il lui a souvent été reproché de limiter la discussion à des critères de répartition des moyens[749] ou encore d'être trop centré sur la question des moyens, et en conséquence de s'épuiser autant qu'il épuise ses participants[750], il porte en lui de nobles enjeux. En effet, la pratique du dialogue de gestion poursuit les enjeux divers au rang desquels on peut classer l'optimisation de la gestion, la définition des objectifs à réaliser et les ressources nécessaires, l'établissement d'un lien entre la performance et les ressources disponibles[751].

Reste à relever que le dialogue de gestion est mis en œuvre au moyen d'outils spécifiques, en particulier le calendrier de gestion et le tableau de bord. Un tableau de bord en fin est une présentation synthétique des éléments à suivre pour le pilotage effectif du programme et toute sa déclinaison opérationnelle. Il donne à voir ce qui est piloté en priorité et alerte quant aux résultats obtenus et aux actions correctives possibles. Un tableau de bord est composé des indicateurs destinés à rendre compte du niveau de performance et à alimenter de façon objective le dialogue de gestion[752]. L'élaboration du

---

748 Ministère de l'Agriculture et de l'Environnement, *Dialogue de gestion et conduite du changement*, *op.cit.*, p. 14.

749 BONDAZ (M.), LANGLOIS (F.) VERNHES (M.) (dir.), *État des lieux du dialogue de gestion du point de vue des directions départementales interministérielles*, *op.cit.*, p. 3.

750 *Ibid.*

751 Ministère de l'Agriculture et de l'Environnement, *Dialogue de gestion et conduite du changement*, *op.cit.*, p. 12.

752 KENNE TIWA (P.), *La réforme des finances publiques au Cameroun : analyse à partir du droit budgétaire et du droit de la comptabilité publique*, *op. Cit.*, p. 440.

tableau de bord résulte d'une collaboration étroite entre le contrôleur de gestion et le service métier ou gestionnaire opérationnel[753].

Outre le dialogue, la reddition des comptes prend également de l'ampleur.

B- La reddition de comptes

La reddition des comptes est au cœur des nouvelles règles comptables, pour mieux cerner ses enjeux **(2)**, il convient de décliner son sens **(1)**.

1- Le sens de la réédition des comptes

En droit de la comptabilité publique, la reddition de comptes « *désigne l'opération qui découle de l'obligation de répondre de l'exercice d'une responsabilité* »[754]. De manière plus simplifiée, elle est constituée de l'ensemble des opérations qui concourent à la production et à la transmission des comptes suivant un processus défini par les textes et à bonne date sous peine de sanctions à l'encontre des contrevenants[755]. Elle se pose aujourd'hui comme un mécanisme important et indispensable dans le processus engagé depuis plus d'une décennie visant à l'amélioration des règles et techniques se rapportant à la comptabilité des personnes publiques.

De la définition apportée *supra* de la reddition de comptes, on peut retenir trois éléments majeurs qui en font la substance. Le premier consiste en l'attribution de responsabilité au gestionnaire de fonds publics, le deuxième est le devoir de déclarer le rendement obtenu à la fin de chaque programme et le dernier n'est autre que la surveillance du rendement par un tiers[756]. Par ce procédé, le gestionnaire engage sa responsabilité chaque fois qu'il effectue une opération financière, ce qui oblige ce dernier à s'assurer que les règles et procédures prévues à cet effet soient respectées. Afin d'œuvrer à la performance se situant dans un équilibre entre moyens mobilisés et résultats attendus et obtenus, il est exigé que l'ensemble des profits réalisés soit utilement déclaré.

Aussi, cette responsabilisation n'empêche pas qu'il soit mis en place un mécanisme neutre de surveillance qui permet de vérifier les déclarations faites tout comme les éléments factuels disponibles. De la sorte, celle-ci ne se réduit pas à de simples comparaisons d'indicateurs techniques et financiers[757].

Par ailleurs, la reddition des comptes vise à démontrer la cohérence de plusieurs éléments intervenants dans le fonctionnement des institutions

---

753 Manuel du contrôle de gestion, version août 2016, p. 28.

754 VERGER (G.), *La reddition des comptes*, disponible surwww.spid.com.

755 Revue des entreprises publiques, *Reddition des comptes par les entreprises publiques : quelles responsabilités pour une gouvernance de qualité ?* n° 2, décembre 2019, p. 12.

756 Bureau du vérificateur interne, La reddition de compte, Université de Laval, 2005, p. 2.

757 VERGER (G.), *La reddition des comptes*, *op.cit.*, p. 5.

publiques. Cette cohérence s'institue entre la mission de l'institution publique, son plan stratégique, ses capacités organisationnelles, ses obligations normatives, les ressources engagées et les résultats atteints[758]. L'harmonie de ces éléments conduit à une gouvernance de qualité fondée sur le principe de reddition des comptes[759] en plus de ceux de transparence et d'obligation de résultat. Pour y parvenir, l'institution concernée doit s'attacher à mesurer la contribution apportée, au cours d'une période déterminée, à l'atteinte des objectifs stratégiques préalablement définis tout en démontrant qu'elle a utilisé les ressources publiques à sa disposition de façon optimum[760].

Les objectifs poursuivis par la technique de reddition des comptes justifient la place qu'elle occupe dans la pratique comptable. Parmi ces objectifs, on peut citer de manière non exhaustive, le renforcement de la crédibilité des responsables ou gestionnaires, l'instauration d'un climat de confiance entre les acteurs de gouvernance et le public, la facilitation et la forte mobilisation des ressources, la gestion saine des ressources publiques, et l'amélioration des performances des structures publiques[761].

Par contre, il importe de noter que, de manière constante, personne n'accepte de plein gré l'obligation de rendre compte, ou encore que personne n'aime devoir rendre des comptes aux autres. Ce qui constitue à l'une des difficultés majeures à l'implémentation de cette technique comptable. Comme autre faiblesse, on remarque aussi que les mécanismes et les systèmes formels de reddition des comptes sont le plus souvent trop flous pour être vraiment utiles[762]. En conséquence, son utilisation n'aboutit pas toujours à des résultats positifs, et ce malgré les régimes de récompenses et de punitions mises en place afin d'inciter les gestionnaires non seulement à y recourir, mais surtout à respecter les règles formelles qui l'accompagnent. C'est dans le but d'apporter des solutions à ces faiblesses que certains auteurs ont proposé qu'il soit mis en place un cadre institutionnel fort et rigoureux devant permettre de suivre et d'encadrer la production de l'information comptable[763]. L'analyse de la reddition des comptes ne saurait se conclure sans jeter un regard sur les enjeux d'une telle culture dans la comptabilité publique au Cameroun.

---

758 VERGER (G.), *La reddition des comptes*, *op.cit.*, p. 10.

759 AGBANTE (M.), « Éditorial », *Revue des entreprises publiques*, n° 2, décembre 2019, p. 1.

760 VERGER (G.), *La reddition des comptes*, *op.cit.*, p. 5.

761 Revue des entreprises publiques, *Reddition des comptes par les entreprises publiques : quelles responsabilités pour une gouvernance de qualité ? Op. Cit.*, p. 12.

762 LECLERC (G.), MOYNAGH (W. D.), BOISCLAIR (J.-P.), et HANSON (H. R.), *Reddition de comptes, Rapports sur la performance et vérification intégrée – une vue d'ensemble*, Ottawa, CCAF-FCVI, 1996, p. 60.

763 MBALLA ATANGANA (Y. V.), « La production de l'information comptable au sein des entreprises camerounaises : vers l'urgence d'une réforme institutionnelle ? », *Revue de Management et de Stratégie*, vol. 3, n° 2, 2016 [en ligne], disponible sur www.revue-rms.fr.

2- Les enjeux de la réédition des comptes

Le contrôle de légalité et de régularité a été jusqu'ici l'enjeu solitaire du contrôle des finances publiques. La nouvelle donne de la reddition de comptes est l'émergence du contrôle de performance des administrations publiques. Le responsable de programme établit son projet annuel de performance qui accompagne le projet de loi de finances de l'année. Il dresse le bilan de son action, « *les résultats obtenus comparés aux objectifs fixés, les actions développées et les moyens utilisés accompagnés d'indicateurs d'activité et de résultat ainsi que d'une estimation des coûts des activités ou des services rendus*[764] ». Ce rapport annuel de performance est soumis à la Cour des comptes. La gestion axée sur les résultats prend alors tout son sens, car toute la chaîne des finances publiques est imprégnée de la nouvelle démarche : l'établissement, l'exécution et le contrôle des lois de finances.

Par ailleurs, « *les détenteurs de toute autorité publique* » sont astreints à une « *déclaration de leur patrimoine au début et en fin de mandat ou de fonction*[765] ». Les juridictions financières sont chargées, dans certains États, de recueillir et de conserver les données relatives à la déclaration des biens. Elles sont confortées dans ce rôle par des mécanismes internationaux d'appui à la performance et à la transparence comme la méthode d'évaluation PEFA (Public Expenditure and Financial Accountability), l'Initiative pour la transparence dans les industries extractives ou extractives Industries Transparency Initiative (EITI) et l'Open budget initiative va dans le même sens et œuvre pour la transparence budgétaire.

Enfin, la reddition des comptes est l'essence même de la démocratie qui est le régime politique dans lequel le peuple exerce sa souveraineté lui-même. En matière financière, « la reddition des comptes tire sa source dans l'autorisation que doit donner le citoyen (à travers la représentation nationale) à l'exécutif de prélever sur lui (le citoyen) des ressources et de les utiliser à des fins qui garantissent un mieux-être pour lui et pour les générations suivantes[766] ».

Aussi, propriétaire des ressources, le citoyen est-il en droit légitime de connaître l'utilisation qui en est faite. C'est ce que consacre l'article 15 de la Déclaration des droits de l'homme et du citoyen du 26 août 1789 : « la société a le droit de demander compte à tout agent public de son administration ». Quid des techniques nouvelles ?

---

[764] Article 50-3, Directive relative aux lois de finances, CEMAC.
[765] Section VIII, point 1, Code de transparence et de bonne gouvernance, CEMAC.
[766] AKAKPO (MB), *Démocratie financière en Afrique occidentale francophone*, *op. Cit.* p. 26.

Paragraphe II- L'identification des techniques nouvelles

Le renouvellement des techniques comptable intègre la comptabilité de caisse, la comptabilité d'engagement et patrimoniale (**A**). Il intègre également de nouveaux paramètres tels que la documentation de synthèse (**B**).

A- L'instauration d'une comptabilité générale : Un palliatif aux manquements de la comptabilité de caisse

Lors d'un Colloque international organisé à Yaoundé en 2001, le professeur Raymond MUZELLEC soulignait les faiblesses inhérentes à la comptabilité de caisse. À cet effet, l'éminent juriste indiquait d'abord que la comptabilité budgétaire ne décrit pas l'évolution de la situation patrimoniale de l'État, et ignore certaines dettes ou certaines créances. Cette comptabilité basée sur les caisses n'introduit pas, via les amortissements et les provisions, les opérations de dépréciation des valeurs destinées à donner une image fidèle du patrimoine de l'État. Enfin, la comptabilité budgétaire ne contribue guère à la prise de décision éclairée ou à la gestion opérationnelle des services publics[767]. C'est dire tout l'espoir que suscite l'instauration de la comptabilité générale dans ce domaine.

Deux autres modes de comptabilité ont fait leur apparition au Cameroun dans ce renouveau de la comptabilité publique que le pays a engagé. Il s'agit bien évidemment de la comptabilité d'engagement et de la comptabilité patrimoniale. L'une et l'autre offre des possibilités, des avantages et des résultats importants. Mais leur grande force se trouve dans le jumelage qui a été fait au moment de leur intégration. Par contre, il faudra procéder à une étude distincte pour saisir le sens et le contenu de chacune d'elles.

La comptabilité d'engagement consiste en un enregistrement en comptabilité de l'ensemble des engagements donnés et reçus par une structure publique. Elle fournit les informations nécessaires en présentant les rentrées. Ainsi que les sorties de fonds reliées aux activités lucratives aussitôt que de tels flux monétaires peuvent être évalués de manière raisonnablement sûre.

Sur cette base, on constate que les effets des transactions tout comme les autres évènements financiers et comptables sont pris en compte dès que ceux-ci se produisent, non pas au moment des encaissements ou paiements. Par la suite, ces éléments sont enregistrés dans les livres comptables et présentés

---

767 « Diagnostic du système financier camerounais », Actes du Colloque sur la réforme du cadre juridique pour une meilleure gestion des finances des finances publiques au Cameroun », *op. Cit.*, cité par GOUDEM LAMENE
(B.), « Les comptables publics dans le nouveau régime financier de l'État au Cameroun, *op. Cit.*, p. 296.

dans les états financiers des périodes auxquelles ils se rattachent, produisant ainsi une dilatation dans le temps comptable.

Comme autre particularité, la comptabilité d'engagement conduit à mesurer les résultats produits en termes de charges et de produits. Concrètement, les charges sont les diminutions d'actifs et les augmentations de dettes, et les produits sont les augmentations d'actifs et les diminutions de dettes.

Par contre, l'adoption de la comptabilité patrimoniale par les États contemporains se fonde sur la rareté des ressources[768]. D'un autre côté, son évolution peut être justifiée par le contexte actuel caractérisé par la mutation du management public.

Suivant l'orientation qui en a été faite, le passage en comptabilité patrimoniale permet d'orienter le pilotage de l'action publique vers l'atteinte des résultats. Ce passage sonne la fin du primat absolu d'une logique managériale centrée sur les ressources budgétaires consommées selon un processus de globalisation des crédits à la disposition des services, ainsi que par le desserrement de la contrainte de l'annualité budgétaire et enfin par la responsabilisation des gestionnaires, afin de contribuer à la promotion de l'efficacité des dépenses budgétaires[769]. Cette mutation intervient alors même que les débats politiques et experts autour de la réforme comptable se sont rapidement polarisés sur l'opposition entre comptabilité de caisse et comptabilité patrimoniale. La seconde a été considérée comme étant l'avatar de l'efficience et de l'efficacité gestionnaires, tandis que la première était assimilée au modèle archaïque et bureaucratique[770]. Sur un plan comparatif, la seconde emportait sa préférence devant la première malgré l'ambiguïté du concept qui est réputé revêtir plusieurs acceptions[771]. Cette préférence s'explique encore parce que sur le plan pratique, elle aboutit à un renforcement de la contrôlabilité de la gestion publique en permettant de disposer d'informations facilitant des comparaisons entre les différentes institutions publiques[772]. La documentation de synthèse a enfin été enrichie.

---

768 MARTY (F.) TROSA (S.) et VOISIN (A.), « Les enjeux liés à l'adoption d'une comptabilité patrimoniale par les administrations centrales », *op. Cit.*, p. 215.

769 TEMOMO WAMBA (R.), « De la comptabilité de caisse à la comptabilité en droit constaté : Quels enjeux pour la gouvernance des Établissements Publics Administratifs ? », *op.cit.*, p. 44.

770 BIONDI (Y.), « De Charybde de la comptabilité de caisse en Scylla de la comptabilité patrimoniale ou du périlleux périple de la comptabilité de l'État en France (et ailleurs) », *op.cit.*, p. 15.

771 RICHARD(J.) et COLLETTE (C.), *Comptabilité générale. Système français et normes IFRS*, *op. Cit.*, p. 171.

772 TEMOMO WAMBA (R.), « De la comptabilité de caisse à la comptabilité en droit constaté : Quels enjeux pour la gouvernance des Établissements Publics Administratifs ? », *op. Cit.*, p. 38.

B- Une documentation de synthèse enrichie

En tant que système d'organisation de l'information comptable par lequel les données chiffrées sont saisies, classées et enregistrées, la tenue de la comptabilité permet un contrôle des autorisations législatives (comptabilité de l'État) ou délibérantes (comptabilité des autres entités publiques). Ce contrôle, s'il peut s'effectuer par l'examen des divers supports comptables, se conçoit mieux par l'examen des états de synthèse. Un état de synthèse est un document à production périodique contenant des informations spécifiques sur l'exécution du budget de l'entité, son patrimoine ou le résultat de ses activités. Les états de synthèse sont destinés à renseigner sur la maîtrise et le contrôle des opérations budgétaires et de trésorerie ; la connaissance du patrimoine et la détermination des résultats annuels. Par ailleurs, les documents financiers de synthèse sont des instruments de contrôle. Ce contrôle peut être interne ou externe lorsque le contrôle est effectué par le juge des comptes ou les corps de contrôle de l'État (CONSUPE, Inspection générale, etc.).

La production des documents de synthèse n'est pas facultative, il s'agit d'une obligation découlant du dispositif législatif et règlementaire en vigueur. Il incombe ainsi au Comptable de produire les documents de synthèse selon deux critères. Le premier critère qui est formel et limitatif conduit à distinguer les états financiers et les états de synthèse. Les états financiers donnent une information spécifique sur un domaine déterminé. Ils sont des documents obligatoires lorsqu'il faut présenter l'information relative au patrimoine de l'entité. Les états de synthèse quant à eux donnent des informations générales sur l'entité. Le second critère plus large qui entretient un lien plus étroit avec l'organisation de la comptabilité tient à la périodicité. Il conduit à distinguer les documents de synthèse à production régulière des documents de synthèse à production annuelle.

La production des documents de synthèse est l'aboutissement d'un processus qui nécessite un certain nombre de préalables. L'objectif étant que ceux-ci reflètent l'image fidèle des opérations, les auteurs doivent avant la présentation desdits états, s'assurer de la fiabilité des informations qui sont susceptibles d'être exploitées par divers agents qui pourraient éventuellement les sanctionner.

Bref, la documentation de synthèse désigne un document ou un ensemble de documents qui regroupe la totalité des produits et des charges d'un exercice comptable, sans qu'il soit tenu compte de leur date d'encaissement ou de décaissement[773]. Il peut donc s'agir d'un document unique, regroupant l'ensemble des recettes et des dépenses publiques[774], ou de plusieurs

[773] HAMON (M.), *Cours de comptabilité et gestion de l'entreprise*, Université de Nantes, inédit, 2018, p. 29.
[774] DUVERGER (M.), *Finances publiques*, Paris, PUF, 1971, 7e éd., p. 272.

documents retraçant le compte de résultat qui permettent de comprendre comment le résultat se construit.

En outre, la documentation de synthèse à l'instar de la balance de compte est confectionnée par tous les chefs de circonscriptions financières et centralisées au service en charge de la consolidation pour confection de la balance nationale. Ce qui permet de retracer pour une période donnée les différents comptes mouvementés par les comptables[775]. Le dernier point à prendre en compte dans l'utilisation de la documentation de système est relatif à l'apurement régulier des comptes d'imputation provisoire[776].

Dans la généralité, le Cameroun distingue plusieurs types ou formes de présentation des documents de synthèse comme le précise l'instruction générale sur la comptabilité de l'État datant de 2009. En premier lieu se trouvent les états de synthèse budgétaires et comptables qui sont une comptabilité auxiliaire permettant « *de suivre de manière détaillée les opérations de recettes et de dépenses budgétaires ainsi que les comptes tiers* » ; ensuite, on retrouve les états financiers et comptables qui « *ont pour objectif de donner une image fidèle du patrimoine, de la situation financière et du résultat* » à travers la production en fin d'exercice de la situation de trésorerie, du compte de résultat et du bilan[777].

La dernière catégorie correspond à la situation de trésorerie qui elle, présente sur l'exercice « *les encaissements et les décaissements réels classés par opérations budgétaires (recettes et dépenses) et opérations de trésorerie (dépôts des correspondants, opérations à régulariser…)* »[778]. Ce document de synthèse permet à terme de dégager la variation de trésorerie entre le début d'un exercice et sa fin, et le montant de la trésorerie disponible en fin d'exercice.

La documentation de synthèse, comme son nom l'indique, est donc ce moyen privilégié apportant des informations de synthèse sur les mouvements budgétaires enregistrés par les acteurs participants à la gestion des fonds publics. Sa mise à disposition permet, contrairement aux autres techniques jusqu'ici convoquées, d'avoir une vue large et suffisante des opérations comptables réalisées au cours d'un exercice budgétaire. Ce qui impose de s'intéresser à bon droit aux implications qui en découlent.

---

[775] *Cf.* Instruction N°2022/017/I/MINFI/SG/DGTCFM sur la comptabilité générale de l'État du 4 mai 2022.
[776] Instruction sur la comptabilité générale de l'État en République du Cameroun, 2009.
[777] *Ibid.*
[778] *Ibid.*

Section II- L'implication des techniques nouvelles

Dans le contexte camerounais, les techniques nouvelles s'emploient, dans un premier temps, à œuvrer au renforcement de la qualité de l'information comptable (**Paragraphe I**) et dans un second mouvement à parvenir à une réduction considérable des atteintes aux opérations financières (**Paragraphe II**).

Paragraphe I- Le renforcement de la qualité de l'information comptable

Le renforcement de la qualité de l'information comptable déteint sur les techniques de la comptabilité de l'État (**A**) ainsi que sur celles de la comptabilité des CTD (**B**) et des établissements publics (**C**).

A- Les implications sur les techniques comptables de l'État

Les opérations comptables de l'État obéissent toutes à une règlementation minutieuse, il s'agit de la nomenclature (**1**) des mécanismes comptables (**2**) et de la trésorerie publique (**3**).

1- La nomenclature

La nomenclature budgétaire[779], au Cameroun, est fortement marquée par l'histoire, mais répond aujourd'hui à des impératifs liés à une conception différente de l'État et de sa gestion. La loi du 26 décembre 2007 marque une rupture avec la vision qui a prévalu dans l'ordonnance du 7 février 1962. C'est la raison pour laquelle après avoir identifié les variations de la conception issue de l'ordonnance de 1972 (a), l'on pourra analyser les innovations de la loi de 2007 (b).

a) La conception initiale de l'ordonnance de 1962

Schématiquement, la nomenclature des opérations financières de l'État s'effectuait selon deux types de classifications : l'une administrative et l'autre économique. La nomenclature administrative est traditionnelle, et est fondée sur les moyens, et dont le chapitre budgétaire (ministère) était la base, a été maintenue. Le chapitre constituait l'unité de base. Les crédits étaient ensuite subdivisés en articles et paragraphes. Quant à la classification économique, le schéma correspond au plan comptable général des entreprises, car les crédits étaient regroupés en fonction de leur nature économique (fonctionnement ou investissement ; dépenses de personnel ou dépenses de matériel, etc.). Jusqu'à la réforme opérée par la RFE de 2007, les crédits (du budget général) étaient

[779] C'est la façon dont les crédits budgétaires sont distribués.

classés selon une nomenclature uniforme, fondée sur la nature administrative des dépenses.

Le budget de moyens impliquait une série de caractéristiques très peu reluisantes. Les dépenses publiques étaient essentiellement orientées vers le fonctionnement des administrations publiques et la garantie d'assurer le service public ; l'absence d'une philosophie financière axée sur la pluriannualité tant dans l'élaboration de l'instrument des finances publiques, mais également dans son exécution ; l'absence d'harmonisation de la présentation du budget ; une gestion financière pas optimale, du fait de l'absence de performance en son sein ; et, enfin, l'état déplorable de la conjoncture catalysé par la convalescence du système économique camerounais de l'ère.

Cet ensemble de données a contribué à favoriser l'adoption en décembre 2007, de la loi portant régime financier de l'État[780]. Il faut souligner que c'est cette dernière qui consacre la gestion par programme.

b) La vision transformée de la loi de 2007

La Loi de 2007/006 du 26 décembre 2007 portant régime financier de l'État a introduit un modèle managérial, inspiré du monde de l'entreprise privée, de gestion par la performance. La nomenclature budgétaire se décline désormais en grands ensembles de politiques publiques, les missions, subdivisées en programmes, en lieu et place de la traditionnelle logique de moyens qui prévalait jusqu'alors. Chaque politique publique se voit allouer des crédits, mais aussi des objectifs assortis d'indicateurs pour en évaluer la réalisation. Le budget programme est donc tourné vers les résultats de l'action publique et non vers les moyens matériels et humains qu'elle met en œuvre. L'équation derrière cette Loi consiste à donner plus d'autonomie aux gestionnaires dans le choix d'affectation de la ressource financière, en échange d'une responsabilité managériale accrue[781]. La loi du 26 décembre 2007 impose désormais une présentation principale par mission[782], programme, action, tâche et indicateurs. Chaque mission est divisée en programmes (ministériels) qui doivent viser un objectif précis et évaluable. Il doit, en principe, mettre en œuvre une action ou un ensemble cohérent d'actions ; il est normalement destiné à être subdivisé en actions.

[780] Loi N°2007/006 du 26 décembre 2007 portant régime financier de l'État.

[781] MBASSA (G.), *Les principes des finances publiques à l'épreuve du budget-programme en droit camerounais*, thèse, droit public, université Yaoundé 2, 2018, p. 12.

[782] Les missions correspondent, rappelons-le, à une politique publique définie, et peuvent revêtir un caractère interministériel.

La novation générale est la suivante : le budget de l'État est présenté par missions qui, elles-mêmes, regroupent des programmes[783]. Dans la mesure où les crédits sont répartis et utilisés en fonction d'objectifs préalablement fixés, le Parlement ne se borne plus comme auparavant à faire des choix en termes de moyens. Autre effet : cette innovation donne plus de lisibilité au document budgétaire et par conséquent, peut-être plus d'attrait par une meilleure visibilité de l'action publique et de ses enjeux financiers. Enfin, la présentation des crédits par objectifs, outre son caractère stratégique, favorise une meilleure cohérence de l'action publique en évitant un trop grand fractionnement des politiques publiques dans l'espace et dans le temps[784].

La nouvelle nomenclature repose sur la notion d'objectifs. Elle entraîne d'importantes conséquences dans son application. La conséquence sans doute la plus importante est la liberté nouvelle donnée aux gestionnaires de redéployer les crédits entre les titres, alors que, dans le cadre de l'ordonnance de 1962, toute fongibilité était impossible entre dépenses de fonctionnement, d'intervention et d'investissement. Que dire des documents comptables ?

2- Les mécanismes comptables

Ce sont eux qui ont appelé et continuent d'appeler les transformations les plus importantes. Il s'agit, en premier lieu, de mettre en œuvre une comptabilité d'exercice (a). Il s'agit en deuxième lieu de donner une image fidèle de l'État (b). Il s'agit, en troisième lieu, d'évaluer les engagements hors bilan (c) qui, pour l'État, créent une dette invisible (ou implicite) considérable, pour le compte général de l'État.

a) La mise en œuvre de la comptabilité d'exercice

Du point de vue matériel, la comptabilité de l'État est mise en œuvre sur les supports : fiche d'écriture[785], livre journal de dépenses, quittancier, livre journal des opérations diverses et le grand livre. Le processus comptable consiste à enregistrer successivement en comptabilité auxiliaire, ensuite sur les fiches d'écriture, les livres journaux, et enfin dans le grand livre[786].

b) Le principe de l'image fidèle de l'État

Ce principe signifie que les états financiers doivent refléter la situation réelle de l'État. L'information fournie doit être exacte et loyale afin de

---

[783] Un programme est un ensemble d'actions cohérent, relevant d'un même ministère. Le programme représente la clé de la réforme dès lors que posant le principe de budgétisation par objectifs. Il conduit le décideur public, à cesser de raisonner strictement en termes de moyens.

[784] BOUVIER (M.), *Finances publiques*, *OP. Cit.*, p.312.

[785] La fiche d'écriture est un document servi au vu de la pièce justificative de l'opération. Elle est établie pour chaque opération. Sa configuration fait ressortir les comptes qui interviennent, ainsi que les montants.

[786] V. Instruction N°2022/017/I/MINFI/SG/DGTCFM sur la comptabilité générale de l'État du 4 mai 2022.

permettre la meilleure traduction possible de sa situation économique, patrimoniale et financière[787].

c) L'évaluation des engagements hors bilan

Les engagements hors bilan ou figurant dans l'annexe sont tous les droits et obligations de l'État non enregistrés dans le tableau de situation nette. Ils sont classés en :

- engagements obtenus qui correspondent aux engagements résultant des conventions d'emprunt et dons au bénéfice de l'État ;

- engagements accordés qui correspondent aux passifs éventuels qui ont pour origine les engagements pris dans le cadre d'accords ou les engagements découlant de la mise en jeu de la responsabilité de l'État.

B- Les implications sur les techniques comptables des CTD

Le renforcement de la qualité de l'information comptable entraîne, non seulement une nouvelle nomenclature **(1)**, mais aussi des mécanismes **(2)** et des documents comptables **(3).**

1- La nomenclature comptable des CTD

La nomenclature comptable issue du décret n° 2010/1734/PM du 1er juin 2010 fixant le plan comptable sectoriel des CTD, a connu des adaptations imposées par le caractère public des CTD[788], qui conduit à inclure certains comptes inconnus en comptabilité privée (à l'exemple de ceux relatifs aux recettes fiscales), à exclure, à l'inverse, certaines subventions importantes pour les entreprises (à l'exemple du capital social). Il convient de distinguer les comptes de bilan (a) de résultat (b) et les comptes spéciaux (c).

a) Les comptes de bilan

Le compte bilan est une sorte de copie comptable des finances de l'État à une date choisie pour la fin dudit exercice. Il décrit de manière synthétique les conditions de l'actif et du passif de la collectivité[789]. De manière globale, l'on peut retenir que le compte de bilan présente le résultat de l'exercice de la collectivité au passif sans offrir la possibilité de détailler l'ensemble des opérations ayant contribué à sa formation.

---

787 NJONGOUE (G.), *Les qualités de l'information financière*, Thèse de doctorat en gestion, Université de Bordeaux, 2015, p. 15.

788 V. Les lettres circulaires annuelles portant élaboration et exécution des budgets des CTD, ainsi que les diverses délibérations municipales prises en vertu des lois et règlements dûment approuvés par l'autorité de tutelle.

789 Recueil des normes comptables des CTD, version 2020.

En rapport avec la comptabilité des CTD, le compte bilan permet de tenir un résultat à court terme et de manière systémique, des opérations comptables réalisées au sein de l'entité en question.

b) Les comptes de résultat

En général, le bilan et le compte de résultat sont deux réalités distinctes, mais qui constituent la base même de la comptabilité des CTD. Le compte, résultat, quant à lui, est l'instrument de retraçage des différents flux de produits et de charges de l'année comptable écoulée. Sous forme de document, il explique comme s'est constitué le résultat annuel.[790]

Le compte de résultat ne tient pratiquement pas compte des opérations ayant des incidences sur le résultat. Concrètement, il se base sur les recettes desquelles il convient de soustraire les biens et services consommés ou utilisés pour produire des recettes.

c) Les comptes spéciaux

Ils ont un impact sur la trésorerie de l'État. En effet, leur évolution infra-annuelle est irrégulière. C'est pourquoi les comptes de prêt sont activés ponctuellement, eu égard aux besoins exprimés. Par ailleurs, les comptes spéciaux du trésor[791] de l'État ont un impact considérable limité sur la gestion de la trésorerie de l'État[792], exception faite du compte retraçant les avances aux CTD sur le produit des impôts locaux[793]. Conformément à la loi portant régime financier de l'État et des autres entités publiques, l'on note que « *des comptes spéciaux ne peuvent être ouverts que par une loi de finances* ». La même disposition poursuit en révélant que *« les comptes spéciaux comprennent les comptes d'affectation spéciale et les comptes de commerce »*. Ces différents comptes sont ouverts exclusivement pour gérer la comptabilité des collectivités territoriales décentralisées.

Au-delà de la nomenclature comptable des CTD, il convient de s'interroger sur les mécanismes comptables des CTD proprement dits.

2- Les mécanismes comptables des CTD

Comme avec l'État, deux comptabilités de nature distinctes sont pratiquement en concurrence au sein des collectivités territoriales décentralisées. L'on observe celle de l'ordonnateur (a) d'une part. À travers elle, le comptable tient une comptabilité d'exécution budgétaire sensible

790 Celui-ci peut être résumé en bénéfice ou en perte.

791 Article 20 décrets du 07 juillet 2020 portant RGCP.

792 PEKASSA NDAM (G. M.), « Les comptes spéciaux du trésor dans les États de l'Afrique francophone », *Cahiers uridique et politique*, 2009, p.221. cité par EBANGA (N -U.), *L'emprunt de l'État en droit public camerounais,* Thèse de doctorat en droit, Université de Ngaoundéré, 2021, p. 348.

793 Adam (F.), Ferrand (O.) et Rioux (R.), *Finances publiques*, *op Cit.*, p.105

devant lui permettre, le cas échéant, de suivre les crédits ouverts. D'autre part, l'on observe la comptabilité du receveur (b) sur laquelle on reviendra plus en profondeur.

a) La comptabilité de l'ordonnateur

Les procédures relatives aux opérations de recettes sont exécutées ainsi qu'il suit par l'ordonnateur. Les recettes administrées et recouvrées par les Collectivités territoriales décentralisées sont assises et liquidées sur ordres de recettes a priori par l'Ordonnateur. Les services de l'Ordonnateur procèdent à l'identification du contribuable, à l'individualisation de l'impôt et à l'évaluation du montant de la contribution due[794]. Dans le cas d'une déclaration spontanée et pour les recettes administrées et gérées par l'État pour le compte des Collectivités territoriales décentralisées, le recouvrement est opéré à l'aide d'un titre intermédiaire de recettes (bulletin d'émission, avis de mise en recouvrement, avis de crédit…). L'Ordonnateur établit alors des ordres de recettes en régularisation compte tenu des recouvrements effectifs par contribuable et par imputation[795].

Les dépenses sont exécutées en conformité avec le budget voté et approuvé. Elles obéissent aux dispositions du code de marché public. La procédure des dépenses obéit à trois phases respectives : l'engagement, la liquidation et l'ordonnancement[796].

L'engagement se traduit, soit par l'établissement d'un bon de commande dûment signé pour les factures, soit par une lettre de commande, un marché ou une convention. La liquidation consiste à vérifier l'existence de la créance, déterminer ou vérifier le montant de la dette, s'assurer que la dette n'est pas éteinte (prescription ou déchéance), certifier le service fait et effectuer la prise en charge au livre journal. L'ordonnancement consiste à transmettre le dossier au receveur pour le règlement en numéraire et par virement[797].

b) La comptabilité du receveur

La réédition des comptes est un impératif qui touche tous les gestionnaires des biens publics au Cameroun[798]. D'ailleurs, la loi de 2018 portant code de transparence et de bonne gouvernance est fort intéressante à ce sujet. On peut y relever que les comptes de gestion doivent être transmis à la chambre des comptes chaque année au plus tard à la fin du mois d'août.

---

[794] Lire Instruction conjointe 0000079/IC/MINATD/MINFI du 10/01/2012, p. 6.
[795] *Ibid.*
[796] MINKOUEYE (E.), *La réforme budgétaire au Gabon*, Thèse de doctorat en droit public, Université de Montpellier, 2020, p. 221.
[797] Instruction conjointe N°22/0000479/IC/MINFI/MINDDEVEL du 11 avril 2022 portant nomenclature des pièces justificatives des opérations budgétaires et comptables des CTD.
[798] Lettre circulaire N°00000192/LC/MINFI du 08 juin 2021 relative à l'execution du budget des CTD, points 92 à 107.

En principe, le receveur municipal est chargé du recouvrement des recettes mises régulièrement en recouvrement. Il a aussi pour mission d'assurer la garde de la gestion des fonds et valeurs des communes. À la lecture de l'article 14 al 1 du règlement général de la comptabilité publique, « *les comptables publics sont des agents publics régulièrement préposés aux comptes et/ou chargés du recouvrement, de la garde et du maniement des fonds et valeurs* ».

D'après les résultats de nos recherches, seules les mairies de ville présentent régulièrement leurs comptes rendus de gestion financière depuis l'année 2011. C'est dire que les communes sont restées en retrait par rapport à cette exigence. Plusieurs communes d'ailleurs ne l'ont jamais fait depuis fort longtemps. On peut citer ici les communes de Banyo, Esse, Ntui, Mamfé, Ekondo Titti, Evodoula, Limbé 3. Par contre, certaines mairies ont fait des pieds et des mains pour présenter leur compte rendu pour la toute première fois en 2019. Il s'agit des communes de Yaoundé 7, Yaoundé 5, Ngoumou, Yaoundé 1, etc.

À la suite des mécanismes comptables, il convient d'analyser les documents comptables des CTD.

3- Les documents comptables des CTD

Le principal document comptable est le compte de gestion qui est rendu annuellement par le comptable. Pour l'essentiel, il décrit l'exécution du budget et, dans la mesure permise par les techniques comptables, la situation financière de la collectivité[799].

Il comprend trois parties. La première décrit l'exécution du budget (états sur la consommation des crédits, la réalisation des dépenses et recettes, les résultats budgétaires de l'exercice, les résultats du budget principal et des budgets annexes). La deuxième partie retrace la situation financière résultant de la comptabilité générale : balance générale des comptes, compte de résultat, et bilan. La troisième partie du compte décrit la situation des valeurs inactives.

Le Receveur tient la comptabilité de la Collectivité territoriale décentralisée. Il doit produire les pièces et documents comptables dans le respect du cheminement des écritures dans l'ordre suivant : les pièces comptables justificatives[800] ; la fiche d'imputation comptable ou d'écriture ; le quittancier ; le classement et la numérotation d'ordre des duplicata des quittances, des fiches d'écritures et des pièces comptables justificatives à la fin de chaque journée comptable ; le journal ; le grand livre des comptes ; la balance générale des comptes ; les états de synthèse annuels (le bilan, le tableau des soldes caractéristiques de gestions) ; les bordereaux récapitulatifs

---

[799] ALBERT (J.-L.), *Finances publiques*, Paris, éd. Dalloz, 10e édition, p. 677.

[800] Instruction conjointe n°22/0000479/IC/MINFI/MINDDEVEL du 11 avril 2022 portant nomenclature des pièces justificatives des opérations budgétaires et comptables des CTD.

des recettes budgétaires et ceux des dépenses budgétaires ; les bordereaux récapitulatifs des recettes de trésorerie et ceux des dépenses de trésorerie ; les états de développement des soldes créditeurs représentant les restes à payer ; les états de développement des soldes d'imputation provisoire ; le procès-verbal de contrôle de caisse en fin d'exercice ; les états de concordance des comptes bancaires ; les états d'exécution du budget[801] (en rapport avec l'Ordonnateur).

C- Les implications les techniques comptables des Établissements Publics

L'architecture comptable des établissements publics s'est également enrichie avec le décret N° 2024/3492 du 26 août 2024 fixant le plan comptable des établissements publics. Ce décret précise les normes, les principes et les règles relatives à la tenue de la comptabilité générale des établissements publics, et détermine les modalités de sa mise en œuvre en vue de la production de leurs états financiers[802]. Les techniques comptables des établissements publics concernent essentiellement les procédures de recettes **(1)** et de dépenses **(2)**.

1- Les procédures de recettes

On distingue les recettes spontanées (a) des recettes sur prise en charge (b).

a) Les versements spontanés

Ce sont des recettes recouvrées sans émission préalable du titre de perception. La comptabilisation est plus simple puisqu'elle fait intervenir directement le compte de disponibilité et le compte budgétaire. Toutefois, un ordre de recette est émis a posteriori.

b) Les recettes sur prise en charge

Ce sont des recettes recouvrées sur la base d'un titre de perception émis et liquidé par l'ordonnateur. Il n'existe pas un format type du titre de perception. En général, le titre de perception prend la forme d'un titre de recette établi par l'ordonnateur compétent. L'article 49 du RGCP laisse une ouverture aux ordonnateurs en ce qui concerne le format d'établissement des titres de perception. « *(...) Ces titres peuvent être individuels ou collectifs. En matière d'impôts directs et taxes assimilées, les bulletins d'émission et les avis de mise en recouvrement valent un titre de perception. En matière d'impôts indirects et taxes assimilées, les états de liquidation valent un titre de perception. Les redevances pour produits vendus et autres produits divers et éventuels de l'État ou des autres organismes publics sont perçues sur ordre de recette*

[801] Instruction conjointe 0000079/IC/MINATD/MINFI du 10/01/2012.

[802] Article 1er du décret N° 2024/3492 du 26 août 2024 fixant le plan comptable des établissements publics.

valant titre de perception des créances constatées par des états de liquidation ou des décisions administratives[803] ».

Le traitement comptable des recettes sur prise en charge se décline en 03 étapes obligatoires : la prise en charge, le recouvrement et l'extinction des droits. Pour le recouvrement par chèque, en cas de rejet, la prise en charge et la régularisation du rejet se font suivant la procédure décrite dans le cadre budgétaire et comptable harmonisé des établissements publics. En cas d'annulation des titres avant recouvrement, l'agent contrepasse l'écriture de prise en charge à hauteur du montant de la recette annulée.

2- Les procédures de dépenses

La comptabilisation des dépenses obéit au principe des droits et obligations constatés. À la différence de la comptabilité privée, la comptabilisation d'une dépense au niveau de l'EP ne met pas face à face un compte de charge et un compte financier[804]. L'étape de prise en charge par un compte de tiers est obligatoire[805].

La transmission du dossier de paiement à l'agent comptable par l'ordonnateur suppose qu'à son niveau, les contrôles d'usage prévus par la règlementation ont été faits. Ceux-ci n'exonèrent pas le comptable d'effectuer ses propres contrôles. L'apposition du cachet *"Vu bon à payer"* par le comptable doit résulter d'un ensemble de diligences faites en matière de contrôle de la liasse de la dépense.

Il convient aussi de rappeler deux faits nouveaux à l'endroit des comptables publics en général et de ceux des Établissements Publics en particulier. En effet, l'article 30 du RGCP a introduit une nouvelle sanction à l'encontre des comptables qui ne respecteront pas la règlementation en matière d'exécution du budget. La Chambre des Comptes de la Cour Suprême, dans le cadre de la mise en jeu de la responsabilité du comptable public, peut en dehors du montant des sommes objet du débet à rembourser, infliger une amende au comptable public dont le montant ne peut excéder une année de salaire[806].

Sur un autre plan, en cas de rejet d'une dépense suite à des irrégularités constatées par le comptable au cours du contrôle, il est tenu d'adresser à l'ordonnateur une déclaration écrite et motivée étayant son refus de visa. Si

---

[803] Lire décret du 07 juillet 2020 portant règlement général sur la comptabilité publique.

[804] *Cf.* Decret 2024/3492/PM du 26 août 2026 fixant le plan comptable des etablissemennts publics.

[805] *Cf.* Instruction N°2022/017/I/MINFI/SG/DGTCFM sur la comptabilité générale de l'État du 04 mai 2022.

[806] V. Décret n°2019/320 du 19 juin 2019 précisant les modalités d'application de certaines dispositions des lois n°2017/010 et 2017/011 du 12 juillet 2017 portant statut général des établissements publics et des entreprises publiques.

l'ordonnateur s'obstine et lui adresse une réquisition, le comptable s'exécute et annexe à l'ordre ou au mandat de paiement, l'original de la réquisition qu'il a reçu et sa déclaration écrite. Dans ce cas, sa responsabilité est substituée à celle de l'ordonnateur. Toutefois, la réquisition reste inopérante, dans trois cas : l'absence de crédits, l'absence de justification de service fait sauf pour les subventions, les avances et les fonds de concours, et enfin, en l'absence d'acquis libératoire.

Paragraphe II- La réduction des atteintes aux opérations financières

La volonté politique de réduire les atteintes financières a entraîné une reformulation de la faute de gestion (**A**) et un aménagement des rejets comptables (**B**).

A- La reformulation de la faute de gestion

La réforme de la gestion financière implique nécessairement la redéfinition de l'objet (**1**) de la responsabilité des acteurs de la gestion financière et la reformulation des procédures (**2**).

1- La redéfinition de l'objet

Dans le même sillage, l'introduction de ces nouvelles techniques sert également de support à la réduction des irrégularités de gestion des crédits publics autrefois énumérées par la loi du 5 décembre 1974, et modifiées par celle du 8 juillet 1976[807]. Suivant ce dernier texte, sont considérés comme faute de gestion préjudiciable aux intérêts des personnes publiques, les actes suivants : l'engagement d'une dépense sans en avoir la qualité ou sans en avoir reçu délégation ; l'engagement d'une dépense sans crédit disponible ou délégué ; l'engagement d'une dépense sans pièces justificatives suffisantes ; l'engagement d'une dépense sans visa, autorisation ou réquisition préalable de l'autorité compétente[808]. La liste se poursuit avec les fautes telle la modification irrégulière de l'affectation des crédits, l'appel à concurrence, lettres de commande et achats effectués en infraction à la règlementation sur la passation des marchés publics ; et enfin l'utilisation à des fins personnelles des agents ou des biens de l'État et des collectivités publiques lorsque ces avantages n'ont pas été accordés par les lois et règlements[809].

---

[807] Pour une étude détaillée, se référer à ONDOUA EKOBENA (J. M.), *Les démarches de modernisation du système camerounais de contrôle des finances publiques*, Mémoire de Master en Administration publique, ENA de Strasbourg, 2013, p. 40.

[808] *Cf.* art. 3 de la Loi n° 74/18 du 5 décembre 1974 relative au contrôle des ordonnateurs, gestionnaires et gérants des crédits publics et des entreprises d'État telle que modifiée par la loi n° 76/4 du 8 juillet 1976.

[809] *Ibid.*

Les unes portent sur une atteinte au principe de séparation des ordonnateurs et des comptables, et plus largement au principe de la compétence personnelle. Les autres portent sur les opérations menées par les différents acteurs en charge de la gestion du patrimoine de l'État.

Mais, ce qu'il y a de remarquable dans cette évolution, c'est le souci manifeste de tracer des frontières entre faute pénale et faute de gestion, bien que celles-ci semblent s'amenuiser pour converger vers une identité[810]. La distinction reste toujours apparente à ce niveau, et se renforce même afin de catégoriser les différentes formes d'atteinte aux opérations financières qui peuvent être constatées. C'est ainsi qu'on distingue entre la faute de gestion qui est passible de sanctions financières infligées par la Cour des comptes et la CDBF; de la faute administrative, passible de sanctions disciplinaires, qui se distingue également d'une faute plus grave de fraude, corruption, détournement de deniers publics et blanchiment de capitaux, passible de sanctions pénales[811].

Les buts poursuivis par les divers aménagements et réformes du système comptable camerounais apparaissent clairement au regard des développements précédents. Ils sont d'autant plus nobles juridiquement les uns comme les autres, et promettent de beaux fruits si leur implémentation se fait de manière rigoureuse et soignée. Maintenant, on se posera de question de leur effectivité, non pas dans le sens de l'existence factuelle, mais dans celui d'une « *règle qui doit produire l'effet voulu, qui est appliquée réellement* »[812]. Mais nul ne peut deviner le destin qui sera le leur. Les procédures ont également été reformulées.

2- La reformulation de la procédure

La procédure est la forme dans laquelle on doit intenter une demande en justice, y défendre, intervenir, instruire, juger, se pourvoir contre les jugements et les exécuter. Les règles de la procédure « *apparues comme une branche mineure de la réalisation du droit*[813]» au même titre que leurs homologues de l'ordre substantiel, ont également subi une révision[814]. On peut remarquer une dépolitisation de la saisine de l'autorité juridictionnelle, et une tendance de privilégier le procédé juridictionnel[815].

---

[810] FALL (M.) et TOURÉ (I.), *Finances publiques. Approche théorique et pratique*, Sénégal, L'Harmattan, 2018, p. 164.
[811] *Ibid.*, p. 197.
[812] CORNU (G.), *Vocabulaire juridique*, Paris, PUF, 2016, 11e éd. p. 388.
[813] MARTENS (P), « les principes constitutionnels du procès dans la jurisprudence récente des juridictions
constitutionnelles européennes », Cahier du Conseil constitutionnel, n°14, mai 2003.
[814] NGO MASSO (M.), *Le contentieux des gestionnaires des deniers publics,* Thèse droit public, université Yaoundé 2, 2019, p.225.
[815] *Ibid.* p. 226.

La dépolitisation de l'action juridictionnelle conduit le législateur à la mise à l'écart des autorités gouvernementales dans le processus d'initiation de la sanction pénale. C'est donc au ministre de la Justice que revient la charge d'intenter une action au pénal contre un gestionnaire public.

En dehors de l'autorité administrative ou politique habilitée à initier la sanction pénale des responsabilités de la gestion financière des agents publics, l'on connaît plusieurs autres procédés de déclenchement de l'action pénale. Parmi lesquels, celui que l'on peut qualifier de procédé indirect (dont les dénonciations et les plaintes des autorités administratives ou des tiers) qui ne peut être dissocié du procédé direct, à savoir l'initiative juridictionnelle ou l'auto-saisine du juge. Désormais, plusieurs procédés peuvent guider l'action du juge pénal, permettant la saisine du procureur par diverses personnes civiles et autorités publiques. C'est ce que dispose le Code pénal en son article 135 : « *le Procureur de la République est saisi soit par : une dénonciation écrite ou orale, une plainte, un procès-verbal établi par une autorité compétente, il peut également se saisir d'office* ».

La réduction des atteintes aux opérations financières et comptables est aussi possible grâce aux rejets comptables.

B- Les rejets comptables

L'analyse des rejets comptables devra expliciter la procédure y relative **(1)** avant d'en scruter la sanction (**2**).

1- La procédure des rejets

Dans le cadre de la centralisation périodique des comptabilités des postes comptables rattachés, le comptable centralisateur, à travers le SCTIC effectue l'apurement des comptabilités avant leur intégration dans la balance mensuelle et le compte de gestion annuel de la circonscription financière. Ces travaux d'apurement consistent à effectuer des contrôles formels et de régularité des liasses de dépenses et de recettes[816].

Le contrôle formel porte sur : la vérification de la cohérence entre la qualité et la quantité des pièces figurantes sur le bordereau et le nombre effectif des pièces[817] issues des pointages ; l'existence effective de tous les supports comptables mentionnés sur le bordereau ; la signature et le visa du comptable sur la liasse et autres supports conformément à la règlementation en vigueur ; la référence de la période comptable (journée, décade). Par ailleurs, le contrôle de régularité porte sur : la disponibilité de crédit ; la qualité de l'ordonnateur ; la spécialité de crédit ; l'existence de toutes les pièces

---

[816] Lire Instruction N°2022/017/I/MINFI/SG/DGTCFM sur la comptabilité générale de l'Etat du 4 mai 2022.

[817] V. Instruction relative à la nomenclature des pièces justificatives des Établissements publics.

justificatives prévues par la règlementation en vigueur ; l'acquit libératoire pour les paiements en numéraire ; l'authenticité des pièces de recettes ; et le reversement de l'intégralité des recettes encaissées.

En cas de non-constatation d'anomalies particulières au terme de l'activité d'apurement, le chef SCTIC[818] appose le cachet « *Validé, Bon à saisir* » pour les comptabilités des postes comptables manuels et le cachet « *Comptabilités saisies validées* » pour les postes comptables informatisés. Il peut arriver que des anomalies soient constatées au terme de l'activité d'apurement des liasses de comptabilités. Ces anomalies donnent lieu aux rejets de recettes et de dépenses régulièrement notifiés aux chefs des postes comptables assignataires en vue de leurs régularisations. Dans ce cas, la mention « *Rejet* » est apposée sur le titre querellé.

2- La sanction des rejets : Les déficits comptables

Le chef de poste comptable assignataire qui reçoit le rejet a l'obligation de procéder à sa régularisation dans les trente (30) jours. Sinon, un déficit est constaté. Le déficit est constaté dans le cas spécifique du non-reversement de la recette dissimulée par le poste comptable[819]. Il est donc passé une écriture de déficit au livre journal des dépenses en débitant le compte 47531 (rejet de recettes fiscales) d'une part, et d'autre part, en créditant le compte 412 (redevable recettes fiscales).

---

[818] SCTIC : service de contrôle et de traitement informatique des comptabilités.

[819] SIETCHOUA DJUITCHOKO (C.), *La chambre des comptes de la Cour suprême du Cameroun*, Yaoundé, Éditions le Kilimandjaro, 2016, 1re éd., 476 pages. FABRE (Jean François), *Le contrôle des finances publiques*, Paris, PUF, l'Économiste, 1968, 204 pages. KOUMDA AYISSI, *Quelle place pour le contrôle financier dans la chaîne de dépenses publiques ? Op. Cit.*, pp. 10 et s.

Conclusion du Chapitre II

Il était question ici de repenser les techniques comptables afin de les adapter au nouvel environnement mondial. Une telle logique sera sous-tendue par l'identification des règles et techniques nouvelles d'une part ainsi que par l'implication de ces nouvelles techniques d'autre part.

Relativement au premier mouvement, l'on aura noté l'identification des règles nouvelles à travers l'instauration d'un dialogue de gestion et la réaffirmation de la réédition des comptes. De même, il a été reconnu à travers l'identification des techniques nouvelles, le maintien d'une comptabilité de caisse, l'instauration d'une comptabilité générale, etc.

En ce qui concerne le second mouvement, force est de constater que ces nouvelles techniques ont une implication certaine sur la comptabilité publique. En effet, elles favorisent le renforcement de la qualité de l'information comptable à travers des implications sur la comptabilité de l'État et sur celle des CTD. En outre, ces nouvelles techniques permettent de réduire les atteintes aux opérations financières. Pour cela, l'on procède par la formulation de la faute de gestion puis les rejets comptables.

Les techniciens des finances publiques décrivent la double finalité de l'ordre financier. Il s'agit bien de mettre en œuvre des flux financiers à la fois réguliers et efficaces. Ce double impératif est à la base du concept de « système financier ». Le développement du parlementarisme et sa revendication de transparence, le développement de l'activité administrative et la complication corollaire de son organisation du système comptable viennent se greffer sur ce socle. Ces mutations successives vont évidemment agir sur l'organisation du système financier et comptable. La formalisation de ce concept de système comptable perturbe l'ordre administratif établi.

Conclusion du titre II

Dans le processus de transformation du droit de la comptabilité publique, les règles et les techniques comptables ont été remodelées. À ces règles et techniques, on a aménagé des règles et techniques spécifiques, notamment le dialogue de gestion, la comptabilité générale, d'engagement, patrimoniale et de synthèse en vue de réduire les atteintes aux opérations financières.

La transformation des sources et des organes est intimement liée au changement de paradigme dans la conduite des finances publiques. En effet, suite aux différentes crises des finances publiques, le paradigme sur lequel elles étaient assises va changer. La régularité et la conformité des opérations comptables, si elles ont été maintenues, ont été complétées par la transparence et la performance portées par les valeurs libérales et démocratiques.

De manière précise, le contexte camerounais aura connu deux grands mouvements répartis sur les techniques classiques et les techniques nouvelles. En effet, si les techniques classiques ont connu un réel réaménagement, il ne faut pas perdre de vue le fait que des techniques spécifiques aient été aménagées.

Conclusion de la seconde partie

Les réformes des institutions financières publiques se dessinent, voire même se décident, aujourd'hui, en grande partie à l'échelon planétaire. Et c'est bien dans ce cadre que l'on doit comprendre les transformations que connaît la comptabilité publique.

Les transformations matérielles concernent le paradigme, les règles et les techniques comptables. Dans le premier cas, le paradigme sur lequel la comptabilité était assise va changer. La régularité et la conformité des opérations comptables, si elles ont été maintenues, ont été complétées par la transparence et la performance portées par les valeurs libérales et démocratiques. Dans le second cas, les règles et les techniques comptables ont été remodelées. En effet, il y a eu une consolidation des règles classiques, notamment celles qui concernent l'ordonnateur et celles qui concernent le comptable. Il n'était pas possible de se passer de ces règles et techniques classiques dans la mesure où elles garantissent la fiabilité et la régularité de l'information comptable. À ces règles et techniques, on a aménagé des règles et techniques spécifiques, notamment le dialogue de gestion, la comptabilité de caisse, d'engagement, patrimoniale et de synthèse en vue de réduire les atteintes aux opérations financières.

CONCLUSION GÉNÉRALE

L'état des transformations du droit de la comptabilité publique méritait d'être présenté. Il y a bien longtemps, Léon Duguit montrait déjà la nécessité de l'étude des transformations du droit dans son ouvrage intitulé, *Les transformations du droit public*. Il se demandait à cet effet : « *Pourquoi étudier spécialement les transformations du droit public ? Le droit, comme toutes les choses sociales, n'est-il pas en un état perpétuel de transformation ? Toute étude scientifique du droit n'a-t-elle pas nécessairement pour objet l'évolution des institutions juridiques ? Étudier les transformations du droit public, n'est-ce pas étudier tout simplement le droit public?* »[820]. Ce questionnement trouve encore sa pertinence aujourd'hui, car le juriste ne peut se passer de poser un regard sur les trajectoires que prend le droit, voire les mutations qui affectent le droit. Il a donc ainsi été question de voir si les transformations sus-évoquées ont permis le perfectionnement de ce droit.

Les transformations étudiées sont tant au plan formel qu'au plan matériel. Les transformations formelles du droit de la comptabilité publique concernent les sources et les organes impliqués. S'agissant des sources, elles ont été densifiées. En effet, les sources classiques ont été révisées tandis que les sources spécifiques ont été adjointes. Dans le premier cas, il y a eu une sorte de mutation d'une part des normes internationales, notamment communautaires et d'autre part une mutation des sources nationales. Dans le second cas, on rencontre désormais les normes produites par les institutions financières internationales et les organisations internationales non gouvernementales. S'agissant des organes, ils ont été reconfigurés. Ainsi dit, on a pu constater non seulement la reconfiguration des organes d'application de la comptabilité publique que ce soit les acteurs classiques que sont les ordonnateurs et comptables ou les régisseurs d'avance et de recettes et responsables des programmes, mais également la dynamisation des organes de contrôles. Il y a eu une densification des organes nationaux et une implication des acteurs internationaux.

Les transformations matérielles concernent le paradigme, les règles et les techniques comptables. Dans le premier cas, le paradigme sur lequel la comptabilité était assise va changer. La régularité et la conformité des opérations comptables, si elles ont été maintenues, ont été complétées par la transparence et la performance portées par les valeurs libérales et démocratiques. Dans le second cas, les règles et les techniques comptables ont été remodelées en effet, il y a eu une consolidation des règles classiques,

---

[820] Léon Duguit, *Les transformations du droit public*, Paris, Armand Colin, 1913, p.IX.

notamment celles qui concernent l'ordonnateur et celles qui concernent le comptable.

Cependant, au-delà de tous les efforts effectués en vue de donner à la comptabilité publique des supports solides pour une meilleure efficacité, il se trouve que ces transformations sont limitées et donc perfectibles. La situation apparaît donc comme étant assez contrastée. D'une part, des évolutions très importantes sont intervenues depuis le début du siècle et sont encore en cours de déploiement. D'autre part, il semble que ces réformes, qui ne sont pas remises en cause, ne permettent pas de répondre complètement aux interrogations sur la situation des finances publiques. Cela est probablement dû à deux causes différentes. La première est que la nature même de l'action publique rend difficile l'application complète de la logique comptable. La seconde est que la multiplicité des enjeux touchant la situation des entités publiques et la diversité des réponses apportées au cours de l'histoire a conduit à multiplier les normes et les modèles, ce qui complexifie une consolidation des données pour obtenir une vue d'ensemble.

L'avènement de la logique gestionnaire a profondément reformé la superstructure des finances publiques à travers notamment : l'avènement d'une budgétisation par programme ; la consécration d'une comptabilité patrimoniale et d'exercice ; l'évolution des fonctions d'ordonnateur, de comptable et de contrôleur financier ; et la mise en place de dispositifs de mesure de la performance. Il en résultera cependant une modification du rôle du comptable public, dont la mission est entendue à la tenue des comptes. La question est celle des conséquences de ces modifications, à terme sur le contrôle juridictionnel.

La comptabilité publique a été érigée dès l'origine en bureaucratie chargée d'endiguer l'État au nom d'une distinction forte, héritée du libéralisme du XIXe siècle, entre gestion publique et gestion privée, entre missions régaliennes du secteur public et liberté d'initiative du secteur privé. La spécificité bureaucratique de l'action administrative se trouve fortement remise en cause en même temps que l'État est amené à déborder les limites qu'il s'était fixées.

Centralisation, clivage affirmé entre secteur public et secteur privé, caractère exorbitant du droit public, primat des règles juridiques et culture de la défiance de l'administration envers ses propres agents sont les traits propres au système de gestion des finances publiques camerounais. À ce titre, il apparaît bien différent des modes de gestion du secteur privé. Aussi la gestion des finances publiques qu'incarne la comptabilité publique a-t-elle subi la conversion à l'intervention de l'État dans l'économie.

En définitive, l'opposition relevée entre droit et gestion tient plutôt à des moments de l'histoire : sur un demi-siècle, le secteur public a tendu à afficher sa différence au nom du droit. En sens contraire, depuis cinquante ans, il cherche à s'extraire de sa gangue juridique au nom des principes gestionnaires managériaux issus du privé. L'opposition droit/gestion se développe plus sur le registre idéologique, doctrinal, voire fétichiste, qu'elle ne s'inscrit dans le domaine pragmatique de la réalité telle qu'elle fonctionne et évolue sur le terrain. Reste qu'après 2007, la place relative du « *juridique* » dans la gestion des finances publiques s'est sensiblement modifiée. Moins qu'une limite à l'action administrative, le droit public en est devenu une modalité, certes importante, mais non plus exclusive dans le cadre d'une figure nouvelle de l'État régulateur socio-économique et d'une réduction de l'asymétrie traditionnelle public/privé. Aussi, pourrait-on suivre l'hypothèse de Jacques Caillosse lorsqu'il écrit : « *le droit administratif n'a pas seulement changé de forme ou de registre, il a changé d'identité* »[821]. Sans doute y a-t-il là matière à cristalliser un consensus innovant entre conceptions juridico-gestionnaires et conceptions managériales des finances publiques.

L'évolution du droit de la comptabilité publique au Cameroun montre ainsi la volonté de défendre l'existence d'un droit de la comptabilité publique spécifique au Cameroun. Ce dernier a donc évolué vers un droit juridiquement plus précis, sanctionné et de force obligatoire, de reconnaissance et de sources nationales publiques ; autrement dit, un droit dur. Nous avons observé que le langage comptable se précise.

Cette évolution semble le résultat du développement du droit international de sources privées, de reconnaissance grandissante (poids des marchés financiers). Il est reconnu par tous que le droit de la comptabilité au Cameroun a été influencé par le droit communautaire CEMAC et le droit comptable international.

À cet égard, *la comptabilité publique* se lit comme un point de repère important dans la compréhension de l'évolution de la gestion des finances publiques. /-

---

[821] CAILLOSSE (J.), *La constitution imaginaire de l'administration,* Paris, PUF, 2008, p. 407.

POSTFACE

L'écriture d'une postface peut, a priori, sembler plus évidente que celle d'une préface, mais aussi beaucoup moins utile. Car que peut-on ajouter sans être superflu ou redondant, si l'auteur lui-même (comme c'est le cas ici) a déjà fait ce qu'il fallait pour traiter abondamment et précisément son objet : la situation de la comptabilité publique au Cameroun saisie par une avalanche de transformations contemporaines ?

J'ajoute qu'écrire une postface dans la posture où me mettent actuellement mes fonctions de Recteur de l'Université de Garoua est certes une activité, à plus d'un titre, digne d'intérêt, mais assurément une opération délicate pour le gestionnaire de crédits que je suis.

Mais point de doute !

En répondant favorablement à la sollicitation du jeune fonctionnaire du ministère des Finances, Monsieur Hamadou Issa, je me trouve dans le plein exercice de la mission que le chef de l'État, son Excellence Paul Biya, a bien voulu me confier. Cette mission est celle d'un apôtre de la nouvelle gouvernance universitaire. J'essaie humblement de m'y atteler, cela à un double titre au moins :

Primo, en tant que Professeur de droit public, je me réjouis des résultats produits par mon étudiant d'hier, lequel a su tirer son épingle du triptyque des missions qui me sont assignées à savoir : l'enseignement, la recherche et l'appui au développement.

Secundo, en tant que recteur d'une université d'État, il ne peut m'échapper que la comptabilité publique constitue une étape particulièrement importante dans la gestion des crédits auxquels je dois me soumettre quotidiennement, selon la politique financière définie par le chef de l'État et mise en œuvre par le ministre des Finances.

Toutes ces raisons énoncées, il me semble opportun de remercier Monsieur Hamadou Issa pour l'étude qu'il a menée sur les transformations de la comptabilité publique, lesquelles apparaissent comme l'une des grandes problématiques contemporaines des finances publiques dans les États en développement. Partant du postulat de la crise de la « ***déresponsabilisation*** » des ministères techniques générée par la centralisation excessive du pouvoir exécutif, perçue comme trait dominant du dispositif institutionnel des États d'Afrique noire au sud du Sahara, il s'est investi dans la recherche d'un meilleur pilotage des finances publiques, afin d'améliorer la gouvernance financière des États d'Afrique au sud du Sahara. Ceux-ci ont dû procéder à de nombreuses réformes qualifiées de « *nouvelle gestion* » dans le domaine de la comptabilité publique. Ces transformations n'en soulèvent pas moins plusieurs types de questions. Leur objet est-il d'alléger les règles ? d'améliorer leur qualité ? ou de renforcer leur efficacité ?

À cette grille d'interrogations offrant un champ d'analyse assez ambitieux, Hamadou Issa n'a pas hésité à synthétiser l'ensemble des transformations de la comptabilité publique autour de deux mouvements d'ensemble, somme toute caractérisés par une logique d'ambivalence.

D'une part, les transformations formelles mettant en exergue des cadres normatifs et structurels qui prennent en compte les réalités d'un État de droit en quête de performance financière et s'arrimant aux exigences inhérentes à une construction communautaire soucieuse de l'assainissement des comptes publics. De fait, entre l'adoption de normes comptables internationales, leur adaptation aux normes comptables nationales, l'utilisation de systèmes informatisés de gestion financière et la mise en place de cadres règlementaires plus stricts, il est possible de percevoir le désir du législateur de réduire les erreurs sans occulter l'appendice d'un gain d'efficacité dans le traitement des transactions. Un tel contexte faisant le larron, il apparaît donc plus urgent que les décideurs publics se saisissent de leurs prérogatives, notamment en matière financière, afin d'améliorer l'environnement économique et financier, en évitant le gaspillage des recettes publiques pour des dépenses non prévues.

D'autre part, des transformations matérielles sont observées sur le triple plan théorique, épistémologique et technique de la comptabilité publique. Elles rendent nettement compte d'une inclinaison de la comptabilité publique vers la transparence, supplantant en cela les impératifs de régularité et de conformité des opérations comptables. Cela s'ajoute à l'avènement de la logique gestionnaire, qui a profondément réformé la superstructure des finances publiques à travers notamment quelques piliers. Ces piliers sont l'orientation posée par une budgétisation par programme, la consécration d'une comptabilité patrimoniale et d'exercice, l'évolution des fonctions d'ordonnateur, de comptable et de contrôleur financier et la mise en place de dispositifs de mesure de la performance. Il en résultera cependant une modification du rôle du comptable public, dont la mission est étendue à la tenue des comptes.

Après avoir relevé toutes ces figures, l'ouvrage de Hamadou Issa aboutit néanmoins au résultat que, malgré les efforts consentis en vue de donner à la comptabilité publique des supports solides pour une meilleure efficacité, les transformations auxquelles cette comptabilité a été jusqu'ici sujette demeurent limitées et perfectibles. Mais, quoi qu'il en soit, les transformations du droit de la comptabilité publique au Cameroun augurent de la volonté du jurislateur de défendre l'existence d'un droit plus précis et jouissant d'un paysage beaucoup plus stable, au grand bénéfice des politiques publiques nationales. Ce qui est particulièrement intéressant aussi bien pour les chercheurs que pour les politiques nationales.

Et comme la fonction de postface est d'ouvrir plus largement les horizons révélés par le livre, au-delà de ce dont pouvait rêver l'auteur lui-même, nous ne devons pas hésiter à nous élever des transformations inhérentes à la comptabilité publique comme des finances publiques à l'avenir du patriotisme et de la construction nationale. Qu'on nous permette donc une brève méditation politique sur l'avenir.

Que la comptabilité publique, mue par le souci de transparence et de performance, vienne en soutien à la construction de la République une et indivisible du Cameroun, articulée autour des idéaux d'unité, de paix et de cohésion nationale chers à nos pairs. Que la diversité linguistique et culturelle perçue comme un élément de la personnalité de notre peuple puisse contribuer au renouvellement d'une gestion financière bénéfique à tous et que le mécanisme de la comptabilité publique permette, par le biais des transformations qu'elle a subies, de rétablir la confiance entre les gouvernants et les gouvernés.

En un mot, nous devons remercier monsieur Hamadou Issa, dont la réflexion nous inspire à passer résolument d'une gestion axée sur les moyens à une gestion orientée vers les résultats.

BOUBAKARI OUMAROU

Professeur Titulaire des universités-
Recteur de l'Université de Garoua

BIBLIOGRAPHIE

I- OUVRAGES

A) OUVRAGES GÉNÉRAUX

ABEGA (Séverin Cécile), *Société civile et réduction de la pauvreté*, Yaoundé, Clé, 1999, 326 pages.

ADAM (François), FERRAND (Olivier), RIOUX (Rémy), *Finances publiques*, Paris, Dalloz, Coll. Amphi, 2010, 389 pages.

AKAKPO (M.), *Démocratie financière en Afrique occidentale francophone*, Cotonou-Benin, Friedrich ebert stiftung, 2015, 492 pages.

AMSELEK (Paul), *Brèves réflexions sur la notion de sources de droit*, Paris, Archives de philosophie de droit, Sirey, tome 27, 1982, 536 pages.

ARDANT (Philippe) MATHIEU (Bertrand), *Droit constitutionnel et Institutions politiques*, Paris, L.G.D.J, Coll. Manuel, 31e éd., 2019 Ŕ 2020, 640 pages.

ATIAS (Christian), *Épistémologie juridique*, Paris, PUF, Collection droit fondamental, 1985, 240 pages.

AUBY (Jean Bernard), *La globalisation, le droit et l'État*, Paris, LGDJ, 2e éd., 2010, 264 pages.

AYOUN N'DAH, *Moderniser l'État africain,* Paris, Les éditions du CERAP, 2003, 299 pages.

BARILARI (André), *Les contrôles comptables, administratifs et juridictionnels des finances publiques*, Paris, LGDJ, Coll. Systèmes, 2003, 386 pages.

BAYART (Jean François*), L'État au Cameroun*, Presses de la fondation nationale des sciences politiques, 1985, 400 pages.

BERGEAL (Catherine), *Rédiger un texte normatif, Manuel de légistique,* Paris, Coll. Le –Levrault, 7e éd., 2012, 256 pages.

BERGEL (Jean-Louis), *Théorie générale du droit*, Paris, Dalloz, Coll. Méthodes du droit, 5e éd., 2012, 399 pages.

BIDIAS (Benjamin), *Les finances publiques du Cameroun*, Yaoundé, Édition BB, 1982, 550 pages.

BOZIO (Antoine), BRENET (Julien) (dir.) *Économie des politiques publiques*, Paris, La Découverte, Coll. Repères, 2010, 412 pages.

BURCKEL (V.) et DE CREMIERS (C.), *Histoire de la Comptabilité publique,* Paris, Economica, 1997, 790 pages.

BURDEAU (Georges), *Traite de Science politique*, Paris, L.G.D.J, Tome 1 : Le pouvoir politique, 2e éd., 1966, 634 pages.

BURDEAU (Georges), Hamon (François), TROPER (Michel), *Droit constitutionnel,* Paris, L.G.D.J, 24e éd., 1995, 730 pages.

CAILLOSSE (Jacques), HARDY (Jacques), *Droit et modernisation administrative*, Paris, La documentation française, 2000, 192 pages.

CARREAU (Dominique) et COMBACAU (Jean), *Institutions et relations internationales,* Paris, PUF, Thémis, 2003, 466 pages.

CHEVALIER (Jacques), *L'État post-moderne,* Paris, L.G.D.J., Coll. Droit et société, 2003, 410 pages.

CUNY (Olivier), *La gouvernance économique et financière internationale*, Paris, Montchrestien, Coll. Clefs/Politique, 2006, 481 pages.

DELMAS-MARTY (Mireille), *Le pluralisme ordonné,* Paris, Seuil, Coll. La couleur des idées, 2006, 322 pages.

DIOUBATE (Badara), *La Banque mondiale et les pays en développement, de l'ajustement structurel à la bonne gouvernance*, Paris, L'harmattan, 2009, 298 pages.

DUGUIT (Léon), *Traité de droit constitutionnel*, Paris, E. Boccard, Tome 1, 1927, 754 pages.

EYEBE AYISSI (Henri), *La protection de la fortune publique au Cameroun*, Coll. Doctrine Juridique Africaine et Malgache, Éditions le Kilimandjaro, 2013, 529 pages.

FABRE (Francis. J), FROMENT-MEURICE (Anne), BERTUCCI (Jean-Yves), GROPER (Nicolas), *Les grands arrêts de la jurisprudence financière*, Paris, Dalloz, 2007, 5e édition, 590 pages.

COZIAN (Maurice), GAUDEL (Pierre-Jean), *La comptabilité racontée aux juristes*, Paris, Litec, litec fiscal, 2006, 593 pages.

FAVOREU (Louis), GAÏA (Patrick), GHEVONTIAN (Richard), MESTRE (Jean Ŕ Louis), PFERSMANN (Otto), ROUX (André), SCOFFONI (Guy), *Droit constitutionnel*, Paris, Dalloz, 16e éd. 1070 pages.

GENY (François), *Science et technique en droit privé positif : nouvelle contribution à la critique de la méthode juridique*, 2e édition, Paris, LGDJ, 1922, 358 pages ;

GONIDEC (Pierre François), *Les systèmes politiques africains, Les nouvelles démocraties*, Paris, LGDJ, 1997, 410 pages.

GREFFE (Xavier), *Économie des politiques publiques*, Paris, Dalloz, Coll. Précis de sciences économiques, 1997, 305 pages.

GRISTI (Eric), *La réforme de l'État*, Paris, Vuibert, Coll. Droit public, 2007, 279 pages.

ISAAC (Guy), BLANQUET (M), *Droit communautaire général*, Paris, Armand Colin. 2001, 308 pages.

ISAIA Henri et SPINDLER Jacques (études coordonnées) : *Histoire du droit des finances,* Paris, Economica, 1987, 480 pages.

KAMTO (Maurice), *Pouvoir et droit en Afrique. Essai sur les fondements du constitutionnalisme dans les États d'Afrique noire francophone*, Paris, LGDJ, 1987, 560 pages.

KELSEN (Hans), *Théorie générale des normes*, Paris, P.U.F., 1996, 604 pages.

KELSEN (Hans), *Théorie pure du droit*, Traduction française, Charles Eisenmann, Paris, Dalloz, 2e éd., 1962, 496 pages.

L'HERITEAU (P), *Le FMI et les pays du tiers monde*, Paris, Presses universitaires de France, I.E.D.E.S., collection tiers monde, 1986, 360 pages.

MONS (Nathalie), EMIN (Jean-Claude), SANTANA (Philippe), *Le pilotage par les résultats, un défi pour demain, CNDP,* Paris, Profession cadre service public, 2009, 135 pages.

MOREAU DEFARGES (Philippe), *La mondialisation,* Paris, PUF, coll. Que sais-je ?, n° 1687, 2001, 128 pages.

NGONGO (Louis Paul), *Histoire des institutions et des faits sociaux, Paris,* Berger-Levrault, 2e édition, 2009, 270 pages.

ONDOA (Magloire) (dir.), *L'administration publique camerounaise à l'heure des réformes,* Yaoundé, L'Harmattan, 2010, 320 pages.

ONDOA (Magloire), *Introduction historique au Droit camerounais : La formation initiale. Éléments pour une théorie de l'autonomie des droits africains*, coll. Doctrine Juridique Africaine et Malgache, E.D.L.K, 2013, 319 p.

ONDOA (Magloire), ABANE ENGOLO (Edgard Patrick) (dir.), *Les fondements du droit administratif camerounais*, l'Harmattan, 2016, 342 p. ;

ONDOUA BIWOLE (Viviane), *La budgétisation par programme en Afrique subsaharienne, entre balbutiements et résistances*, coédition Eburnie Abidjan et CLE, Yaoundé, 2015, 279 p. ; PHILIP (Loïc), *Constitution et finances publiques*, Paris, Economica, 2005, 622 pages. ;

SAMBA THIAM, *Introduction historique au droit en Afrique*, Paris, L'Harmattan, 2011, 289 pages.

SINDJOUN (Luc), *Sociologie des relations internationales africaines*, Paris, Karthala, 2002, 252 pages.

TOUNA MAMA (Ernest), *L'économie camerounaise : pour un nouveau départ*, Yaoundé, Afredit, janvier 2009, 472 pages.

TOUNA MAMA (Ernest), *Crise économique et politique de dérèglementation au Cameroun,* Paris, l'Harmattan, 1996, 225 pages.

TROPER (Michel), *Pour une théorie juridique de l'État*, Paris, PUF, collection Léviathan, 1994, 360 pages.

TROPER (Michel), *La philosophie du droit*, Paris, P.U.F, Coll. « Que sais-je ? », 3e éd., 2011, 126 pages.

VALENTIN (Vincent), *Les conceptions néolibérales du droit*, Paris, Economica, Coll. « Corpus Essai », 2002, 385 pages.

B) OUVRAGES SPÉCIALISÉS

- Ouvrages de Méthodologie

BEAUD (Michel), *L'art de la thèse*, Paris, Nouvelle édition, La Découverte, 2006, 202 pages.

GRAWITZ (Madeleine), *Méthodes des sciences sociales*, Paris, Dalloz, 2001, 11e éd., 1019 pages.

MACE (Gordon), PETRY (François), *Guide de l'élaboration d'un projet de recherches en sciences sociales*, Laval, P.U.L, 2000, 134 pages.

OLIVIER (Lawrence), BEDARD (Guy), FERRON (Julie), *L'élaboration d'une problématique de recherche*, Paris, l'Harmattan, Coll. Logiques sociales, 2005, 99 pages.

QUIVY (Raymond), CAMPENHOUDT (Luc Van), *Manuel de recherche en sciences sociales*, Paris, Dunod, 1995, 2e éd., 287 pages.

BERGEL (Jean-Louis), *Méthodologie juridique*, Paris, PUF, 2001, 407 pages.

BERGEL (Jean-Louis.), *Méthodes du droit. Théorie générale du droit,* Paris, Dalloz, 1989, 2e éd., 602 pages.

JAILARDON (Edith), ROUSSILLON (Dominique), *Outils pour la recherche juridique. Méthodologie de la thèse de Doctorat et du mémoire de Master en Droit*, Éditions des archives contemporaines et Agence universitaire de la francophonie, 2010, 1984 pages.

- Ouvrages de Finances publiques

ADANS (Bernard), GILLES (William), *Quel comptable pour les comptes publics au XXIe siècle* ? Paris, FONDAFIP, juillet 2010, 80 pages.

ALLIX (Edgar), *Traité élémentaire de science des finances et de la législation financière*, Paris, Rousseau, 6e édition, 1931, 1172 pages.

AKHOUNE (Farhana), *Le statut du comptable en droit public financier*, Paris, L.G.D.J, 2008, 467 pages.

ALBERT (Jean-Luc), *Finances publiques*, Paris, éd. Cujas, 2006, 370 pages.

ALBERT (Jean-Luc), *Fiscalité et développement*, Paris, Dalloz, 2017,10 e éd. 271 pages.

ALIBERT (Raphael), *Le contrôle juridictionnel de l'administration au moyen du recours pour excès de pouvoir*, Paris, Payot, 1926, 391 pages.

ATEBA OMBALA (Marc), *Le contrôle juridictionnel des comptes de la Communauté économique et Monétaire de l'Afrique Central*e, Yaoundé, éd., SOPECAM, 2007, 247 pages.

BARILARI (André), BOUVIER (Michel), *La LOLF et la nouvelle gouvernance financière de l'État*, Paris, LGDJ, coll. Systèmes, 2010, 3e éd., 261 pages.

BARILARI (André), BOUVIER (Michel), *La nouvelle gouvernance financière de l'État,* Paris, LGDJ, 2004, 207 pages.

BARILARI (André), *Les contrôles financiers, comptables, administratifs et juridictionnels des finances publiques*, Paris, LGDJ, 2003, 243 pages.

BAUDU (Aurélien), *Droit des Finances publiques*, Paris, Dalloz, Coll. Hypercours, 2021, 3e édition, 956 pages.

BIDIAS (Benjamin), *Les finances publiques du Cameroun*, 2e édition, GB3, Yaoundé, 1982, 1043 pages.

BILOUNGA (Steve Thierry), *Finances publiques camerounaises, budgets, impôts, douanes, comptabilité publique*, Paris, L'Harmattan, 2020, 720 pages.

BRIGAUD (Frederic), UHER Vincent, *Finances publiques*, Paris, Armand colin, 2017, Coll. Horizon, 458 pages.

BOUONY (Lazhar), TOURNIE (Gérard), *Les finances publiques : instruments des politiques publiques*, Presses universitaires de Toulouse, 1998, 266 pages.

BOUVIER (Michel), *Les finances locales*, Paris, LGDJ, 1999, 6e éd, 194 pages.

BOUVIER (Michel), *Les finances locales*. Paris, LGDJ, 2013, 12e éd, 239 pages.

BOUVIER (Michel) (dir.), *Réforme des finances publiques, démocratie et bonne gouvernance*, actes de la 1re université de printemps des finances publiques du GERFIP, Paris, LGDJ, 2004, 415 pages.

BOUVIER (Michel), ESCLASSAN (Marie-Christine), LASSALE (Jean-Pierre), *Finances publiques*, Paris, L.G.D.J., 18e édition, 2018, 812 pages.

BURLAUD (Alain) (dir.), *Comptabilité et droit comptable. L'intelligence des comptes et leur cadre légal*, Paris, Gualina éditeur, 1998, 740 pages.

COLASSE (Bernard), *Comptabilité générale*, Paris, Economica, 2003, 8e éd, 487 pages.

COLASSE (Bernard), *Les fondements de la comptabilité*, Paris, La découverte, collection repères, 2007, 549 pages.

CONAC (Gérard) et DE GAUDUSSON (Jean du Bois), *Les Cours suprêmes en Afrique*, Tome 3, La jurisprudence administrative, Paris, Economica, 1988, 388 pages.

COZIAN (Maurice), GAUDEL (Pierre-Jean), *La comptabilité racontée aux juristes*, Paris, Litec, litec fiscal, 2006, 593 pages.

DAMAREY (Stephanie), *Droit public financier : finances publiques, droit budgétaire, comptabilité publique et contentieux financier*, Paris, Dalloz, 2018, 1re édition, 1193 pages.

DAMAREY (Stephanie), *Exécution et contrôle des finances publiques*, coll. Fac-universités, Gualino éditeur, 2007, 689 pages.

DAMAREY (Stephanie), *Droit de la comptabilité publique*, Paris, Lextenso, Gualino, éditeur, 2017, 147 pages.

DEMBA BA (Boubacar), *Finances publiques et gestion par la performance dans les pays membres de l'UEMOA. Étude du cas du Sénégal*, Paris, l'Harmattan, 2015, 418 pages.

DEMEESTRE (René), *Le contrôle de gestion dans le secteur public*, Paris, L.G.D.J, coll. Systèmes, 2005, 2e éd., 224 pages.

DESCHEEMAEKER (Christian) (dir.), *Les risques de la gestion financière des collectivités locales*, Paris, Dexia et Imprimerie nationale, coll. Action locale, 2001, 814 pages.

DEVAUX (Gilbert), *La comptabilité publique, tome1, Les principes*, Paris, Presses universitaires de France, 1956, 909 pages.

DEVAUX (Gilbert), *La comptabilité publique, tome 2*, Paris, Presses universitaires de France, 1957, 702 pages.

DI QUAL (Lino), *Droit de la comptabilité publique*, Paris, Armand Colin, 1971, 522 pages.

DUPUIS (Jean), *Le contrôle de gestion dans les organisations publiques*, Paris, PUF, 1991, 170 pages.

FABRE (Jean François), *Le contrôle des finances publiques*, Paris, PUF, l'Économiste, 1968, 204 pages.

FABRE (Jean François), *Les grands arrêts de la jurisprudence financière*, Paris, Dalloz, 2007, 5e éd., 590 pages.

FARHANA AKHOUNE, *Le statut du comptable en droit public financier*, Paris, LGDJ, 2008, 486 pages. ;

GILLES (William), *Les principes budgétaires et comptables publics*, Paris, LGDJ, coll. systèmes, 2009, 248 pages.

GIRAUD (François) (dir.), *Contrôle de gestion et pilotage de la performance*, Paris, E.J.A, éd., Gualino, 2004, 420 pages.

ISSA ABIABAG, *Le renouveau budgétaire au Cameroun*, Yaoundé, Presse universitaire Libre, 2013, 120 pages.

JEAN ANTOINE (Benoît), *Les normes constitutionnelles financières en droit français de 1789 à nos jours,* Paris, LGDJ, 2010, 593 pages.

KANKEU (Joseph), *La réforme de l'État par la performance*, Yaoundé, P.U.P, mars 2012, 208 pages.

KOTT (Sébastien) (dir.), *Droit et comptabilité, la spécificité des comptes publics*, Paris, Economica, 2017, 997 pages.

LAMARQUE (Danielle), *L'évaluation des politiques publiques locales*, Paris, LGDJ, coll. Systèmes, 2004, 215 pages.

LEKENE DONFACK (Etienne Charles.), *Finances publiques camerounaises.* Paris, Berger-Levraut, 1987, 689 pages,

LEVOYER (Loïc), *Finances locales*, Paris, Hachette, 2007, 159 pages.

MAESO (Robert), PHILIPS (André) et RAULET (Christian), Comptabilité financière, Paris, Dunod, 2005, 10e éd., 441 pages.

MAGNET (Jacques), *Éléments de comptabilité publique*, Paris, LGDJ, coll. Systèmes, 1996, 3e éd., 174 pages.

MAGNET (Jacques), *Les comptables publics*, Paris, LGDJ, coll. Systèmes - Finances, 1995, 151 pages.

MAGNET (Jacques), *Politique locale, la gestion de fait des deniers publics locaux*, Paris, LGDJ, 2000. 112 pages.

MAGNET (Jacques), VALLERNAUD (Louis), VUGHT (Thierry), *La Cour des comptes, les institutions associées et les chambres régionales des comptes*, Paris, Berger-Levrault, coll. les indispensables, 2007, 6e éd., 616 pages.

MATTRET (Jean-Bemard), *La nouvelle comptabilité publique*, Paris, LGDJ, 2010, 404 pages.

MATTRET (Jean-Bemard), *La comptabilité publique*, Paris, Bruylant, 2016, 397 pages.

MORDACQ (Frank), *La LOLF : un nouveau cadre budgétaire pour réformer l'État*, Paris, Dalloz, coll. Systèmes, 2006, 415 pages.

MORDACQ (Franck), *Les finances publiques*, Paris, PUF, coll. Que sais-je ? 128 pages, 2011. MORDACQ (Frank), *La réforme de l'État par l'audit*, Paris, LGDJ, coll. Systèmes, 2009, 209 pages.

MOUZET (Pierre), *L'essentiel des finances locales*, Paris, Gualino, Coll. Mémentos L.M.D, 2011, 6e éd., 125 pages.

MUZELLEC (Raymond), *Finances locales*, Paris, Dalloz, coll. Mémentos, 2005, 5e éd., 206 pages.

ONDOA (Magloire) et ABANE ENGOLO (Patrick Edgard) (dir.), *Les transformations contemporaines du droit public africain*, l'Harmattan, 2018, 222 pages. ;

ORSONI (Gilbert), *Cours élémentaires de la science des finances publiques et de la législation financière,* Paris, La Mémoire du droit, 2013, 432 pages.

PANCRAZI (Laurent), *Le principe de sincérité budgétaire,* Paris, L'Harmattan, 2012, 711 pages.

PIOLE (Guy), *Les Chambres régionales des Comptes*, Paris, LGDJ, coll. Politiques locales, 2007, 2e éd., 115 pages.

RAYNAUD (Jean), BERTUCCI (Jean-Yves), *Les juridictions financières*, Paris, PUF, 2003, 127 pages.

SALVA (Michel), *Inistion à la logique comptable*, Paris, Vuibert, 2015, 298 pages.

SIETCHOUA DJUITCHOKO (Célestin), *La chambre des comptes de la Cour suprême du Cameroun*, Yaoundé, Éditions le Kilimandjaro), 2016, 1re éd., 476 pages.

SY (Aboubakry), *La transparence dans le droit budgétaire de l'État en France*, Paris, LGDJ, 2017, 419 pages.

TROSA (Sylvie), *Le guide de la gestion par programme. Vers une culture du résultat,* Paris, Éditions d'Organisation, 2002, 240 pages.

TROTABAS (Louis) et COTTERET (Jean-Marie), *Droit budgétaire et comptabilité publique*, Paris, Dalloz, 1995, 5e éd., 420 pages.

- **Dictionnaires**

ANDRE-JEAN (Arnaud), *Dictionnaire de théorie et de sociologie du droit*, Paris, L.G.D.J, 1993, 1456 p.

AVRIL (Pierre) et GICQUEL (Jean), *Lexique de droit constitutionnel,* Paris, PUF, coll. Que sais-je ? 2000, 4e édition, pages ?

BEITONE (Alain), CAZORLA (Antoine), DOLLO (Christine), DRAI (Anne Mary), *Dictionnaire de science économique*, Paris, Armand Ŕ Colin, 4e éd., 2013, 523 pages.

COHEN (Elie), *Dictionnaire de gestion,* 3e édition, collection Grands repères, 3e édition, Découverte, 2000-2001, 416 pages.

CORNU (Gérard), *Vocabulaire juridique*, Paris, PUF, 2011, 9e éd., 1095 pages.

DE VILLIERS (Michel), *Dictionnaire du droit constitutionnel*, Paris, Armand Colin, 2003, 1279 pages.

DENQUIN (Jean Marie), *Vocabulaire politique*, Paris, PUF, 1997, 127 pages.

GRAWITZ (Madeleine), *Lexique des sciences sociales*, Paris, Dalloz, 8e édition, 2004, 419 pages.

DUHAMEL (Olivier), MENY (Yves), *Dictionnaire constitutionnel*, PUF, Paris, 1992, 1112 pages.

Dictionnaire Hachette, 2011, 2096 pages.

LASSEGUE (Pierre), *Lexique de comptabilité*, 6e édition, DUNOD, Paris, 2007, 767 pages.

LE DIVELLEC (Armel), DE VILLIERS (Michel), *Dictionnaire de Droit constitutionnel*, Dalloz Sirey, 2009, 384 pages.

Lexique des termes juridiques, 22e édition 2014-2015, Dalloz, 1057 pages.

PERCEBOIS (Jacques), ABEN (Jacques), EUZEBY (Alain), *Dictionnaire de finances publiques*, Paris, Armand Colin, 1995, 207 pages.

Petit Larousse illustré, édition Larousse, 2010, 1874 pages.

PHILIP (Loïc), *Dictionnaire encyclopédique de finances publiques*, Paris, Economica, 1991, 1480 pages.

SILEM (Ahmed), et alii, *Lexique d'Économie*, Paris, Dalloz, 11e éd., 2010, 856 pages

VAN LAN (Agathe), GONDOUIN (Géneviève), INSERGGUET-BRISSET (Véronique), *Dictionnaire du droit administratif*, Paris, Sirey, 5e éd., 2008, 440 pages.

II- THÈSES ET MÉMOIRES

A- THÈSES

ABA'A OYONO (Jean Calvin), *La compétence de la juridiction administrative en droit camerounais*, Thèse de doctorat en droit public, Université de Nantes, 1994, 510 pages.

AÏVO (Frédéric Joël), *Le Président de la République en Afrique noire francophone. Essai sur les évolutions institutionnelles de la fonction au Bénin, au Cameroun, au Gabon et au Togo*, Thèse de doctorat en droit, Université Jean Moulin-Lyon 3, 2006, 626 pages.

AKONO OLINGA (André), *L'apport de la performance au contrôle des finances publiques locales*, Thèse de Doctorat/Ph. D. en droit public, Université de Yaoundé II, 2020, 604 pages.

AKONO ONGBA (Sédena), *L'apport du juge administratif au droit fiscal au Cameroun,* Thèse pour le Doctorat/Ph. D. en droit public, Université de Yaoundé II, 2013, 654 pages.

BATIA EKASSI (Sandrine), *L'institution supérieure de contrôle des finances publiques au Cameroun*, Thèse de Doctorat/Ph. D. en droit public, Université de Yaoundé, II, 2020, 455 pages.

BATONON (Serge), *Les systèmes financiers publics des États de l'UEMOA à l'épreuve de la nouvelle gouvernance financière publique*, Thèse de doctorat en droit public, Université Paris 1 Panthéon Sorbonne, 2016, 533 pages.

BEGNI BAGAGNA, *L'harmonisation des politiques fiscales en zone CEMAC : esquisse de théorie du droit fiscal communautaire*, Thèse de doctorat de droit public, Université de Douala, 2012, 366 pages.

GILBERT (Karine), *La légistique au concret : les processus de rationalisation de la loi*, Thèse Université Paris II Panthéon Assas, 2007, 1462 pages.

BESSALA (Alain Georges), *Ajustement structurel et droit budgétaire camerounais : contribution à l'étude des Droits budgétaires des États africains sous ajustements structurels*, Thèse de Doctorat/Ph. D. en Droit public, Université de Yaoundé II, 2013-2014, 591 pages.

BIAKAN (Jacques), *L'expérience camerounaise de privatisation des entreprises publiques*, Thèse de Doctorat/Ph. D. en droit public, Université de Montpellier, 1994, 1994, 387 pages.

BILOUNGA (Steve Thiery), *La réforme du contrôle de la dépense publique au Cameroun*, Thèse de Doctorat/Ph. D. en Droit public, Université de Yaoundé II, 2008-2009, 467 pages.

BONNEVILLE (François), *Le système de la dette publique : pour une approche organique d'un phénomène social*, Thèse de Doctorat en droit public, Université Panthéon - Sorbonne-Paris I, 2017, 757 pages.

CATTEAU (Damien), *La LOLF et la modernisation de la gestion publique, la performance, fondement d'un droit public financier rénové*, Thèse pour le Doctorat en droit public, Université de Lille II, 2005, 556 pages.

DAMAREY (Stéphanie), *Juge administratif, juge financier*, Thèse de Doctorat en Droit public, Université de Lille 2, 1999, 538 pages.

DEMBA BA (BOUBAKAR), *Finances publiques et gestion par la performance dans les pays membres de l'UEMOA : le cas du Sénégal*, Thèse de Doctorat en droit, Université de Bordeaux, 2015, 572 pages.

DJEYA KAMDEM (Yves Gabriel), *La responsabilité des ordonnateurs dans le système financier public contemporain : étude comparée des droits camerounais et français*, Thèse de doctorat en droit public, Université de Lille, 2019, 615 pages.

DJONGOUE (Guy), *Qualité perçue de l'information comptable et décision des parties prenantes*, Thèse de doctorat en Gestion, Université de Bordeaux, 2015, 377 pages.

GOUDEM LAMENE (Berthelot), *L'information du parlement en droit budgétaire camerounais*, Thèse de Doctorat/Ph. D en Droit public, Université de Yaoundé II, 2013, 525 pages.

EBANGA (Nicodeme Ursule), *L'emprunt de l'État en droit public camerounais*, These de doctorat/Ph. D. en droit public, Université de Ngaoundéré, 2021, 612 pages.

KENNE TIWA (Patrick), *La réforme des finances publiques au Cameroun : analyse à partir du droit budgétaire et du droit de la comptabilité publique*, These de doctorat/Ph. D en droit public, Université de Douala, 2021, 601 pages.

KOTT (Sébastien), *Le contrôle des dépenses engagées : évolutions d'une fonction*, Paris, Thèse de Droit, Paris X Nanterre, 2001, tome 2, 585 pages.

KUREK (Aline), *Le juge financier, juge administratif*, Thèse de Doctorat en droit public, Université de Lille 2, 2010, 508 pages.

LOGMO MBELEK (Aaron), *Le Contrôle supérieur de l'État au Cameroun : une étude sociojuridique*, Thèse de Doctorat en Droit, Université de Yaoundé II, 2002, 261 pages.

MAL BOUBA (Abdoulaye), *L'ordonnateur en droit public financier au Cameroun*, Thèse de doctorat/Ph. D en droit public, Université de Yaoundé II, 2021, 531 pages.

MINKOE (Norbert Armel), *Les réformes des finances publiques en zone CEMAC : le cas du Cameroun*, Thèse de doctorat/Ph. D en droit public, Université de Yaoundé II, 2021, 442 pages.

MONGBAT ALASSA, *Finances publiques et finances privées au Cameroun*, Thèse de doctorat en droit public, Université de Dschang, 2017, 590 pages.

NDOUM ASSOAK (Polycarpe Julio), *Essai sur l'autonomie du contentieux financier des États francophones d'Afrique*, Thèse de doctorat/Ph. D en droit public, Université de Yaoundé II, 2021, 588 pages.

NGO MOMASSO (Minette), *Le contentieux des gestionnaires des crédits publics en droit public financier au Cameroun*, Thèse de Doctorat/Ph. D. en droit public, Université de Yaoundé, II, 2019, 386 pages.

NGONO TSIMI (Landry), *L'autonomie administrative et financière des collectivités territoriales décentralisées : l'exemple du Cameroun*, Thèse pour le Doctorat en Droit public, Université Paris-Est Créteil, Val-de-Marne, 2010, 560 pages.

NKOUAYEP LONG (Christ Papy), *Les pouvoirs parlementaires d'autorisation budgétaire en droit camerounais*, Thèse de Doctorat/Ph. D. en droit public, Université de Yaoundé II, 2018, 294 pages. ;

NYANGOE (Guy Arsène), *Le financement des budgets des personnes publiques par les titres publics en zones CEMAC et UEMOA*, Thèse de Doctorat/Ph. D. en droit public, Université de Yaoundé, II, 2019, 352 pages. ;

SANDIO KAMGA (Arrnel Habib), *L'établissement public en droit administratif camerounais,* Thèse de Doctorat/Ph. D en droit public, Université de Yaoundé II, 2014, 400 pages.

DIEBOLT (Serge), *Le droit en mouvement : Éléments pour une compréhension constructiviste des transformations complexes des systèmes juridiques*, Thèse de Doctorat en Droit, Université de Paris X-Nanterre, 2000, 698 pages.

TENKEU (Victor Aurélien), *La qualité d'ordonnateur du budget des communes en finances publiques locales au Cameroun*, Thèse de doctorat/Ph. D en droit public, Université de Dschang, 2018, 423 pages.

NGUIMFACK VOUFO (Théophile), *La notion des comptes publics*, Thèse de doctorat/Ph. D en droit public, Université de Dschang, 2018, 520 pages.

THEBAULT (Stéphane), *L'ordonnateur en droit public financier*, Paris, L.G.D.J, Thèse de droit, Paris 1, Bibliothèque de finances publiques et fiscalité, tome 47, 2007, 387 pages.

B- MÉMOIRES

BELKE NDONEMO (B.), *Libéralisation financière et croissance économique au Cameroun*, Mémoire Master en science économique, Université de Ngaoundéré, 2017, 86 pages.

DEMERS-LABROUSSE (N.), *La démocratie en Afrique subsaharienne : Le cas du Cameroun*, Mémoire en vue de l'obtention du diplôme de maîtrise en sciences politiques, Université de Sherbrooke, 2012, 103 pages.

ESSONO EDOU (A. G.), *La lutte contre la criminalité financière au Cameroun*, Mémoire de DEA, Université de Yaoundé II, 2012, 148 pages.

ETONG (Armelle Chanceline), *La notion de sincérité budgétaire en droit camerounais*, mémoire de master en droit public, Université de Yaoundé II, 2015, 103 pages.

EVINA OBAM (Richard), *L'intégration du pilotage de performance en finances publiques camerounaises*, Mémoire de Master en Administration publique, C.I.L E. N. A, 2003-2004, 87 pages.

FOUDA (Jean Charles), *La chambre des comptes et la protection de la fortune publique au Cameroun*, Mémoire de Master II en droit public, Université de Yaoundé II, F.S.J.P, 2014, 167 pages.

FOUEGOUM (S.), *L'efficacité des entreprises publiques comme instrument de politique économique au Cameroun*, mémoire de Maîtrise en sciences économiques, Université de Yaoundé, 1987, 90 pages.

GWOS (Julie), *L'encadrement juridique du contentieux de la sincérité des comptes au Cameroun*, Mémoire de Master, Université de Yaoundé II, 2014, 104 pages.

JACOB (Martin), *La transparence dans les finances locales*, Mémoire en vue de l'obtention du DEA de Droit public Général, Mention Droit public financier, Université de Lille 2, 2001-2002, 91 pages.

KOUMDA AYISSI (A. R.), *Quelle place pour le contrôle financier dans la chaîne des dépenses publiques au Cameroun ?* Mémoire de Master en Administration et finances publiques, Université de Strasbourg, 2015-2016, 86 pages.

LAUWERS (Michel), *La pénétration des normes internationales de gestion publique dans les législations nationales. L'exemple de la France*, Mémoire de D.E.A, Paris 1, 2003 - 2004, 119 pages.

LEJOUR (B.), *Du contrôle budgétaire et financier au contrôle de gestion dans les collectivités locales*, Mémoire de DESS, Institut d'Études politiques de Lyon, 2003, 94 pages.

MALLA (A. D.) *Le principe de sincérité dans l'élaboration du budget programme au Cameroun*, Mémoire de Master en Droit public, Université de Yaoundé II, 2015, 118 pages.

MOUAFO NGATOM (Hervé), *L'initiative PPTE et lutte contre la pauvreté au Cameroun : une analyse sociologique*, Mémoire de DEA en Sociologie, Université de Yaoundé 1, 2007, 157 pages.

MBAN SIEL (Luc Calvin), *Les contributions financières du Cameroun aux organisations internationales*, mémoire de master en droit public, Université de Yaoundé II, 2015, 111 pages.

NANKAM (Armand), *L'apport de la chambre des comptes au parlement en matière de contrôle des finances publiques au Cameroun*, Mémoire de Master II en Droit public, Université de Yaoundé II, 2014-2015, 112 pages.

NSANG ÉMANE (Martin), *L'évolution de la gestion budgétaire et comptable de l'État français sous la Ve République*, Mémoire de Master en Droit, École Nationale d'Administration, Université de Strasbourg, 2015, 91 pages.

ONDOUA EKOBENA (Jean Marie), *Les démarches de modernisation du système camerounais de contrôle des finances publiques*, Mémoire de Master en Administration publique, C.I.L, ENA, 2013, 100 pages.

SCHOUEL (Siméon Arris), *La nécessaire réforme du droit budgétaire camerounais*, Mémoire de Master en administration publique, C.I.L. ENA, Promotion Aristide Briand, 2006-2008, 86 pages.

TRAORE (M.), *Le principe de la séparation des ordonnateurs et des comptables*, Mémoire de Maîtrise en Droit, Université Gaston Berger de Saint Louis, 2008, 146 pages.

III- ARTICLES

ABANE ENGOLO (Patrick-Edgard), « La notion de qualité du droit », *R.A.D.P*, n° l, Vol. 1, Janvier-Juin 2013, pp. 87-110.

ABATE (Bernard), « La réforme budgétaire : un modèle de rechange pour la gestion de l'État ? », *R.F.F.P*, n° 82, juin 2003, pp. 45-64.

ABATE (Bernard), « La réforme budgétaire et les attentes de la nouvelle gestion publique », *R.F.F.P*, n° 77, 2002, pp. 34-43.

ABATE (Bernard), « Les indicateurs de performance pour budget de l'État », *in* BOUVIER Michel (dir.), *Réforme des finances publiques : démocratie et bonne gouvernance*, Paris, L.G.D.J, 2004, pp. 60-72.

ABATE (Bernard), « Les cibles de résultats sont-elles utiles pour mieux gérer l'État ? », *R.F.F.P*, n° 80, 2002, pp. 247-256.

ABOGHE ELA (René), « Le renforcement de la Cour des comptes au Gabon », *R.F.F.P*, n° 98, juin 2007, pp. 139-151.

ADHEMAR (Philippe), « L'émergence d'un référentiel financier et comptable international pour le secteur public », *R.F.F.P*, n° 80, 2002, pp. 61-64.

AGOSTINI (Eric), « La circulation des modèles juridiques », *R.I.D.C*, Vol. 42, n° 2, avril-juin 1990, pp. 461-467.

AKAKPO (Maxime), « Le contrôle de performance : comment et avec qui ? », *in,* MEDE (N.), *La LOLF dans tous ses états*, Actes du colloque du 13 au 14 février 2015, pp. 153-168, Centre des Publications universitaires, Université d'Aboney-cavi Benin, 2015,620 pages.

AKONO ONGBA SEDENA, « La distinction entre la faute de gestion et le détournement de deniers publics en droit camerounais », *R.A.S.J*, n° 1/2014, pp. 249-287.

ALBERT (Jean Luc), « Les principes en droit financier », *in,* CAUDAL (Sylvie) (dir.), *Les principes en droit*, Paris, Economica, 2008, pp. 221-232.

ALBERT (Jean-Luc), « La sincérité devant le juge financier », *R.F.F.P*, n° 111, septembre 2010, pp. 105-114.

ALIYOU SALI et ALASSA MONGBAT « Les transformations du droit de la comptabilité publique dans les États de la CEMAC et de l'UEMOA », *RADP*, n° 23, pp.173-214.

ALVENTOSA (Jean Raphael), « La certification des comptes », *in* Actes du colloque sur *La réforme du cadre juridique, pour une meilleure gestion des finances publiques au Cameroun*, Yaoundé, 11, 12 et 13 juillet 2001, pp. 50-53.

AMSELEK (Paul), « Peut-il avoir un État sans finances », *in Études de droit public*, 2009, pp. 661-675.

ALI MAHAMAT (Abdoul), « Présentation générale de la CEMAC : structures et attributions », Actes du séminaire sous-régional, Douala-Cameroun, 16-20 décembre 2013, GIRAF, 2013, pp.13-19.

BARILARI (André), « La réforme de la gestion publique, quel impact sur la responsabilité des acteurs » *R.F.F.P*, n° 92, novembre 2005, pp. 25-38.

BARILARI (André), « La mesure de la performance : les indicateurs », *in* BOUVIER (Michel) (dir.), *La bonne gouvernance des finances dans le monde*, Paris, L.G.D.J, 2006, pp. 279-281.

BARILARI (André), « La nouvelle gouvernance financière de l'État et l'évolution des dispositifs de contrôle », *Revue Trésor*, n° 6, 2005, pp. 275-279.

BARILARI (André), « Le pilotage et la cohérence de la réforme", *in* BOUVIER (Michel) (dir.), *Réforme des finances publiques : la conduite du changement*, Actes de la IIIe Université de printemps de finances publiques, Paris, L.G.D.J, 2007, pp. 17-22.

BARILARI (André), « Quelques réflexions sur le contrôle des fonds publics », *Revue Trésor*, n° 2, 2003, pp. 83-90.

BARILARI (André), « Réforme de la gestion publique et responsabilité des acteurs », *A.J.D.A,* n° 13, 4 avril 2005, p. 698.

BARILARI (André), « Vers la réforme de la responsabilité des gestionnaires publics », *A.J.D.A*, n° 13, 2005, pp. 686-702.

BEKOLO EBE (Bruno), « Dynamique nouvelle et sortie de crise au Cameroun », *Monde et développement*, Tome 20, n° 77/78, 1992, pp. 101-118.

BIPOUN WOUM (Joseph-Marie), « Le nouveau Cameroun politique », *RJP*, n° 3, juin 1983, 655 p.

BOUVIER (Michel), « Nouvelle gouvernance financière publique durable et conduite de la réforme budgétaire dans les pays en développement », *RFFP*, n° 98, juin 2007, pp. 160 et s.

BURLAUD (A.) et COLASSE (Bernard), « Normalisation comptable internationale : le retour du politique ? » *Comptabilité-Contrôle-Audit*, T16, Vol 3, décembre 2010, pp. 153-176.www.cairn.info, consulté le 5 mai 2021.

CAMDESSUS (Michel), « De bonnes nouvelles pour l'Afrique », *Finances et développement,* n° 4, Vol. 28, décembre 1991, pages ?

KONTCHOU KOUOMEGNI (Augustin), « Le droit public camerounais, instrument de construction de l'unité nationale », *RJPIC*, n° 4, octobre-décembre 1979. pp. 415-441.

CHAVAGNEUX (Christian), TUBIANA (Laurence), « Quel avenir pour les institutions de Bretton Woods ? Les transformations de la conditionnalité », in *Conseil d'analyse économique, Développement*, La documentation française, 2000, pp. 43-74.

CHEVALIER (Jacques), « La gouvernance et le droit », in *Mélanges Paul AMSELEK*, Bruxelles, Bruylant, 2005. pp.201-222.

De LAURENT (Catherine), « Les standards internationaux de la bonne gouvernance selon la Banquemondiale », in BOUVIER (Michel) *la bonne gouvernance des finances publiques dans le monde*, Actes de la IV Université de printemps de finances publiques, LGDJ, 2009.

DONFACK SOKENG (Léopold), « Bonne gouvernance, État de droit et développement. Approche critique de la réforme de l'État en Afrique », *Revue trimestrielle de droit et des activités économiques*, n° 2, avril - juin 2007, pp. 24-29.

DOUAT (Etienne), « Le particularisme de la procédure des juridictions financières », *R.F.F.P*, n° 106, avril 2009, pp. 19-38.

DUPRAT (Jean Pierre), « Les nouveaux enjeux du contrôle exercé par la Cour des comptes », *R.F.F.P*, n° 77, 2002, pp. 71-81.

DUPRAT (Jean Pierre), « La dynamique des réformes budgétaires : globalisation des problèmes, unifications des outils et adaptation nationale des solutions », *R.F.F.P*, n° 98, juin 2007, pp. 9-24.

DUPRAT (Jean Pierre), « Les transformations de la fonction d'ordonnateur », *R.F.F.P*, n° 100, novembre 2007, pp. 313-318.

DUSSART (Vincent), « Brèves réflexions sur la mise en œuvre de la loi organique relative à l'autonomie financière des collectivités territoriales », *R.F.F.P*, n° 100, novembre 2007, pp. 327-332.

EBOUSSI BOULAGA (Fabien), « Changement et mutation. Notes d'épistémologie appliquée », *in* KAMTO (Maurice) (dir.), *L'Afrique dans un monde en mutation. Dynamiques internes, marginalisation internationale ?* Afrédit, janvier 2010, pp. 19-49.

ELONGO KALIEU (Yvette Rachel), « L'organisation judiciaire du Cameroun », *in* ISSA SAYEGH (Joseph) (dir.), *Répertoire quinquennal OHADA 2006-2010*, Tome 1, pp. 93-122.

ENGOUTOU (Jean-Luc), « Le comptable local et le contrôle des opérations de dépenses des collectivités territoriales décentralisées au Cameroun », *R.A.D.P*, n° 07, Vol., IV, Juillet-Décembre 2015, pp. 149-164.

ESCLASSAN (Marie-Christine), « Sincérité et gouvernance financière publique : y a-t-il une sincérité financière publique spécifique ? », *R.F.F.P*, n° 111, septembre 2010, pp. 47-59.

ESCLASSAN (Marie-Christine), « Un phénomène international : l'adaptation des contrôles financiers publics à la nouvelle gestion publique », *R.F.F.P*, n° 101-mars 2008, pp. 29-41.

EYEBIYI (Hubert-Gustave), GARBA (Talahatou), « Finances locales et LOLF : la performance jusqu'au niveau décentralisé ? », *in* MEDE N. (dir.), *La LOLF dans tous ses états*, Actes du colloque national des 13 et 14 février 2015, Centre d'Études et de Recherches sur l'Administration et les Finances (CERAF), Université d'Abomey-Calavi, pp. 203-228.

FOUCHET (Robert), « Performance, service public et nouvelles approches managériales », *Politique et Management public*, vol., 17, n° 2, 1999, pp. 35-49.

FOUQUET (Olivier), « La Cour de discipline budgétaire et financière et l'évolution de la gestion publique », *R.F.F.P*, n° 92, novembre 2005, pp. 237-239.

FOURCADE (Jean-Pierre), « Quelle réforme des finances locales », *R.F.F.P*, n° 81, 2003, p. 21-26.

FRYDMAN (Benoît), « Le droit, de la modernité et la postmodernité », *Réseaux*, 2000, n° 88-90, pp. 67-76.

GAILLARD-SEBILEAU (Emilie), « La force normative du paradigme juridique », *in*, THIBIERGE (Catherine) et alii, (dir.), *La force normative. Naissance d'un concept,* Paris, L.G.D.J, Montchrestien, 2009, pp. 171-187.

GALLAND (Jean-Marc), « L'autonomie financière des collectivités locales : l'arlésienne du XXIe siècle ? », *R.F.F.P*, n° 81, 2003, pp. 73-75.

GAY (Laurence), « L'exigence d'efficacité de la norme, facteur d'un nouvel âge d'or du comparatisme dans la production juridique ? », *in,* FATIN-ROUGE STEFANINI (Marthe), GAY (Laurence), VIDAL- NAQUET (Ariane) (dir.), *L'efficacité de la norme juridique : nouveau vecteur de légitimité ?* Bruxelles, BRUYLANT, 2012, pp. 141-140.

GAZIER (Bernard), « Jalons pour une histoire des États face à la contrainte économique », *Pouvoirs*, n° 142, 2012, pp. 5-19.

GOUDEM LAMENE (Berthelot) « Les comptables publics dans le nouveau régime financier de l'État du Cameroun », in ONDOA (Magloire) (dir.), *l'administration publique camerounaise à l'heure des réformes*, L'Harmattan, Cameroun, 2010, pp. 275-308.

GUESSELE ISSEME (Lionel Pierre), « Répression des gestionnaires de crédits publics et nouveau code pénal camerounais », *RAFiP*, n° 6, 2019, pp. 9-36.

HERTZOG (Robert), « La réforme des collectivités territoriales : Une ambition financière », *R.F.A.P*, 2012/1, n° 141, pp. 121-137.

HERTZOG (Robert), « Vers une refondation des juridictions financières », *in, Revue Gestion et Finances publiques*, Actes du colloque des 1 et 2 décembre 2011, organisé par la Cour des comptes, 2012, pp. 113-120.

HERTZOG (Robert), « À la recherche d'une théorie du système financier public complexe », *in Constitution et finances publiques, Mélanges en l'honneur de Loïc PHILIP*, Paris, Economica, 2005, pp. 401-422.

HERTZOG (Robert), « La juridiction financière en mutation », *R.F.F.P*, n° 106, avril 2009, pp. 247-267.

HERTZOG (Robert), « Leçons apprises de la LOLF : un système en évolution, un parlement renforcé, mais indécis, un droit budgétaire dorénavant subordonné », *in,* ALBERT (Jean) (dir.), *Mélanges en l'honneur de Jean Pièrre LASSALE, Gabriel MONTAGNIER et Luc SAÏDJ : Figures lyonnaises des finances publiques*, Paris, L'Harmattan, 2012, p. 164.

HEUSCHLING (Luc), « « Effectivité », « efficacité », « efficience » et « qualité » d'une norme/du droit. Analyse des mots et des concepts », *in,* FATIN-ROUGE STEFANINI (Marthe), GAY (Laurence), VIDAL- NAQUET (Ariane) (dir.), *L'efficacité de la norme juridique : nouveau vecteur de légitimité ?* Bruxelles, BRUYLANT, 2012, pp. 27-59.

HURON (David), MARTY (Fréderic), SPINDLER (Jacques), « De la certification des comptes de l'État : principes, enjeux et difficultés », in, *R.F.F.P*, n° 100, pp. 135-143.

ISAÏA (Henri), « Évaluation des politiques publiques et appréciation de leur pertinence », *R.F.F.P*, n° 81, mars 2003, pp. 337-361.

KAMTO (Maurice), « Mondialisation et droit », Actes du colloque préparatoire sur le thème, *L'Afrique face aux défis de la mondialisation*, vol., 2, pp. 94-115.

KOTT (Sébastien), « Les prescriptions budgétaires et comptables dans les textes financiers », *R.F.F.P*, n° 86, avril 2004, pp. 57-74.

LAMBERT (Alain), « La nouvelle gouvernance financière : une réponse à la crise ? », *R.F.F.P*, n° 108-octobre, 2009, pp. 85-90.

LAMBERT (Alain), « Vers un modèle français de contrôle budgétaire ? », *Pouvoirs*, n° 134, 2010/3, pp. 47-57.

LAURENT (Cathérine), « Les standards internationaux de la bonne gouvernance selon la Banque mondiale », *in,* BOUVIER (Michel), *La bonne gouvernance des finances dans le monde,* pp. 23-32.

LAURENT (Martial), « Les réformes budgétaires vues par les institutions internationales », *in*, BOUVIER (Michel), *Réforme des finances publiques : La conduite du changement*, Actes de la IIIe Université de printemps de finances publiques, Paris, L.G.D.J, 2007, pp. 113-126.

LAURENT (Philippe), « La performance en gestion publique locale », *in*, BOUVIER (Michel), *Réforme des finances publiques : La conduite du changement*, Actes de la IIIe Université de printemps de finances publiques, Paris, L.G.D.J, 2007, pp. 239-242.

LEKENE DONFACK (Etienne Charles), « Constitution, Chambre des comptes, comptes publics en droit public financier camerounais », *RAFiP*, n° 12, 2022, pp. 7-38.

MBARGA NYATTE (Daniel), « Vers une maîtrise des finances publiques au Cameroun », *R.A.S.J*, vol., 6, n° l, 2009, pp. 307-339.

MEDE (Nicaise), « L'Afrique francophone noire saisie par la fièvre de la performance », *R.F.F.P*, n° 135, septembre 2016, pp. 349-357.

MERRIER (François-Xavier), « La nouvelle gestion publique, un concept mythique », *Lien social et politique* R.I.A.C, 41, 1999, pp. 95-103.

MIGAUD (Didier), « Mise en œuvre de la LOLF : Les évolutions dans les relations entre l'exécutif et le législatif », *R.F.F.P*, n° 82, 2003, pp. 27-36.

MIGAUD (Didier), « Un double objectif: modernisation de l'État et approfondissement de la démocratie », *R.F.F.P*, n° 76, 2001, pp. 9-14.

MOLINIER (Joël), « Sur la nature juridique des opérations financières », *in Études de finances publiques. Mélanges en l'honneur de Paul-Marie GAUDEMET*, Paris, Economica, 1984, pp. 405-420.

MORDACQ (Franck), « Les nouveaux modes de gestion en régime LOLF », *in,* BOUVIER (Michel) (dir.), *Innovations, créations et transformations en finances publiques*, pp. 31-44.

MORDACQ (Frank), « Modernisation et réforme de l'État, au service des finances publiques », *R.F.F.P*, n° 100, novembre 2007, pp. 303-312.

MOREAU (Jacques), « L'apport du contrôle des chambres régionales des comptes sur les collectivités territoriales au droit administratif français » *in,* Actes du colloque relatif au 25e anniversaire des chambres régionales des comptes, *Du contrôle des collectivités à l'évaluation des politiques publiques locales*, 24 mai 2007, pp. 6-16.

MORIN (Nathalie), « La nouvelle comptabilité de l'État, une dynamique partagée au service de la gestion publique », *R.F.F.P*, n° 93 ; février, pp. 10-11.

MORVAN (François), « Les aspects majeurs de la nouvelle gouvernance financière », *in,* BOUVIER, *Réforme des finances publiques, démocratie et bonne gouvernance*, Actes de la première Université du printemps du GERFIP, Paris, L.G.D.J, 2004, pp. 121-128.

MOYUM KEMGNI (Georgette), « La nouvelle gouvernance financière au Cameroun », *R.A.S.J*, vol., 8, n° 2, 2011, pp. 293-329.

MUZELLEC (Raymond), « Diagnostic du système financier camerounais », *in,* Actes du colloque sur *la réforme du cadre juridique, pour une meilleure gestion des finances publiques au Cameroun*, pp. 27-32.

NDONG SOUMHET (Benoît), « Plus de responsabilité », *in, La réforme du cadre juridique, pour une meilleure gestion des finances publiques au Cameroun*, Actes du colloque de Yaoundé, 11, 12 et 13 juillet 2001, pp. 128-135.

NGUECHE (Sylvie), « Le contrôle citoyen des finances publiques en droit camerounais », *RAFiP* ? n° 8, 2020, pp. 173-211.

NGUIMFACK VOUFO (Théophile), « La bonne administration de la justice dans la fonction jurisprudentielle de la Chambre des comptes de la Cour suprême au Cameroun », *RAFiP*, n° 11, 2022, pp.139-164.

NGUIMFACK VOUFO (Théophile) et BEYEME BELINGA (Hermann), « L'évolution de la gestion de fait en comptabilité publique camerounaise », *RAFiP*, n° 11, 2022, pp.192-216.

NGUIMFACK VOUFO (Théophile) et FOKOUE TESSA (Guy Ulrich), « L'institutionnalisation du contrôle hiérarchisé de la dépense publique au Cameroun », *RAFiP*, n° 12, 2022, pp. 309-330.

NJOYA (Oumarou), « Le principe de l'unité de trésorerie en droit public camerounais », *R.A.S.J*, Numéro spécial, 2014, pp. 157-212.

NNANGA (Honoré Sylvestre), « La protection juridictionnelle des finances publiques africaines », *R.A.S.J*, vol., 6, n° l, 2009, pp. 211-228.

NNANGA (Honoré Sylvestre), « Le juge des comptes au Cameroun : Institution nouvelle pour une nouvelle mission ? », *Penant*, n° 842, 2003, p. 21-45.

NTAH A MATSAH (Henri Martin Martial), « La réforme de la comptabilité publique en Afrique francophone subsaharienne : l'exemple du Cameroun », *R.A.D.P*, n° 07, Vol., IV, Juillet-Decembre 2015, pp. 129-148.

NTONGA BOMBA (Serge Vincent), « La protection de la fortune publique camerounaise : Une efficacité relative ? », *R.A.S.J*, Vol., 7, n° 1, 2010, pp. 237-256.

O'CONNOR (Richard), « Les finalités du contrôle interne et du contrôle externe » *in*, Actes du colloque sur *La réforme du cadre juridique, pour une meilleure gestion des finances publiques au Cameroun*, Yaoundé, 11, 12 et 13 juillet 2001, pp. 111-127.

OLIVA (Eric), « Essai de définition normative du domaine des finances publiques », *in, Constitution et finances publiques, Mélanges en l'honneur de Loïc PHILIP*, Paris, Economica, 2005, pp. 493-514.

OLIVA (Eric), « La « reconstitution » du droit constitutionnel financier », *R.F.D.C*, n° 100, 2014/4, pp. 1021-1027.

OMGBA ELONG (François Xavier), « Regards sur la renaissance de la comptabilité matières au Cameroun à la faveur de la réforme des finances publiques en cours », *RAFiP*, n° 8, 2020, pp.361-371.

ONDOA (Magloire), « Ajustement structurel et réforme du fondement théorique des droits africains post - coloniaux : l'exemple du Cameroun », *R.A.S.J*, vol., 2, 2001, pp. 75-118.

ONDOA (Magloire), « Les contrats de performance au Cameroun », *Penant*, n° 821, mai - septembre 1996, pp. 174-201.

PEKASSA NDAM (G. M.), « Les comptes spéciaux du trésor dans les États de l'Afrique francophone », *Cahiers juridique et politique*, 2009, pp 218-220.

PEKASSA NDAM (Gérard Martin), « La consolidation de l'idéologie libérale dans le domaine des services publics au Cameroun », *in* ONDOA (Magloire), ABANE ENGOLO (Patrick Edgard) (dir.), *Les fondements du droit administratif camerounais*, L'Harmattan, Cameroun, 2015, pp. 165-189.

PEKASSA NDAM (Gérard), « La classification des communes au Cameroun », *R.A.S.J*, vol., 6, n° 1, 2009, pp. 229-266.

PEKASSA NDAM (Gérard), « La notion d'administration publique dans la jurisprudence de la Cour de justice de l'Union européenne », *R.D.P*, n° 2-2012, pp. 347-377.

PEKASSA NDAM (Gérard), « La stratégie camerounaise de décentralisation (1996-2011) : Les réformes du territoire entre droit et pouvoirs » *in* Fondation Paul

ANGO ELA (coord.), *Les politiques de la décentralisation au Cameroun : Jeux, enjeux et perspectives*, Yaoundé, L'Harmattan, 2013, pp. 97-106.

PEKASSA NDAM (Gérard), « Les transformations de l'administration fiscale camerounaise », *in* ONDOA (Magloire), (dir.), *L'administration publique camerounaise à l'heure des réformes*, L'Harmattan, Cameroun, 2010, pp. 29-65.

PEKASSA NDAM (Gérard), « La participation avec gestion de budget : concept et enjeux d'une gouvernance territoriale en Afrique noire francophone », *in* GUGLIELMI (Gilles-Jean), ZOLLER (Elisabeth), (dir.), *Transparence, démocratie et gouvernance citoyenne*, Paris, Panthéon-Assas, 2014, pp. 199-218.

PERRIN (Burt), « Réforme du management public. Cap sur la performance et les résultats », *in* Actes du colloque sur *La réforme du cadre juridique, pour une meilleure gestion des finances publiques au Cameroun*, Yaoundé, 11, 12 et 13 juillet 2001, pp. 75-82.

PHILIP (Loïc), « Panorama du contrôle des finances publiques dans le monde », *R.F.F.P*, n° 101 -mars 2008, pp. 13-28.

PHILIP (Loïc), « L'évolution du droit constitutionnel des finances publiques », *R.F.F.P*, n° 22, 1988, pp. 243-251.

PHILIP (Loïc), « Le droit constitutionnel des finances publiques », *R.F.F.P*, n° 7, 1984, 127-137.

PICHON (Alain), « Le juge des comptes et le régime de responsabilité des comptables publics », *R.F.F.P*, n° 92, novembre 2005, pp. 185-188.

PICQ (Jean), « « L'autre réforme » : une nécessité pour consolider l'État de droit dans le domaine des finances publiques », *R.F.F.P*, n° 92, novembre 2005, pp. 241-245.

ROMERO REQUENA (Luis), « Les standards internationaux de la bonne gouvernance selon la Commission européenne », *in*, BOUVIER (Michel), *La bonne gouvernance des finances dans le monde*, pp. 55-60.

SAÏDJ (Luc), « L'évolution des finances locales au cours des vingt dernières années, quelles cohérences ? », *R.F.F.P*, n° 87, septembre 2004, pp. 147-156.

SAÏDJ (Luc), « La comptabilité publique est-elle un outil de pilotage du changement ? », *in*, BOUVIER (Michel) (dir.), *Réforme des finances publiques : La conduite du changement,* Actes de la IIIe Université de printemps de finances publiques, Paris, L.G.D.J, 2007, pp.195-198.

SAÏDJ (Luc), « Le modèle des Cours des comptes : traits communs et diversité », *R.F.F.P*, n° 101, mars 2008, pp. 45-60.

SAÏDJ (Luc), « Rationaliser les choix publics », *R.F.F.P*, n° 73, 2001, pp. 169-172.

SAÏDJ (Luc), « Recherche sur la notion de finances publiques en droit constitutionnel et financier positif », *R.D.P*, n° 5, 1982, pp. 1297 -1342.

SAÏDJ (Luc), « Réflexions sur le principe de séparation des ordonnateurs et des comptables », *R.F.F.P*, n° 27, 1989, pp. 237-262.

SALLARD (Odile), « L'influence de l'environnement international », *R.F.F.P*, n° 87, septembre 2004, pp. 177-182, juin 2003, pp. 47-52.

SAMA SAMJE (Paul), « Le compte unique du trésor au Cameroun », *RAFiP*, n° 8, 2020, pp.377-388.

SANDIO KAMGA (Armel Habib), « La nature juridique des institutions supérieures de contrôle des finances publiques dans les États de l'UEMOA et de la CEMAC », *RAFiP*, n° 8, 2020, pp. 213-249.

SEGUIN (Pierre), « Les nouvelles fonctions de la Cour des comptes en France », *in*, BOUVIER (Michel) (dir.), *La bonne gouvernance des finances dans le monde*, pp. 209-212.

SEGUIN (Pierre), GISSEROT (Hélène), « Finances publiques et responsabilité : Un colloque pour l'autre réforme », *A.J.D.A*, 4 avril 2005, p. 689.

SIETCHOUA DJUITCHOKO (Célestin), « L'appropriation des formalités substantielles par le juge des comptes au Cameroun », *juridis-périodique* N° 94, avril – Mai-Juin 2013, pp. 56-66.

SIETCHOUA DJUITCHOKO (célestin), « La Chambre des Comptes de la Cour Suprême, nouveau juge administratif au Cameroun », *R.J.P.E.F*, n° 3, Ed., Juris-Africa, Paris, 2013, p. 269.

SIETCHOUA DJUITCHOKO (Célestin), « La difficile gestation des juridictions inférieures des comptes au Cameroun », *Juridis Périodique*, n° 68, octobre - novembre- décembre 2006, pp. 101-113.

SIETCHOUA DJUITCHOKO (Célestin), « La réforme inachevée du contrôle juridictionnel des comptes au Cameroun (commentaire de la loi n° 2003/005 du 21 avril 2003 fixant les attributions, l'organisation et le fonctionnement de la Chambre des comptes de la Cour suprême) », *Juridis Périodique*, n° 56, octobre - novembre - décembre 2003, pp. 73-91.

SOROK A BOL (Patrick Gérard), « La privatisation de la comptabilité publique au Cameroun », *RAFiP*, n° 8, 2020, pp. 389-408.

TAMBA (Isaac), « Impacts sociopolitiques et économiques de la mondialisation sur l'économie camerounaise » *in,* TOUNA MAMA (Ernest), (dir.), *La mondialisation et l'économie camerounaise,* Yaoundé, Friedrich Ebert Stiftung, 1998, pp. 165-182.

THEBAULT (Stéphane), « L'impérieuse réforme de la Cour de discipline budgétaire et financière », *R.F.F.P*, n° 78, 2002, pp. 171-185.

THEBAULT (Stéphane), « La responsabilité des gestionnaires : responsabilité managériale et responsabilité juridictionnelle, approche comparée », *in,* BOUVIER (Michel), (dir.), *La bonne gouvernance des finances publiques dans le monde*, pp. 283-289.

VITO TANZI, « La mondialisation et la termitière des finances publiques », *Finances & Développement*, Mars 2001, pp. 34-37.

YAWAGA (Spéner), « Avancées et reculades dans la répression des infractions de détournement des deniers publics au Cameroun : regard critique sur la loi n° 2011/28 du 11 décembre 2011 portant création d'un tribunal criminel spécial », *in, Juridis Périodique*, Avril-Mai-Juin 2012, pp. 41-63.

IV- TEXTES JURIDIQUES

A. TEXTES NATIONAUX

1. Textes constitutionnels

- Ordonnance n° 60-1 du 1er janvier 1960 tendant à fixer le fonctionnement des pouvoirs publics.
- Constitution de la République du Cameroun promulguée le 4 mars 1960.
- Loi n° 61-24 du 1er septembre 1961 portant révision constitutionnelle et adaptant la Constitution du 4 mars 1960 aux nécessités du Cameroun réunifié (dite constitution fédérale).
- Loi n° 61-LO-1 du 1er novembre 1961 portant organisation de l'État fédéral du Cameroun oriental.
- Constitution de la République unie du Cameroun du 2 juin 1972 modifiée par la loi du 9 mai 1975.
- Loi n° 91-001 du 23 avril 1991 portant modification des articles 5, 7, 8, 9, 26, 27 et 34 de la Constitution.
- Loi n° 96-06 du 18 janvier 1996 portant révision de la Constitution du 2 juin 1972 modifiée et complétée par la loi n° 2008-001 du 14 avril 2008.
- Constitution de la République du Cameroun du 18 janvier 1996.

2. Textes infraconstitutionnels

➢ **Textes législatifs**

- Loi n° 73/7 du 07 décembre 1973 relative aux droits du trésor pour la sauvegarde de la fortune publique.
- Loi n° 74/18 du 05 décembre 1974 modifiée par la loi n° 76//4 du 08 juillet 1976 relative au contrôle des ordonnateurs, des gestionnaires et gérants des crédits publics et des entreprises d'État.
- Loi n° 2003/005 du 21 avril 2003 fixant les attributions, l'organisation et le fonctionnement de la Chambre des Comptes
- Loi n° 2007-006 du 26 décembre 2007 portant régime financier de l'État.
- Loi n° 2018/011 du 11 juillet 2018 portant code de transparence et de bonne gouvernance dans la gestion des finances publiques.
- Loi n° 2018/012 du 11 juillet 2018 portant régime financier de l'État et des autres entités publiques.

- Loi n° 2000/001 du 19 avril 2000 portant modification de certaines dispositions de l'ordonnance n° 62/OF/04 du 07 février 1962 (arrimage de l'exercice budgétaire à l'année civile).
- Loi n° 2008/003 du 14 avril 2008 régissant les dépôts et consignations.
- Loi n° 2009/011 du 10 juillet 2009 portant régime financier des collectivités territoriales décentralisées.
- Loi n° 2006-016 du 29 décembre 2006 fixant l'organisation et le fonctionnement de la Cour suprême.
- Loi n° 2006-022 du 29 décembre 2006 fixant l'organisation et le fonctionnement des tribunaux administratifs.
- Loi n° 2006-017 du 26 décembre 2006 fixant l'organisation, les attributions et le fonctionnement des tribunaux régionaux des comptes.
- Loi n° 2005-007 du 27 juillet 2005 portant Code de procédure pénale.
- Loi n° 2003-005 du 21 avril 2003 fixant les attributions, l'organisation fonctionnement de la Chambre des comptes de la Cour suprême.
- Loi n° 99-014 du 22 décembre 1999 régissant les organisations non gouvernementales.
- Lois fédérales du 19 novembre 1965 relative aux modalités de saisine de la Cour fédérale de justice statuant en matière administrative.

➢ **Textes règlementaires**

- Ordonnance n° 72-6 du 26 août 1972 fixant l'organisation de la Cour suprême modifiée par la loi n° 76-28 du 14 décembre 1976.
- Ordonnance n° 62/OF/4 du 07 février 1962 portant régime financier de la République Fédérale du Cameroun modifiée par la loi n° 2002-001 du 19 avril 2002.
- Le décret du 22 mai 1924 qui étend l'application au Cameroun français des lois et décrets en vigueur dans l'AEF antérieurement au 1er janvier 1924.
- Le décret de 1922 complétant l'article 324, du décret du 30 décembre 1912 sur le régime financier des Colonies, en vue de la reddition des comptes dans les régies coloniales
- Le décret du 15 avril 1943 modifiant et complétant le décret du 4 mai 1942 portant création d'un conseil consultatif économique et financier au Cameroun français.
- L'arrêté promulguant au Cameroun le décret du 13 octobre 1922 portant modification des articles 12 et 207 du décret du 30 décembre 1912 sur le régime financier des Colonies.
- L'arrêté du 17 mars 1923 promulguant le décret du 29 décembre 1922 complétant l'article 324, du décret du 30 décembre 1912 sur le régime financier des Colonies en vue de la reddition des comptes dans les régies coloniales.

- Décret du 31 mars 1923 rendant applicables aux colonies les dispositions législatives ou règlementaires en matière de recouvrement des créances de l'État.
- DÉCRET du 1er juin 1923 modifiant l'article 117 du décret du 30 décembre 1912 sur le régime financier des Colonies.
- Arrêté du 31 juillet 1923 promulguant dans le territoire le décret du 1er juin 1923 modifiant l'article 117 du décret du 30 décembre 1912 sur le régime financier des Colonies.
- Arrêté d'avril 1925 promulguant au Cameroun le décret du 20 janvier 1925 complétant l'article 231, paragraphe 5, du décret du 30 décembre 1912, sur le régime financier des Colonies.
- Décret de novembre 1926 concernant l'application des articles 11 et 12 de la loi du 24 décembre 1926 et modifiant l'article 236 du décret du 30 décembre 1912 sur le régime financier des Colonies.
- Arrêté du 15 août 1927 promulguant au Cameroun le décret du 22 juin 1927, portant modification au du 30 décembre 1912, sur le régime financier des colonies.
- Arrêté du 1er février 1939 modifiant l'arrêté du 5 avril 1931 instituant au Cameroun une inspection des services financiers.
- Arrêté du 15 février 1939 promulguant le décret du 6 décembre 1938 portant modification du décret du 30 décembre 1912 sur le régime financier des colonies.
- Arrêté du 15 février 1939 promulguant le décret du 13 janvier 1939 portant abrogation du décret du 24 août 1918 et refonte de l'article 199 du décret du 30 décembre 1912 sur le régime financier des colonies.
- Arrêté du 1er juin 1940 promulguant le décret du 25 avril 1940 modifiant le décret du 30 décembre 1912 sur le régime financier des colonies.
- Arrêté du 1er février 1943 promulguant le décret du 24 novembre 1942 permettant certaines simplifications dans l'application des textes financiers en vigueur en Afrique équatoriale française et au Cameroun.
- Décret du 15 octobre 1944 modifiant le décret du 30 décembre 1912 fixant le régime financier des colonies.
- Arrêté n° 4865 en date du 18 septembre portant promulgation sur le territoire du Cameroun du décret n° 52-1008 du 30 août 1952 portant modification du décret du 30 décembre 1912 sur le régime financier des territoires d'outre-mer.
- Décret n° 67/DF/211 du 16 mai 1967 portant aménagement de la législation financière de la Republique Federale du Cameroun.
- Décret n° 76/257 du 1er juillet 1976 rendant exécutoire en République du Cameroun le plan comptable général de l'UDEAC
- Décret n° 78/470 du 03 novembre 1978 relative à l'apurement des comptes et à la sanction des comptables.

- Décret n° 94-199 du 07 octobre 1994 portant statut général de la Fonction pur ; l'État, modifié et complété par le décret n° 2000/287 du 12/octobre 2000.
- Décret n° 99/226/PM du 25 juin 1997 portant règlement général de la comptabilité de l'État en République du Cameroun.
- Décret n° 2003/011 du 09 janvier 2003 portant nomenclature budgétaire de l'État.
- Décret n° 2005/374 du 11 octobre 2005 portant organisation des services du contrôle supérieur de l'État.
- Décret n° 2008/028 du 17 janvier 2008 portant organisation et fonctionnement du Conseil de discipline budgétaire et financière.
- Décret n° 2013/160 du 15 mai 2013 portant règlement général de la comptabilité publique
- Arrêté n° 00126 du 30 juin 1997 portant instruction générale sur la comptabilité de l'État.
- Arrêté N.° 112/CAB/PM du 06 juin 2007 portant création, organisation et fonctionnement du comité de pilotage du programme de modernisation de l'administration camerounaise par la mise en œuvre de la gestion axée sur les résultats (PROMAGAR) ;
- Arrêté N° 028/CAB/PM du 09 février 2007 portant création, organisation et fonctionnement d'un comité de pilotage de la plateforme de dialogue sur les finances publiques ;
- Arrêté N° 063/CAB/PM du 19 février 2009 portant organisation et fonctionnement d'un Comité chargé du pilotage des réformes des finances publiques
- Circulaires n° 0001/MINFI portant instructions relatives au contrôle de l'exécution du budget de l'État et des organismes subventionnés de l'exercice.
- Instruction n° 196/I/MINFI/CAB du 12 août 2010 sur la réédition des comptes de gestion des établissements publics administratifs.
- Instruction n° 214/I/MINFI du 17 septembre 2010 sur la reddition des comptes de gestion des collectivités territoriales décentralisées.

B. TEXTES INTERNATIONAUX ET COMMUNAUTAIRES

- Directive CEMAC n° 01/08-UEAC-190-CM-17 du 20 juin 2008 relative aux lois de finances.
- Directive CEMAC n° 01/l 1-UEAC-190-CM-22 du 19 décembre 2011 relative aux lois de finances.
- DIRECTIVE N° 06/11-UEAC-190-CM-22 relative au Code de transparence et de bonne gouvernance dans la gestion des finances publiques.
- DIRECTIVE N° 02/11-UEAC-190-CM-22 relative au Règlement général sur la comptabilité publique.

- Directive CEMAC n° 06/l 1-UEAC-190-CM-22 du 19 décembre 2011 relative au Code de transparence et de gouvernance dans la gestion des finances publiques.
- Directive CEMAC n° 04/2011-UEAC-190-CM-22 du 19 décembre 2011 relative à la nomenclature budgétaire de l'État.
- Directive CEMAC n° 03/11-UEAC-195-CM-22 relative au plan comptable de l'État.
- Directive CEMAC n° 05/11-UEAC-190-CM-22 relative au tableau des opérations financières de l'État.
- Directive N° 05/10-UEAC-190-CM-21 du 28 octobre 2010 portant création, attribution et fonctionnement du Comité d'Experts en gestion des finances publiques ;
- Directive UEMOA n° 01/2009/CM/UEMOA du 27 mars 2009 portant code de transparence dans la gestion des finances publiques au sein de l'UEMOA.
- Directive UEMOA n° 05-97-CM-UEMOA du 16 décembre 1997 relative aux lois de finances.
- Directive UEMOA n° 06/2009/CM/UEMOA du 26 juin 2009 portant lois de finances au sein de l'UEMOA.
- Traité du 16 mars 1994 instituant la Communauté Économique et Monétaire de l'Afrique Centrale (CEMAC) et son Additif du 05 juillet 1996 relatif au système juridique et institutionnel de la CEMAC et du 25 avril 2007 ;
- Acte additif au Traité CEMAC du 05 juillet 1996 relatif au système institutionnel et juridique de la Communauté ;
- Convention du 05 juillet 1996 régissant l'Union économique de l'Afrique centrale (UEAC) ;
- Convention du 05 juillet 1996 régissant l'Union monétaire de l'Afrique centrale (UMAC) ;
- Déclaration de Mexico de 2007 sur l'indépendance des institutions supérieures de contrôle des finances publiques.
- Déclaration universelle des Droits de l'Homme du 10 décembre 1948.

V - ÉTUDES, RAPPORTS ET AUTRES DOCUMENTS

- Assemblée parlementaire de la Francophonie, *Le contrôle parlementaire en/Francophonie,* Rapport de la XXXIe session, Document n° 15, Bruxelles, 6 au 9 juillet 2005, 22 p.
- BOUVIFR (Michel) (dir), *La gestion de la dépense publique dans les pays de l'Afrique francophone subsaharienne,* Paris, Rapport à ministère des Affaires étrangères, avril 2004, 398 p.
- CEMAC. Diagnostic institutionnel et organisationnel, Bangui, 2006.
- CEMAC. Rapport d'activité de la première étape du processus d'intégration économique de la CEMAC. 1999-2004. (2005).

- CEMAC. Rapport relatif à la non-application des textes communautaires, Conseil extraordinaire des ministres, Malabo, 2005.
- Chambre des comtes de la Cour suprême du Cameroun, *Avis n° 001/2010 du 1er novembre 2010 sur le projet de loi de règlement de l'exercice 2009,* 21 p.
- Chambre des comptes de la Cour suprême du Cameroun, *avis n° 001,'2012/CSC, CDC du 13 novembre 2012 sur le projet de loi de règlement de l'exercice 2011,* 37 p.
- Chambre des comptes de la Cour suprême du Cameroun, *Avis n° 001/2011/CSC/CDC du 14 novembre 2011 sur le projet de loi de règlement de l'exercice 2010,* 44 p.
- Chambre des comptes de la Cour suprême du Cameroun, *Premier rapport annuel 2006,* adapté le 21 mars 2007, 100 p. Annexes.
- Chambre des comptes de la Cour suprême du Cameroun, *Rapport annuel 2007,* adopté le 8 juillet 2008. 119 p.
- Chambre des comtes de la Cour suprême du Cameroun, *Rapport annuel 2008,* adopté le 29 octobre 2009, 75 p.
- Chambre des comtes de la Cour suprême du Cameroun, *Rapport annuel 2009.* Adopté le 24 août 2010, 77 p.
- Chambre des comtes de la Cour suprême du Cameroun, *Rapport annuel 2010,* adopté le 22 décembre 2011. 166 p.
- Chambre des comptes de la Cour Suprême, Rapport annuel 2014, 246 p.
- Chambre des comptes de la Cour Suprême, Rapport annuel, 2016, 245 p.
- Chambre des comptes de la Cour Suprême, Rapport annuel, 2017, 195 p.
- COMMISSION ÉCONOMIQUE DES NATIONS UNIES POUR L'AFRIQUE, Les économies d'Afrique centrale, Maisonneuve & Larose, Années 2002, 2003, 2004, 2005, 2006.
- COMMISSION ÉCONOMIQUE POUR L'AFRIQUE/UNION AFRICAINE, L'état de l'intégration en Afrique : rationalisation des communautés économiques régionales. Danemark, Scanprint, 2006.
- DSCE, *Document de Stratégie pour la Croissance et l'Emploi*, ministère de l'Économie, de la planification et de l'aménagement du territoire, Comité technique de suivi-évaluation de la mise en œuvre du DSCE, Yaoundé, 2009.
- Fonds Monétaire international (Département des finances publiques), *Manuel sur la transparence de finances publiques,* Washington DC, *International Monetary Fund,* éd. Révisée, 2007, 154 p.
- Friednch-Ebert-Stiftung Cameroun et Afrique centrale, *prévenir et lutter contre la fraude au Cameroun. Manuel pratique,* Yaoundé. Éditions Clé, 2012, 156 p.
- *Guide pour l'élaboration des textes législatifs et règlementaires* (France), Version du 6 juin 2005. 434 p.

- *La conditionnalité de la Banque Mondiale et du FMI : une injustice pour le développement.* Rapport d'Eurodad. Décembre 2006, 36 p.
- Manuel de préparation du budget programme, Document de référence, ministère des Finances, Direction générale du budget, décembre 2010, 106 p. ;
- Manuel du contrôle de gestion, Document d'aide au pilotage de la performance dans le cadre de la loi portant régime financier de l'État, août 2016, 67 p. ;
- Manuel de statistiques des finances publiques, 2014, FMI, 479 p.
- OCDE, « Transparence budgétaire - Les meilleures pratiques de l'OCDE », in *Revue de l'OCDE sur la gestion budgétaire (Gouvernance),* vol. 1 - n° 3, 2001. p. 7-15.
- OCDE. *Le cadre juridique des systèmes budgétaires : une comparaison internationale.* Revue de l'OCDE sur la gestion budgétaire, numéro spécial, vol. 4-n° 3, 2004. 552 p.
- Rapport annuel de performance 2016 MINFI, 59 p.
- Rapport annuel de performance 2017 MINFI, 63 p.
- République du Cameroun. *Cameroun : Les chantiers de la gouvernance,* 2004, 119 p.
- République du Cameroun. *Exposé des motifs du projet de loi n° 814-PJL-AN portant régime financier de l'État,* décembre 2007, 3 p.
- République du Cameroun. *Loi de finances 2009 - Rapport sur la situation et les Perspectives économiques, sociales et financières de la Nation (exercice 2008).* Novembre 2008. 90 p.
- République du Cameroun, *Loi de finances 2013 - Rapport sur la situation et les perspectives économiques, sociales et financières de la Nation (exercice 2012),* novembre 2012, 102 p.
- République du Cameroun, Rapport sur « Évaluation du système de gestion des finances publiques selon la méthodologie PEFA », juin 2017, 260 p
- Services du Premier ministre, *Programme national de gouvernance (2006-2010).*

VI- WEBOGRAPHIE

- www.augurproject.en//MG/pdf/banque_ mondiale_critique_14_octobre_2011-2.pdf
- www.babordplus.univ-bordeaux.fr
- http://publictionnaire.humanum.fr/notice/transparence
- www.u-picardie.fr
- http://www.jeacc.org/wp-content/uploads/2019/12/SOULEYMANOU.pdf
- http://www.intosai.org/fr/sur-lintosai/revue-internationale-de-la-verificationdes-comptes-publics.html .
- fdv-srv.univ-lyon3.fr/.../principes_juridiqu...es_competences.pdf

- http://www.revue-banque.fr/risques-reglementations/article/role-des-institutions-financieres-internationales
- http://www.revue-banque.fr/risques-reglementations/article/role-des-institutions-financieres-internationales
- www.erudit.org
- www.performance-publique.budget.gouv.fr
- http://pmp.revues.org/2271
- http://afrilex.u-bordeaux4.fr »,
- *https://www.umk.ro/image/document*
- https://www.wto.org/french/tratop_f/serv_f/gats_factfiction2_f.htm
- www.erudit.org
- www.jcea2013.sciencesconf.org
- http://aspd.revues.org/142
- http://www.l'opinionmaldef.asp
- www.lecontroleinternefacile.com
- http://www.onlinevolunteering.org
- http://regulation.revues.org

TABLE DES MATIÈRES

Structures éditoriales du groupe L'Harmattan

L'Harmattan Italie
Via degli Artisti, 15
10124 Torino
harmattan.italia@gmail.com

L'Harmattan Hongrie
Kossuth l. u. 14-16.
1053 Budapest
harmattan@harmattan.hu

L'Harmattan Sénégal
10 VDN SICAP AMITIE 3
BP 45034 Dakar-Fann
direction@senharmattan.com

L'Harmattan Cameroun
Tsinga/Derrière polyclinique FECAFOOT
BP 11486 Yaoundé
Jacques.koukam@harmattan.fr

L'Harmattan Burkina Faso
Villa 281, secteur 23 623, rue 14.32
Ouagadougou
zagbie@outlook.fr

L'Harmattan Guinée
Almamya, rue KA 028 OKB Agency
BP 3470 Conakry
harmattanguinee@yahoo.fr

L'Harmattan RDC
185, avenue Nyangwe
Commune de Lingwala – Kinshasa
matangilamusadila@yahoo.fr

L'Harmattan Congo
219, avenue Nelson Mandela
BP 2874 Brazzaville
deunovmikhael@gmail.com

L'Harmattan Mali
Immeuble Mgr Jean Marie Cissé
Aci Hamadallaye
BP 145 Bamako
syllaka@yahoo.fr

L'Harmattan Togo
Djidjole – Maison Amela
face EPP BATOME
02 BP 20680 Lomé
didieramela11@gmail.com

L'Harmattan Côte d'Ivoire
Résidence Karl – Cité des Arts
Abidjan-Cocody
03 BP 1588 Abidjan
harmattan.ivoire@gmail.com

L'Harmattan Bénin
Rue 604, (Immeuble à l'entrée
de la rue UCAO- Cite de Saint-Jean)
Cotonou
stepcorpus@gmail.com

Nos librairies en France

Librairie internationale
16, rue des Écoles
75005 Paris
librairie.internationale@harmattan.fr
01 40 46 79 11
www.librairieharmattan.com

Librairie des savoirs
21, rue des Écoles
75005 Paris
librairie.sh@harmattan.fr
01 46 34 13 71
www.librairieharmattansh.com

www.ingramcontent.com/pod-product-compliance
Lightning Source LLC
LaVergne TN
LVHW011254061026
849535LV00005B/1256
* 9 7 8 2 3 3 6 5 4 3 9 6 3 *